# 生命
# 是一種連續函數

釋慧開 著

# 生命不死

【推薦序】佛光山開山 星雲

在世間，生死是一件大事，從古到今多少的哲人先知都不斷在思維參究，希望能夠找到終極的答案，一勞永逸地解決生死的問題。到了現代社會，由於科技的進步與醫療的普及，表面上看起來，似乎已經大幅地改善現代人「生、老、病、死」的問題，但仔細深究，生死的問題並沒有真正解決，反而更加困難與複雜。

古代沒有植物人，也沒有「安樂死」的問題，現代社會有了；古代沒有CPR，沒有臨終急救，沒有氣切與插管，也沒有「多重器官衰竭而死」的問題，現代社會不但有了，而且已經變成了常態；古代人所享有的善終情境，現代人卻因為醫療科技的進步與過度干預，反而很難享有，這些都是值得我們好好深思的現代生死課題。

生死大事，其實也是佛陀乘願來世間說法的本懷，開示眾生照見生死的諦理，希望大家都能認清生死的實相與幻象，進而度脫生死的煩惱與桎梏。

其實我們真正的生命是死不了的，會死的只是肉體的生命，從佛教的觀點來看，法身久住，慧命無量，佛性的生命是永恆不滅的。科學所不能解決的生死終極問題，我們可以在佛法中找到安頓與度脫的法門。

「死亡」本身其實並不可怕，可怕的是——我們沒有作好功課，不知道如何面對死亡，也不知道死了以後會去哪裡，這些問題也都是佛陀苦口婆心開示我們的內容。因為絕大多數人不了解「死亡」的自然性與未來去向，而對「死亡」採取了不當的對待與措施，以致於讓自我的生命陷入了困境，求生不得，求死不能，讓死亡成為難題與夢魘。

從佛教的觀點來看，死亡不但不可怕，而且還可以優雅瀟灑地面對，古來許多禪師大德，都以實際的行動展現了面對生死、來去自在的灑脫，值得我們學習、效法。

慧開法師在南華大學生死學系及研究所任教多年，曾經擔任過系主任、所長和人文學院院長，在他的帶領下，南華大學「生死學系」享譽各界，也帶動了臺灣社會破除生死禁忌、探討生死課題的風潮，讓「生死學」蔚為臺灣當代的顯學。

慧開也在全臺灣及世界各地演講，將生死學的研究、安寧照顧、臨終關懷與悲傷輔導的理論及實務，從校園推廣到各個醫院以及社會大眾。

三年前，他在《人間福報》的〈生命書寫〉版開闢了「生死自在」專欄，刊出之後廣受讀者好評與熱烈回響，如今先將已經刊出的一五〇餘篇系列文章集結成書，題名為《生命是一種連續函數》，請我寫一篇推薦序文。

慧開能將大多數人都避諱的生死問題，寫得如此深入淺出、平易近人，而且能夠融合佛法的義理與現代的科學、哲學、心理學等內涵，十分符合佛光山「人間佛教」

的理念，讓我感到欣慰，期許他能努力不懈，持續將生死學與生死關懷的法門推廣到世界各地，讓大眾都能享有生死自在的喜悅！

二〇一四年五月 於佛光山開山寮

【推薦序】

# 探索生死奧祕　追求善生善終

慧開法師與我有很深遠的緣分：我有幸在臺大求學時於一九六〇年加入周宣德老師在臺大推動創設的臺灣第一個大學佛學社團「晨曦社」，匯入慧炬機構的學佛洪流。慧開法師在我畢業後，進入臺大數學系就讀，也加入了晨曦社，成為我的社友及校友。後來他到美國天普大學宗教系研究所，師事生死學大師傅偉勳教授，獲得哲學博士學位；傅教授是我新竹中學的學長。

慧開法師長年深入生死學的研究探討，我們有幸邀請他成為佛教蓮花基金會生死教育委員會的指導委員，經常在蓮花各種課程中授課開示，長年在蓮花基金會培訓宗教師參與安寧照顧的課程中授課。我多次聆聽他在不同場合的演講，每次都深受感動，受益良多。他寫的文章，更可啟發讀者不斷地思考與精進。

他在《人間福報》的〈生命書寫〉版開闢「生死自在」專欄，展開一系列的生死話題討論，探索大家所關注的生死課題，諸如：生從何來、死往何去、前世今生、生命的意義與價值、生命的安頓、生命的永續經營……，已發表了一五〇餘篇，如今集結成書，與大家分享。

「『生、老、病、死』本來就是生命的常態與必經歷程……我們『無法』也『無從』迴避死亡……我們無須恐懼死亡，應該正視死亡。」孔子說：「未知生，焉知死。」讓很多人以為孔夫子不談死，慧開法師告訴我們，孔老夫子在《論語》中，多次談到死。開師父不但探討生的意義，也探討死的意義，更告訴我們死了以後是怎樣的；他用物理與數學的理論，討論生命的輪迴，他解釋三世因果的生命觀，他告訴我們如何永續經營生命，如何提供終極關懷，並談到善終的重要，以及病患的末期照顧與臨終關懷的重要課題。他盡心照顧父母，最後能夠讓高齡母親「開媽媽」沒有受到鼻胃管及氣管插管的折磨，能夠在家中，親人環繞下，在佛號聲中，真正的壽終正寢安詳往生！

雖然生老病死無法避免，但是人人有權追求善生與善終。愈是正面面對生死課題的討論，可能愈能獲得善生與善終的訣竅。慧開法師這本新書《生命是一種連續函數》，也許可以提供您一些有用的資訊，特此鄭重向您推薦分享。

佛教蓮花基金會董事長
恩主公醫院、臺大醫學院教授
陳榮基

【推薦序】

# 善終·善生·好自在

喪親是人世間無以復加的傷痛。如果臨終關懷做得好，親人過世，縱然不捨，但遺憾會減一點，悲傷輔導就可少一些。在《生命是一種連續函數》書中，對生死奧祕，說理深入周詳，事例親切動人，有國際化理念，有本土化個案，可說是力求善終的「葵花祕笈」。

在生死問題解惑中，一般人最多的疑惑是：人為什麼會死？死後有世界嗎？如有，會去哪？可以自己決定去處嗎？可以自己創造未來嗎？如何準備？書中以「設問作答」方式，抽絲剝繭，一一釐清。又大家常爭議之輪迴問題，書中分別從不同角度闡述；如從數學、物理談起、如從伊安·史帝文生嚴謹之研究談起、亦可從歷史回顧來剖析三世生命，並輔以佛法之三世因果，說理剔透，證據確鑿，令人折服。另在「往生」的釋疑中，書中從十八個面相來協助讀者建立正知見。

從「授業」角度觀之，好好精研本書，相當於修習了多學分「生死教育」的課程；可探索儒家的生死觀，尤其是列舉了六位歷史名人之死亡，是撼動人心的生命展現，如子路結纓而死之終極關懷，如文天祥的人生信念是「留取丹心照汗青」之終極真實，皆令人動容。在現代生死學中，傅偉勳教授從狹義到廣義生死學之闡揚，並進而開展未來生死教育的發展方向。傅朗克的意義治療學引導現代人面對、善用及轉化生活中的壓力。另賈伯斯之生命理念及生死情懷，書中有入情入理之剖析，對年輕朋友特別契合。

再從「傳道」層面觀之，一部《佛說阿彌陀經》的現代解讀與釋疑，引導讀者對淨土信願行建立正知正見，進而依法修行，提升生命的尊嚴與死亡的品質，當生成就。本書最後為當前社會「善終課題」提出了中肯建議，無疑為生死自在開了一帖特效藥，按之服用，善終在望。

本書相當動心處是分享至愛慈母之臨終關懷，原來志求往生之理念及願力是需要長期規畫經營的；以淨土法門為修行依歸，兼顧天倫和諧共事，尤其是衡量母親病情，堅持不插鼻胃管，並分享其間掙扎之心路歷程。為人子女能協助父母往生西方，出離六道輪迴乃出世間之大孝。

多年來潔芳在大學講授「生死教育」課程，「臨終關懷」是非常重要的教學單元。又回想先父母在蓮友助念中，正念分明、安然往生，是以臨終助念是我重要的社會服務工作。故今日閱讀本書，特別有體會處。三年多來，除出國外，每週日都拜閱《人間福報》慧開法師撰寫之「生死自在」連載鴻文。日前法師賜電擬出版專書，囑為之序。因而有緣先睹為快，一氣呵成讀完全書，暢快淋漓。讀之再三、再四；

閱後翻前，互為呼應，細細咀嚼，慢慢品味，深感可從解惑、授業及傳道三個層次引領讀者釐清生死疑慮，把握養生送死實踐要領，進而善終善生。欣喜本書出版，校園中多了一本好教材、坊間多了一本滋潤身心的好書、安寧療護多了一本實用手冊，有心人善終多了一份保障，大家有福了！

吳鳳科大、南華大學、山東大學兼任教授
教育部第三屆輔導及生命教育諮詢委員　紀潔芳

【推薦序】

# 朝聞道

上週末在蓮花基金會幸逢開師父上課，不想兩天後收到助理信函，要我幫開師父新書寫序。老師囑咐，學生自應盡力，待匆匆覽閱一回，方發現文章涉獵甚廣，凡和生死學相關者，上窮碧落下黃泉，無所不包，心中暗暗叫苦，擔心此序畫蛇添足。稍事靜坐，沉思澱慮，則又覺似是經驗豐富的導遊帶著過了一個難忘的心靈之旅，全書由生死議題和輪迴探究拉開序幕，各章節或是開師父近年來演講、上課重點；與學生、求道者之對話錄；師父經歷慈母仙逝的內心剖析，以及寰宇知名大企業家及人類文明重要思想家之介紹。各篇自成為好文章，串連起來就像一艘珍珠寶船，正足以協助吾人橫渡生死大海。

曾聽過開師父數回演說，總是讚佩師父能把深奧的佛理，煎燉成平易近人的閒話家常，不知不覺中沁入脾肺、透進腦海。這回攬卷細讀，才知道不單如此，開師父主修數學，然而文中上通天文、心理靈性、量子力學，下達地理、歷史經濟、古典物理；竟似在翻百科全書，更是讚歎景仰。

書中由吾人面對死亡之困境，從《論語》剖析孔夫子對生死的態度，透過佛家對分段生死的詮釋，進而提出生命的永續經營觀。強調死亡乃是生命的展現，以及氣度、價值和意義的展現；而成敗則不足以論英雄。除了佛法外，並以數學和物理的概念切入生死，而完成了現代社會合宜的善終概念。一方面，則透過歷史考據畢達哥拉斯的因果觀，佐之以史帝文生二十例有學術證據的輪迴事實，進一步說明人生是「連續函數」的概念。

接著透過陳述傅偉勳先生的努力、傅朗克的第三維也納學派的意義治療法，加上近年來蘋果賈伯斯先生的經驗，開師父建構了現代生死學的理論，用自己及友人、學生的經驗和問題解答來闡述生命永續經營的可行性，並擴展而為生命終極關懷的基石，為安寧療護及共同照顧的靈性陪伴，提供了指引的原則和實務可行的方法。這本書在生命和死亡議題上，可以說是由佛教的立場出發，而又能普澤眾生，三教九流則可引為標竿。

夫子言，朝聞道，夕死可也；此斷非叫人當夜即死，而是明達了知死亡是生命的展現。欲朝聞道，就請速讀此書。必大大有斬獲，也不枉開師父慈悲為懷，分享多年鍛鍊的良丹。是為序。

國立成功大學附設醫院神經科教授 賴明亮

【推薦序】

# 參透生死 才能迎接生死

慧開法師是當代華人文化中，最著名的「生死學」權威學者與專家。我雖然已教了二、三十年的生死學，但卻是「半途出家」，算不上專家。但因身為醫療人員在臨床上照顧過無數的末期病人與家屬，多年來與「臨終及死亡」結了不解之緣，目睹人們在生死邊緣掙扎的「眾生相」，深深體會在這個知識爆炸，各行各業人才輩出的世界中，我們無法塞進太多知識，但唯獨有一門課程，就是「生死學」，是人人必修的，無論你有沒有興趣，都必須涉獵甚至精通，因為當死亡來臨到自身或所愛的家人親友時，有作過「功課」者的經歷就會大不相同了！

得了不治之症，或生命面臨死亡的威脅時，多數人會心懷恐懼，但除了「怕死」之外，現代人還有「更害怕的」，如：痛苦、失去尊嚴、失去自控能力、失去生活品質、失去生活意義、纏綿病榻不死不活地苟延殘喘、失去所愛、造成家人的負擔等。尤其是當人們曾有過親友遭遇這類慘痛經驗後，有時「死亡」反而成了解脫。因此，人類除了有「求生意志」之外，還有「求死意志」，在生命中遭受不可承受之重，難以忍受的苦難之時，「求死意志」就會凌駕於「求生意志」之上了，也因此「自殺」成了人類特有的現象。

但一心求死的人仍會恐懼：恐懼嚥氣時有無法忍受的痛苦；恐懼死後會到哪裡去；恐懼來生會比此生更糟；恐懼所有的「未知」。畢竟「死亡」是一個「奧祕」，只有少數人能參悟個中真諦，這些人是眾生中最有智慧的哲人，也是活得最幸福的有靈生物。

## 6個「W」

要參悟生死大事，必須要問6個W：Why 為何須參悟？Who 誰能參悟？What 參悟什麼？When 何時能參悟？How 如何參悟？Where 在何處參悟？我們要到哪裡去找這6個W的答案呢？就在慧開法師的這本書中！慧開法師有著無人可及的深厚背景，如：

數學修養：因此他有著清晰的邏輯及科學的推理。

哲學修養：因此他有著極強說服力的辯證。

宗教修養：生死問題本就是超越科學，屬宗教領域的課題，身為一位宗教家，他透澈地闡明了生死奧祕。

生死學修養：他是海內外知名的，科班出身的生死學專家。

教育修養：他長年從事教育工作，在此書中他以身教、言教、境教傳達了生死教育。

文學修養：他通透了中華文化的傳統，整合了儒釋道的思想，再用優美的文筆表達其思想。使人不知不覺中跟隨他的思想，進入了參悟之境！

這本書，能讓人「在認知上」對千古難解的生死謎題豁然開朗；「在情感上」，對難以割捨的生離死別情節獲得釋放；「在心態上」，教人坦然面對自我與他人的自然與必然死亡現象；「在行動上」，因著參透死亡，而能迎接死亡！

## 誰該讀這本書？

只要是「人」就該讀！但尤其是醫療人員更該讀！因為醫護人員是最常、最接近死亡的專業，若不深究生死學，常會變得麻木不仁。

有次我參加一個多科醫療團隊的會議，討論一位多重器官衰竭，全身插滿管子，是否應做氣管切開手術的案例。病人強烈表達不願做氣切，家屬卻害怕作決定，因為怕一旦作錯決定，會遺憾後悔一輩子。討論中有一位年輕的住院醫師說：「我們醫療上只能關注他的呼吸道是否通暢，別的就無法考慮這麼多了！」

慧開法師在書中有一段寫道：「現代醫療團隊與機構，對於生命與死亡，由於在認知上的限制與不足，在面對絕症重病時，多半還是著眼於病人肉體生命的不斷救治與延長，而往往忽略末期病患在心理上、精神上、乃至靈性層次上的尊嚴與需求，遑論病人還可能有更上一層樓的善終自主考量，與宗教解脫需求。」真是一語道破真相！這位病人如果作氣切，就會從加護病房轉「呼吸照護中心」（RCC），若二週後仍存活，就會再轉入「呼吸照護病房」（RCW），從此他就只能全天躺在床上，眼瞪天花板，全身萎縮，不能言語，相伴的是呼吸器的打氣聲，生命就在上一次打氣與下一次打氣之間流轉，苟延殘喘直到死亡！

這種情形不僅在臺灣司空見慣，在所有華人地區皆是如此。為什麼？因為中國人怕死？但中華文化是由「儒釋道」融合而成，無論儒家、佛法、道家，都不是教我們貪生怕死，乃至於必須無所不用其極地去延長死亡過程，以致不得「善終」的啊！

## 真正的「善終」

在臺灣，除了少數優質的安寧病房，因為醫療團隊受過生死教育與專業訓練而能讓病人自然善終之外，絕大多數在醫院往生的病人都不得「善終」：全身插滿管子與機器，最後還做一套CPR心肺復甦術，肋骨被壓斷，病人流著血、流著淚斷氣！這種現象還要多久？臺灣一年死亡人口約十六萬人，優質的安寧療護能照顧的病人不到一萬人，其他十五萬病人怎麼辦呢？我們奮鬥努力了近三十年，進展很慢，民眾及醫療人員的觀念很難改變。我一直期待著有一本完整的有系統的「生死學教科書」，普及到華人文化的所有角落，改變人們的觀念，使中華古文化的「善終」能落實到今時今地的醫療系統之中。這樣能整合認知、情感、心態及行動的生死學巨著，除了慧開法師，當代是找不到第二個人來寫了！

感謝慧開法師在百忙的日常工作中，為了眾生，以悲智雙運，熬夜犧牲視力與健康地完成本書。我將不遺餘力地推薦給所有認識與不認識的人。細心地閱讀吧！您的收穫是無價的，因為是攸關生死大事！

國立成功大學醫學院教授
臺灣安寧療護推手
趙可式

【推薦序】

# 生而無悔 死而無憾

慧開法師是我認識多年的好友，也是在「生命教育」推動之初，就一起並肩作戰的好夥伴。我都管他叫開師父。開師父學識淵博，無論在生死、宗教、靈修等課題上都有相當專精與獨到的見解，因此，二〇〇五年我接受教育部委託擬訂普通高級中學生命教育類科課程綱要時，特別邀請他擔綱負責「宗教與人生」一科的課綱規畫；二〇一一年，更請他到臺大開設「生死課題的現代省思與探索」，希望在過度追求生存知識與外在功利價值的大學校園裡，能有一些有關生死課題的討論，透過對「死亡」的省思，幫助學生一探「生命」的意義與「價值」的究竟。

生死大哉問！孔子雖然說「未知生，焉知死」，但從生死哲學的角度來看，「未知死，焉知生」也說得通。這是因為生死意義相互發明，要了解生，就必須探索死；要探索死，就必須了解生。進一步言，「未知生，焉知死」的意義在於：人怎麼生活，就怎麼死去；要怎麼死去，就必須先怎麼生活。希望「死而無憾」，就必須努力「生而無悔」；若活得無明懵懂、醉生夢死，則很可能死得倉皇失措、憂患恐懼。

從「未知死，焉知生」來說，人對死亡的看法會影響到人對生命的態度。人生好比某種旅程，死亡則是終點。對終點一無所知，就彷彿旅人不知自己的目的地，因而無法決定行程與方向。基本上，有關生命終點的一切知識或信念都會影響人的人生觀與生活態度。

這就談到一種有關生死的弔詭，各個宗教對這弔詭都有類似的體驗。簡單地說，一個人如果勇於面對死亡，觀想生死無常，不但不會墮入絕望或痛苦的深淵，反而會如大夢初醒般，開始認真生活，珍惜自己及一切有情的生命。西藏聖者密勒日巴說：「見空性，發悲心。」接近死亡看似恐怖，其實會喚醒靈魂深處某種「神祕而溫暖的幽默感，以及本自具足的慈悲心」（參閱：《西藏生死書》，六十二頁），從而對一切人與事物產生真摯的憐憫與愛意。反之，若一個人否定死亡，刻意遺忘死亡，他的人生就會變得短視近利，各種無明執著也會糾纏著他，讓他活得愚蠢盲目。唯有正視與透視死亡，才能徹底掌握生命的意義。

正是為了這個目的，開師父將他在《人間福報》長期筆耕的「生死自在」專欄文章彙集成冊，與一般大眾分享。在本書中，開師父從佛教的觀點，深入淺出地將他對於生命的態度、死亡的看法，以及面對死亡應有的預備娓娓道來。書中可以看到古往今來的人物談論死亡對於生命的意義，甚至還可以從開媽媽最後的生命示現，來看「生命尊嚴」與「死亡尊嚴」的抉擇，以及「如願往生」與「善終」的重要。此外，法師也嘗試從現代數學與科學的觀點來說明佛教的「三世生命觀」及「生命的永續經營觀」，讓佛理與現代科學有所對話。總之，慧開師父在這本書中探討了東西方生死學的發展脈絡及精髓，讓讀者能在一個有縱深的軸線上，了解生死相關的課題。

對於非佛教徒的讀者而言，本書是了解佛教生死觀的一本淺近的入門書。至於基督宗教的信徒，雖然有可能無法完全接受本書的觀點，但如果能以開放的態度來閱讀，或許有機會在兩大宗教間搭起跨宗教對話的橋梁。閱讀開師父的《生命是一種連續函數》，心中有很多驚奇與喜悅，更能感受到他與人分享智慧的慈悲與法喜。死亡是超越宗教的，是所有人的生命課題。盼望宗教徒能以彼此豐富、相互學習的精神一起來面對生死課題，好能為全人類開展出更為深刻的死生智慧。

臺大生命教育中心主任 孫效智

【自序】

# 探索生死的奧祕 體現生死的自在

近十餘年來，「生死學」帶給社會的印象與影響，已經逐漸從學術界的專業研究領域走入了大眾的日常生活圈之中，生死議題的忌諱逐漸解除，如何面對生死的相關話題與討論也愈來愈「夯」了。不過，生死學要探究的範疇、領域及內容畢竟太廣泛，大眾雖然有興趣一窺堂奧，但往往是不得其門而入，即使有心，也不見得有時間、精力與機緣深入探究，多半都還只是霧裡看花。

生死的課題是千古以來的謎題與疑團，從人類的文化遺產與歷史經驗之中可以看出，無論古今中外，其實人類一直都在探索生死的奧祕，但是從來就未有令所有人都滿意或信服的解答，因此，我們也不要妄想即刻就獲得現成的答案。畢竟，生死課題的內涵已經遠遠超過知識的範疇，而進入生命深層經驗的領域。

「探索生死的奧祕」本身就是一種「生命之旅」的歷程；換言之，生死的探索是集個人的生活經驗、生涯歷練、生命體察與覺悟的工夫，並非只是世俗知識與學問的探究而已。因此，在面對「生死的究竟面貌與來龍去脈」此一大哉問時，如果我們想要找到一個現成的絕對客觀的標準答案或是科學性的解釋，恐怕是永遠無解。

從佛法的修學觀點來看，生死的玄機本身就是一則「現成公案」，借用禪門的說法，就是「答在問處」：大疑大悟，小疑小悟，不疑不悟。如果透過個人內在的生命經驗與主體性自覺，深入地作哲理性的反思與禪觀式的內省，直接與自我生命本身展開對話，再以禪門說法言說，就是要不斷地、深入地「參究生死大事」，則另有一番光景，得以醞釀出悟道的契機，其心路歷程可比擬為有如「山重水複疑無路，柳暗花明又一村」，對生死大事的來龍去脈會有更上一層樓的觀照、體會與領悟。

其實，生命的奧祕就蘊藏在我們對於死亡的認知與理解之中，對死亡以及死後生命的理解愈深，對現實生命的領悟與把握也相對地愈深。可惜大眾囿於死亡的忌諱或世俗的成見，在面對生死大事的課題時多半都卻步不前，即便問者想要一探究竟，卻往往不是問錯了問題，就是問錯了方向，或者所提出的問題本身充滿了盲點，以致歧路亡羊，猶如墮入雲霧之中而難窺其堂奧。

或問：可否簡要地說明所謂「現代生死學」的精神與內涵？答曰：當然可以！眾所周知，「生、老、病、死」本來就是有情生命的常態與必經歷程，「生」與「死」是有情生命之一體兩面，都是生命不可或缺的一部分，同時也都是「生命的展現」。是故我們終究「無法」也「無從」迴避死亡，因此我們亦無須恐懼死亡，反而應該要坦然地正視死亡及探索死亡的究竟面貌。

如果我們以正面、健康的態度坦然地面對生命與死亡，同時從「死亡」及「死後生命」的角度反思及觀照生命（包括老化、疾病與死亡），則會讓我們對有情生命的整體（包括宇宙與人生）有更廣泛、更深入以及更上一層樓的體會與領悟，不但能夠更為彰顯生命的意義與價值，同時也更加能夠頤養老年、照顧病患，乃至安頓死亡、撫慰悲傷，而最終得以圓滿生命與死亡的品質與尊嚴。

筆者在《人間福報》的〈生命書寫〉版開闢「生死自在」專欄，從二〇一一年四月三日開始，每個週日一篇文章，展開一系列的生死話題討論，探索大家都非常關注且亟欲了解的生死課題，內容包括：人為什麼不能長生不死、人死了以後會去哪裡、生命的意義與價值、生命的安頓、生命的永續經營、「往生」的現代理解、現代社會的善終課題等等，已經發表了一五〇餘篇，如今集結成書。誠摯地邀請各位讀者透過這些文章參與生死探索之旅，以揭開死亡的神祕面紗，釐清世俗的成見及盲點，解除過去累積的疑惑，進而能及早規畫自己未來生命的永續經營，體現生死自在的灑脫與喜悅。

# 目錄

# 生死探索

## 輪迴的現代理解

## 現代生死學



## 生命的永續經營

## 生命的終極關懷

# 生死探索

# 生命的意義何在？

回顧三十多年前，我在普門中學任教的時候，看到大部分的學生都生活在升學壓力之下，難免有焦慮的情緒與抱怨的音聲。我在教學之餘也不斷鼓勵他們勇敢地面對壓力，迎接人生的挑戰。有不少學生問我：「老師，讀書只是為了升學？為了考試嗎？生命的意義究竟何在？」眼神中期盼著我有個現成的答案，能解除他們心中的疑惑與焦慮。記得當時我引述了一些古聖先賢的睿智箴言，以及近代偉人的名言，嘗試解答學生心中的困惑，學生聽了以後都表示，這些言辭早就耳熟能詳，卻都無法引起內心的共鳴，內心的焦慮、疑惑與徬徨仍在。

學生的疑惑與徬徨讓我重新省思，如果「生命的意義究竟何在？」只是一個單純的問答題，那麼，它可能有答案，也可能無解；即使有答案，恐怕也很難放諸四海皆準，更無法讓所有人都滿意。因此，雖然古往今來不斷有哲人智者提出嘔心瀝血的一得之見，但是都無法徹底解除眾人的疑惑。後來我深入思考了很久，逐漸體會到，其實「生命的意義究竟何在？」並不只是一個單純的問答題（question），而是一項生命的探究（quest），所以「沒有簡單的答案」，或者嚴格地說，可能會有各色各樣不同的答案，而沒有唯一的標準答案，就如《易經．繫辭傳》所云：「仁者見之謂之仁，知者見之謂之知，百姓日用而不知，故君子之道鮮矣。」面對探究生命的課題任務，我們需要的不是平白撿現成的答案，而是不斷地追尋與探索（search and re-search）。

之後，當再有學生問我有關「生命的意義何在？」這樣的問題，我就很誠懇地對他說：「生命的意義在於不斷地、深入地探索生命的意義。」結果，幾乎所有的學生聽了以後都大笑不已，說：「這是什麼答案，老師！您不是在搪塞、唬弄我吧？」我說：「正好相反，我就是不願意找一個格言式的標準答案或陳腐之言矇混你，這可是我在夜深人靜時，反覆思考、深思熟慮後的肺腑之言哪！怎麼會是搪塞、唬弄你呢？」我接著舉孔子為例，子曰：「吾十有五而志於學，三十而立，四十而不惑，五十而知天命，六十而耳順，七十而從心所欲不踰矩。」孔子以他個人的學思歷程，說明了人生在不同的階段會有不同的生命經驗與體會，隨著年齡、閱歷的增長，吾人對於生命意義的解讀與領悟也會不斷地深化。因此，我不得不說：「生命的意義在於不斷地、深入地探索生命的意義。」

近年來，對自己的說法又找到了新的論據，在有線電視頻道中，例如：Discovery, National Geographic, Explorer 等知識性頻道，有許多內容很好的節目，包括：科學新知、宇宙奧祕、生物奇觀、大自然探險等，在這些節目影片中，我們可以看到許多精采的內容與生動的畫面。其實在電視螢幕中那些影片畫面的背後，有許多科學家、生物學家、考古學家、探險家、攝影師、嚮導……，為了探索大自然的奧祕，以及實地觀察、捕捉生物奇觀的珍貴鏡頭，而身歷險境，上窮碧落下黃泉，深入叢林、大海、荒原、沙漠、南北極地等，凡此種種探索與探險行動，都要冒著生命危險，才能完成艱鉅任務，我們也才有機會欣賞到那些珍貴而且精采的畫面。就連大自然的科學知性活動，都需要不斷地深入探索，更何況是「生命的意義」此一重大課題，豈能不深入探索乎？

若欲窮究「生命的意義究竟何在？」此一大哉問，這不僅僅是一個義理探索的問題，同時也是一個生命實踐的課題，我要懇切地與大家分享一隅之見：「生命的意義在於不斷地、深入地探索生命的意義，同時努力活出自我生命的意義與價值。」

# 未知生，焉知死乎？未知死，焉知生乎？

有一天，孔子的學生子路向孔子請教侍奉鬼神的道理，孔子當下沒有直接回答，而是用反問的方式回應，這一段師徒之間的對話，後來收錄在《論語．先進》第十二章，其原文如下：「季路問事鬼神。子曰：『未能事人，焉能事鬼？』曰：『敢問死。』曰：『未知生，焉知死？』」

這段簡短對話的最後一句——「未知生，焉知死？」到了後世，不但成了千古名言，也是千古的謎題與疑團，一方面不斷被後人引述，另一方面卻也一直被嚴重地誤會與曲解。

## 千古名言　千古謎題

國人忌諱死亡的心理與避談死亡的態度，是眾所周知與公認的，孔子的「未知生，焉知死？」這句話正好提供了一項權威的「理論根據」，因此每當眾人談論到死亡的話題時，就信手拈來，大加引述，卻很少追究這句話的來龍去脈與確切意涵，彷彿是說，睿智聖明如孔老夫子者，都避而不談死亡，我們又如何能夠談論？

再者，大眾不斷地引述，又似乎意味著孔子這句話（或是孔子的思想），無形中主導了國人千百年來「只談生，避談死」的生死觀。一句根本不具有結論性質的簡短回應，卻不斷被後世拿出來為國人避諱死亡的態度作背書，孔子被大眾如此這般地「牽拖」（臺語），恐怕是他萬萬始料未及的，我深深覺得孔子實在是冤哉枉也。

我曾經多次在學術研討會上聽到與會者斷章取義引述「未知生，焉知死」這句話，終於按捺不住，我不能只是默默為孔子抱屈，更要發聲為文替孔子申冤平反。為此我寫了一篇三萬四千餘字的論文〈《論語》之生死學義理疏論——以「季路問事鬼神」章為中心〉，收錄在拙著《儒佛生死學及哲學論文集》一書中，有興趣的讀者可以參閱。

其實孔子並未直接回答子路的問題，而是想藉由反問的方式同子路進一步討論，可惜子路沒有領會夫子的用意，以至於對話草草結束。因此，「未知生，焉知死？」根本就不能代表孔子的生死態度，希望大家不要斷章取義。

## 省思生死　展現生死

孔子真的是如大家所認定的，「只談生」而「避談死」嗎？其實這是極大的誤解，這樣的論點有什麼具體的文獻佐證與理論根據嗎？我可以斬釘截鐵地告訴大家，以上這兩個問題的答案，都是個大大的"NO"字！如果大家細讀《論語》全書的篇章，並且翔實統計其文本中所曾出現「生」與「死」的次數，會有出乎大眾意料的發現，孔子非但不曾避諱談論死亡及其相關議題，而且著實還談得不少。

根據《禮記・檀弓上》的記載，孔子甚至於對自己死後封墳的方式都有所交代，而由學生子夏負責處理孔子的身後事宜。被後世奉為至聖先師的孔子，他的生命視野與生死態度，其實遠比一般大眾所認知的要豁達與開放得多了！

然則「生死可知乎？」針對此一問題，筆者個人是持肯定的態度。然而，「可知」並不表示吾人「已經知曉」，而是「可以」深入地省思與探索。其實，「生死大事」不但是可以省思的，而且是從人類有史以來即不斷地被人們思考與探索。從生命本身的觀點反思，「生」與「死」本來就是「生命」一體之兩面，「生」與「死」都是「生命之流」無法分割的一部分。換言之，吾人落在生命之大化流行當中，「生」與「死」都是生命的「展現」，無「生命」即無「生死」；反之，無「生死」亦無「生命」。

因此，孔子之言「未知生，焉知死」，也可借鏡作為一種警語，即是不能離「生」而論「死」；反之亦然，我們也可以說「未知死，焉知生」，亦即不能離「死」而論「生」，而必須「生死並觀」與「生死並論」，才能徹見生死的奧祕與玄機。

# 人為什麼會死？人為什麼不能長生不死？

一談到生死，很多人都會有這樣的疑惑：「人既然出生到了世間，為什麼會死？」在進一步深入討論這個問題之前，先跟大家講一個故事，這是記載在《晏子春秋》裡的一段公案。

話說二千五百多年前的春秋時代，在一個春光明媚的日子，齊國的國君景公，帶領晏嬰、艾孔和梁丘據等幾位大臣，到都城臨淄郊外泰山上登高郊遊，並且擺設酒席，款待眾臣。到了大夥兒酒酣耳熱之際，景公環顧四方，眺望著他轄下的廣袤國土、山河，突然傷心地流下淚來，慨嘆地說道：「唉！看著這麼美好的江山，寡人終究還是要拋下這個堂堂大國而死呀！」

旁邊的幾位大臣見狀，馬上就一把眼淚、一把鼻涕陪著景公哭泣起來，說道：「我們都還只是卑微的小人物，尚且無法面對死亡，何況是國君您呀！萬一您拋下國家而死了，那麼這個國家該怎麼辦啊？」就這樣子，君臣數人哭成一團。

這時候，只有晏子不但沒跟著哭，而且還拍擊自己的大腿，仰天大笑，說道：「今天這一場酒宴，真是爽快呀！」景公聽了勃然大怒，說道：「寡人想到將來會死，心中感到難過哀傷，你不關心也就罷了，居然還笑，這是什麼道理？」晏子回答道：「因為今天我看到了一位怯懦怕死的國君，還有三個阿諛奉承的臣子，忍不住要大笑啊！」景公問：「你憑什麼這麼說我們？」

晏子曰：「自古以來，人之所以會死，就是讓當世賢能的人，不用再辛勞了，而得以安息；也讓不肖的人，不用再汲汲營營了，而得以收手。假設古代的先王都不會死，如果姜太公（齊國的始祖）一直到今天都還健在的話，那麼還輪得到您當上國君嗎？您還有機會在這裡哀傷嗎？天下事必然盛極而衰，有生必然有死，這是大自然的定數。萬物都必然有終結，凡事都有它的常規，這是古人都了解的道理，有什麼好悲傷的呢？您到老了卻哀傷、擔心會死，這不是怯懦怕死嗎？您旁邊的人跟著一起悲傷，這不是阿諛諂媚嗎？怯懦和阿諛的人湊在一塊兒，讓人不得不笑啊！」

景公聽了之後覺得很慚愧，就隨便瞎掰硬拗個理由，說他其實不是因為怕死而哭，而是因為最近天際出現了彗星，並且朝向齊國而來的緣故……，給自己找了個臺階下。

其實，齊景公不但怕死，而且放不下他所擁有的江山和國君的位子，晏子的話不僅一針見血地解釋了「人為什麼會死？」的道理，同時也點出了世人（包括齊景公在內）期盼「長生不死」的思維盲點，用現代流行的話來說，晏子可說是「生死達人」。

然而，我們也不要嘲笑齊景公，因為我們絕大多數人與齊景公只是「五十步」與

「一百步」的差別而已。我們再回到「人為什麼會死？」這個千古的生死謎題，如果有人問：佛教怎麼看待這個問題，答案是：「法爾如是！」的確！就是「法爾如是！」但這樣的解釋，對一般人而言，似乎太玄了，所以我需要另外找一個能讓大家容易理解的方式來說明。

要深入地分析這個問題，可以運用數理邏輯上的「歸謬法」，就是先假設一個可能是錯誤、矛盾或不合理的命題，然後以此一命題為起點向下推論；如果根據此一命題所推論出來的結果，是錯誤的、矛盾的或是不合理的，就可以證明最初所假設的命題是錯誤的或是不合理的。

就我所知，長生不死的例子，除了偷吃西王母不死靈藥的「嫦娥」之外，就是古典筆記小說裡的「妖精」和「妖怪」了。

我們現在假設「人都不會死，地球上每個人無論在任何情況之下，就算遭遇到衰老、病痛、天災、人禍……，都長生不死，永遠死不了」，請問各位讀者：在這樣的情況下，整個世界以及個人生命的後續發展是不是會更為幸福快樂？您仔細思考一下！

首先，就像是晏子對齊景公說的例子，如果歷代先祖如姜太公、齊桓公等都長生不死的話，還有後來的齊景公嗎？再者，如果地球上的人類只生不死，人口只增不減，那麼不出百年，地球上就人滿為患了，資源也終將耗盡。如果再加上老鼠、蟑螂、蚊蟲等，也都長生不死，而且努力繁衍後代，數量以等比級數增加，屆時地球早已是牠們的舞臺了，而非人類的天下，大家能夠想像那種恐怖的景象嗎？

就我們身體的細胞層次而言，每個細胞都有其生命活動的期限，換言之，每個正常的細胞都會衰老死亡而由新生的細胞取代，「新陳代謝、汰舊換新」是正常而健康的生理狀態與過程。如果我們體內有某個細胞或某一群細胞違反了常態——「長生不死」而且不斷分裂，這就變成了細胞界的「妖精」和「妖怪」——「癌細胞」。癌細胞破壞了我們體內正常細胞的生態平衡，引發難以治療甚至無法治癒的疾病，結果往往造成病人求生不得，求死不能的困境。所以，我要說世間最可怕的事，不是「死亡」，而是「死不了」啊！

因為以上「人都不會死」的推論結果與我們所經驗的事實不符，不但不合理，而且十分恐怖，所以得知「人都不會死」這樣的假設是錯誤的命題，「人都會死」才是合理的命題。因此，「人為什麼會死？」是一個錯誤的問題，或者說是一個錯誤的問法。我們必然會經歷出生、成長、衰老、疾病、災禍、死亡等等，「好家在（臺語）」有「死」，不然我們的處境就非常恐怖而淒慘了。

最後我要強調，沒有死亡的人生是無法忍受的，因此，死亡對生命而言，是必要而有意義的。因為我們會生病、老化，甚至遇到天災人禍，生命因此陷入痛苦的困境，而死亡正好可以幫助我們從生命的困境中解套。如果我們的生命只是不斷地老化、生病，卻不會死亡，那才是最可怕的事情。

## 人死了以後還有沒有？——生命的永續與挑戰

生命的深層經驗，尤其是生死大事，其實很難完全用學術理論來規範。面對生死的疑惑並非只是專家學者在學術殿堂裡的課題與論述，而是一般社會大眾在日常生活中，當親身面對生、老、病、死的現象時，都有可能在心中產生的罣礙與困惑，這也是我們在生命歷程中，遲早都必然要探究的終極關懷。

一九九八年的暑假，筆者應邀赴香港及澳門巡迴演講，佛香講堂的法師介紹了一位鄭姓醫師來找我面談。原來，鄭醫師之前就來過講堂，欲向法師們請教有關死後生命的問題，講堂的法師告訴他，已經邀請我在暑假期間到香港演講，屆時可與我見面深談，鄭醫師聽了很歡喜，就與講堂的法師預約與我會面的時間。

見面之後，他告訴我他自己為了探索「死後的生命」與「生命的究竟真相」等問題，讀了很多書，看了很多宗教經典，也請教過很多人，但是一直都沒有得到令他滿意的答案，所以才會找到佛香講堂來。

相談之下，我了解到鄭醫師好學深思，但是太急切於從知識的層面，獲得確切的答案。我請他先說出他心中最為罣礙或疑惑的問題是什麼？以便從問題核心的關鍵點切入討論，以下是當日對話的大致內容：

醫師問：「人死了以後，到底還有沒有？」

我反問：「您到底在擔心什麼？」

醫師說：「我擔心死了以後，什麼都沒有了。」

我再問：「如果死了以後，什麼都沒有了，灰飛湮滅，一了百了，那您還需要擔心個什麼呢？」

醫師沒料到我會這麼問他，一時無言以對，思索了一下，接著又說：「您說得也有理，好像沒什麼好擔心的；但是如果什麼都沒有了，一切都歸於虛無，那麼我這一輩子的努力又有什麼意義呢？努力或不努力、認真或不認真、行善助人或作奸犯科，又有什麼差別呢？」

我說：「的確，如果人死了以後，什麼都沒有了，必然導致生命存在的斷滅、生命價值的失落，乃至生命意義的空虛，從哲理上來說，您心中的疑惑與罣礙是有很深刻的道理和意義的。」

醫師又問：「那又如何能解決呢？」

我說：「您所擔心的『死後什麼都沒有了』，那種狀態佛教稱之為『斷滅』，不過佛教認為有情的生命是不可能斷滅的。雖然有一類的聲聞行者證到了阿羅漢果，進入無餘涅槃，不受後有，不來人間輪迴轉世，看起來似乎是一了百了，但是他們的生命絕非斷滅，只是因為斷盡了見思惑的煩惱，而不再經歷生死輪迴。但是未來如果發菩提心、行菩薩道，他就會乘願迴入娑婆世界，出生入死，普度眾生。至於絕大多數的芸芸眾生，則是無明煩惱纏身，被業力牽引而六道輪迴，天長地久有時盡，此恨綿綿無絕期，生命的歷程是沒完沒了的，所以死了以後不但有，而且不斷演續集，還會輪迴再來的。」

醫師聽了，鬆了一口氣，說道：「那我就放心了！」

我接著又說：「可是我卻反而開始擔心了，為什麼？就是因為生命『沒完沒了』，死了以後還會輪迴再來，那麼來生您到底要去哪裡？又可能會去哪裡？這就成了一項嚴重的問題，怎能不令人擔心呢？有人說那是下輩子的事了，反正也無法事先預知，所以就不用瞎操心了。像這樣講，其實是非常不負責任的，萬一不小心轉生到戰亂地區變成難民，或者生到落後地區變成文盲、乞丐或奴隸，不是很可怕嗎？所以在今生結束之前應該要好好規畫來生的方向。」

以上的對話內容，其實並非十分特殊，雖然是與一位醫師對談，但也反映了多數大眾的心聲；其中一方面蘊含了面對死亡的恐懼、罣礙與困惑，但另一方面，同時也懷抱著來世生命的希望與出路。生死的課題是需要用功參究才能深刻契入的，絕大多數人終其一生都汲汲營營於名利，多半在壯年之時未曾認真地思維生死課題，因此對生與死的困惑是難免的。雖然如此，生死的玄機是人人得以參究且證悟的，即使目前尚未證悟，而未來生命的希望是從來就不曾消失的。

從三世生命觀的宏觀視野來看的話，帶有絕對「斷滅」意味的死亡是不存在的，因此，擔心死後墮入虛無而產生莫名所以的恐懼，其實是沒有必要的。然而就眾生「分段生死」的自然歷程而言，當一世生命的結束與下一世生命的開展，仍然是我們不得不面對的重大課題。在生命流轉的過程中，如何活得心安理得？在生離死別之際，如何走得瀟灑自在？在死生兌化之際，如何抉擇開展未來的新生命？都是芸芸眾生永遠的必修課題。

「三世生命觀」蘊含著一種積極而且有開創性內涵的生命觀架構，提供了一種「生命永續經營」的視野與理念，可以破除「生命會斷滅」的迷思與謬見，可以消解面對死亡的無謂恐懼，以及打破一世生命觀帶給我們在思維上的侷限。

雖然三世的生命觀帶給我們無窮的希望，但絕非意味著生死的問題就此都解決了，我們反而有很多功課要做。在生命輾轉兌化的輪迴歷程之中，當我們面對過去時，有累積的業力與習氣的牽引；而當我們面對現在與未來時，則充滿了眾多內外因緣的變數與可能性，所以我們必須迎接持續不斷的挑戰。我們若想要根本解決生死大事的問題，就不只是純粹的理論課題，而是需要回歸到每一個人生命內在主體性的智慧抉擇，以及具體的實踐工夫。

# 人死的時候，會不會很痛苦？

「人死的時候，會不會很痛苦？」這個問題——同時也是大眾普遍的憂慮——反映了多數人在面對或思考死亡時，心中所懷抱的一種深層而且莫名的恐懼，就是害怕自己將來死的時候，身心會經歷一種巨大而無法承受的痛苦。

曾經有學生及信眾為此深感罣礙而問我：「人死的時候，真的會感到很痛苦嗎？」我很坦白地告訴他們：「不需要恐懼，就佛法的觀點來看，這個問題的答案是開放的，也就是說，死亡不一定就是痛苦的，也可能是不苦不樂的，甚至可能是快樂的，具體情況因人而異。」

對大多數人而言，因為不了解生死流轉的自然歷程，導致恐懼死亡，避諱死亡，乃至抗拒死亡，希望藉由現代醫療科技，盡量延遲死亡，以致錯失自然死亡的時機，拖到身體機能衰敗，病魔纏身，乃至多重器官衰竭，因而造成死亡的經驗多半是相當痛苦的，可惜絕大多數人不了解這當中的因果關係。

但是對於能夠坦然面對死亡，願意接受生理老化而自然死亡的少數人，死亡的經驗其實是「自然而且沒有痛苦」的，甚至是愉悅的；對於做足功課、早備資糧，進而為來生的去向與出路準備好的修行人而言，死亡的經驗是「自在而瀟灑」的。

為了進一步討論及解說這個問題，我採取一種貫通「死亡經驗」與「生命經驗」的脈絡整合分析方法。《金剛經》云：「發阿耨多羅三藐三菩提心者，於法不說斷滅相。」如果錯誤地認為自我的生命只有這一生一世，死後歸於虛無，這種「死亡觀」即是屬於「斷滅相」的見解。

《金剛經》中的「於法不說斷滅相」，正可以破除對死亡的錯誤認知，借用數學的函數概念來比喻，就是每個人的生命歷程都是一種連續函數，或者更為宏觀地說，每個人的生死流轉歷程都是一種連續函數，而且是跨越「過去、現在、未來」三世生命的連續函數，雖然一直都在起伏變動，但是不論其變動得如何劇烈與曲折，都「不曾斷裂」，更「不會斷滅」。

因此，一個人的「死亡經驗」與他的「生命經驗」是息息相關而無法斷然割裂的，換言之，我們根本就不可能、也不需要將個人死亡經驗完全排除於自己的生命經驗之外；我們的生命經驗會延續及反映在我們的死亡經驗之中，我們的死亡經驗其實是呼應與承接我們的生命經驗。

我們終究將面臨的死亡經驗——是痛苦還是快樂？是悲傷還是歡喜？就如同我們在世時的其他任何生命經驗一樣，都不是絕對而必然的，譬如「憂戚、歡樂、悲傷、欣喜、苦惱、愉悅、得失、寵辱、褒貶、毀譽……」的認知、感受與反應，都會因為每個人的身心條件、性格態度、認知層次、修養境界等的差異而有所不同；有人耽於爭權奪利，有人避之唯恐不及；有人臨陣脫逃、忍辱偷生；有人慷慨赴義、壯烈成仁。甲認為是苦的情境，乙卻可以樂在其中，譬如孔子讚歎顏回：「一簞食，一瓢飲，在陋巷，人不堪其憂，回也不改其樂！」

其實絕大多數人之所以深感恐懼的死亡痛苦，主要是因為自身的無明與執著而起，而痛苦的程度又與個人對自我色身及俗世的執著程度成正比。當一個人因老病而至瀕臨死亡時，所產生的痛苦又可分為兩個層次：一是肉體上的痛苦，主要是衰老、虛弱、疾病以及因治療所帶來的痛苦；二是心理及精神上的痛苦，包括孤單、不捨、徬徨、恐懼、遺憾、哀怨、悔恨、無助、有被世界遺棄的感覺、不知何去何從、恐懼自我生命就此結束等等。

上述這兩個層次的「死苦」經驗，都不是絕對的，也不是非得經歷不可的；確切地說，「死亡」的歷程是必然的，然而「痛苦」的經驗不是必然的，而是可以透過佛法中的「三慧（聞、思、修）、三學（戒、定、慧）、三要（信、願、行）……」的修持工夫加以轉化、超越及克服的，但是需要及早準備。只可惜多數人平時不燒香，臨命終時又拖過了時機，最後連抱佛腳的機會都沒有了。

我們暫且撇開佛法的修證之路與解脫之道不談，純粹就生理學的觀點來談死亡的苦樂與否，從生理的角度來看，我們的身體是由物質所組成，有其相應的使用年限，而且無法違反自然界的物理現象、化學反應以及生物法則，必然會老朽衰敗。當身體逐漸老化，已經到了無法再承受生命負荷的時候，生理機能的停止運作，是一種自然的反應與正常的現象，這就是「自然死」。

簡單地說，自然死就是物質的身體老朽了，生理機能自然停擺了，安息了，不再醒來了。從這個角度來看，當時候到了，死亡是自然發生的，有如瓜熟蒂落，沒有掙扎，也沒有猶豫或恐懼，當然也不會有痛苦。這就是正常的死亡，也是自然的死亡，有如道家所說的「落葉歸根」。

自古在《黃帝內經．素問》〈上古天真論篇〉中，就有「天年」之說，如果我們的生活順應自然，可享天年。這個道理也可以運用到面對死亡上面，當我們老朽的時候，如果能夠傾聽自己身體內在的聲音，我們會接收到「天年」將屆的訊息，這是初階的「預知時至」，（至於佛法所說的信願往生，感應道交，是高階的「預知時至」），死亡來臨的時候，是自然而沒有痛苦的。

可惜絕大多數人沒有認清生命的自然旋律與節奏，生活起居不正常，作息顛倒，飲食無度，欲望橫生，終究被重病惡疾所困，生命原本的旋律破壞了，節奏打亂了，錯失了自然而然地畫下樂章休止符的時機，所以當死亡將近的時候，要想免於痛苦，其實是很困難的。

讀者一定會問：「那麼，有沒有解套的可能？」有！當然有！在《瑜伽師地論》

中，有云：「善心死時安樂而死，將欲終時無極苦受逼迫於身；惡心死時苦惱而死，將命終時極重苦受逼迫於身。」由此可知，有情個體臨終時的善、惡心念可以決定他的「死亡品質」與「死亡尊嚴」。「善心死時安樂而死，將欲終時無極苦受逼迫於身」這一段描述，透露了一項重要的訊息，即是死亡並非如一般人所認為就是苦惱、恐怖的，其實可以是很安樂、愉悅的經驗，可以釐清與化解一般人面對死亡的恐懼與成見。

綜合以上所述，死亡之際的苦與樂，就如同現世生命中的苦與樂一般，都掌握在我們每個人自己的手中，但——重點是，對於生死的道理要有正確而清楚的認知，而且——不僅要有善因德行，還要及早做好準備，就可以瀟灑地面對生死，而不用擔心死亡的痛苦了。

# 人死了以後會去哪裡？
## ——生命的未來出路

二○○五年，在我擔任南華大學生死學系所主任兼人文學院院長的時候，有六位高雄中山大學的同學，因為修了一門由楊濟襄老師開設的「生命禮儀與文化詮釋」通識課程，由於楊老師的推薦，同學們與我約好在五月下旬的一個星期五，特地一早從高雄西子灣一路車程輾轉來到嘉義南華大學生死學系訪問我，探討有關生死學的一些問題。

當日我在系學會接待他們，一開始先詢問了他們的科系年級，其中有二、三年級的同學，也有大四的應屆即將畢業的同學。

他們準備了一份預備要討論的問題清單，劈頭第一個問題居然就是「人死了以後會去哪裡？」我看了之後，哈哈大笑，說道：「這個問題，怎麼會想到要來問我呢？」他們回答：「我們老師說您是專家，所以要我們來問您。」我說：「我還不敢說自己是專家，即使是專家，也無法回答這個問題，這個問題只能由發問的人自己回答。」

同學們聽了之後，面面相覷，大惑不解：「我們怎麼會知道死了以後的事情？」

我說：「那麼，我問你們，你們大學畢業了以後，會去哪裡？這個問題是要問別人呢？還是要問自己？」有位同學又問：「這跟人死了以後去哪裡有什麼關係？」我說：「這是同樣的問題呀！人死了就好像是人生畢業了，個人畢業以後的出路，當然是要問自己囉！怎麼是去問別人呢？」我接著分析給他們聽，死亡不是生命的終點，而有如我們一期生命結束時的期末考試，代表前一階段生命功課的結束，以及預備後一個階段生命任務的開始。

人死了以後會去哪裡？就如同大學生畢業了以後會去哪裡一樣，未來的生涯要如何規畫與開展，除了當事人自己，任何旁人都不能為他作最後的決定，頂多只能提供一些參考意見而已，自己未來的路還是得自己決定、自己走。同學們聽了之後，似乎覺得豁然開朗。

「生從何來？死往何去？人死了以後會去哪裡？」這一類的問題其實是大多數人一直想要知道，卻不知道要問誰，也很少有人能夠真正回答。這個重大的問題當然需要深入地探討，不過從佛學的觀點來檢視，其實大家在提問時幾乎都問錯了方向。

上述這種問法有個盲點，問者似乎已經預設了一個大前提，也就是說，所有的眾生都來自同一個源頭，死了以後也都回到同一個歸宿。

從佛陀所開示的緣起法來看，此一虛擬的前提，其實是一種形上學臆測的牛角尖與死胡同，也是佛陀教導我們要避免陷入的思維困境。從世間法的因緣流轉現象層面來觀察，其實我們每一個人，「生前」來自不同的地方，「死後」也會去不同的地方，即使親如家人，也是如此。

其實大家根本就不用擔心「人」死了以後會去哪裡？我們最需要關心的是「某個親人」或者「我自己」死了以後會去哪裡？我們不能籠統地問：「人」死了以後會去哪裡？就像是我們不能籠統地問道：「大學生」畢業了以後會去哪裡？而應該這樣問：「張三死了以後會去哪裡？」、「李四死了以後會去哪裡？」。

如果想要問得更明確的話，我會這樣問大家：「您希望來生去哪裡？您是否已經確定了方向與目的呢？您有預先作好規畫和準備嗎？」或者更簡要而具體地自己問自己：「百年之後，我要去哪裡？我又能去哪裡？」前者依靠個人的願力選擇，後者由個人的善惡業力與福德因緣來決定。

生死來去的奧祕，就在於我們的生命是一種多層面與多重向度的動態歷程。從個人的主體層面而言，「身」與「心」相互影響；就社會的人際關係層面觀之，個人與個人之間、個人與群體之間，乃至群體與群體之間，彼此相互影響。

另外，就時間的向度而言，我們的「過去」不斷地影響著、制約著我們的「現在」，我們的「現在」又不斷地牽動、投射與型塑著「未來」，而我們對「未來」的憧憬與規畫也不斷地激勵、導引著「現在」。這一切「過去、現在、未來」相互交織的因緣法，無時不刻都在變動的歷程中產生作用，所以佛說諸法「無常」，其意甚深，如同德國物理學家海森堡（Werner Heisenberg, 1901 — 1976）所提出的測不準原理（Uncertainty Principle），既沒有、也無法套用固定的公式來解題，唯有透過般若深觀，才能照見諸法實相。

此外，生死流轉還有另外一層玄妙，也就是，從現象上來看，雖然生命充滿了個人與群體都無法掌控的諸多變數與不可預測，但其中同時也蘊藏著「盡其在我」的無窮機緣與可能希望。

佛教的三世生命觀：「欲知前世因，今生受者是；欲知來世果，今生作者是」，是一種「連續函數」的生命觀點，我們不必將「死後的未來」與「現世的未來」截然劃分，而應一體看待。如果連「現世的未來」都沒有好好地規畫與準備，遑論「死後的未來」；反之，若能好好地規畫經營「現世的未來」，然後突破生死的迷思，做好三世生命的「永續經營」準備，就不必擔心「死後的未來」。

不論是現世還是死後，影響乃至決定一個人的未來生命，主要有三方面的因素：一是個人過去身、口、意業力所累積的習氣；二是自己對未來所懷抱的願景、方向與規畫；三是個人當下的判斷、抉擇以及現在所做的努力。雖然過去所累積的業力與習氣只能轉化而無法憑空抹煞，但是對未來的願景與規畫，以及當下的抉擇，才是主導個人生命軌跡的關鍵動力與能量。

一言以蔽之，生命的流轉不離過去「業力」的牽引、未來「願力」的引導與開展，而最重要的是現在「智慧力」與「精進力」的推動。我們未來生命的向上提升，需要有福德與智慧相資相成。

因此，我們需要不斷地累積自己的福德資糧、智慧能力，乃至人際關係等等善因緣，讓自己有更大的力量、更多的機會，來規畫及抉擇人生的下一步要去哪裡？不論現世還是來生。

# 死亡是一種生命的展現

應臺大哲學系孫效智教授的邀請，二〇一一年二月，我回到母校臺大開了一門通識教育的課程——「生死課題的現代省思與探索」。在第二週的課堂上，簡介「現代生死學」的緣起與內涵，我講了以下這一段話：

「生」與「死」是生命本身一體之兩面，我們落在宇宙生命的大化流行之中，「生」與「死」都是「生命」的展現；換言之，不但「活著」是「生命」的展現，「死亡」也是「生命」的展現。若無「生命」的存在，即無「生死」的交替；反之，若無「生死」交替，亦無「生命」的展現。

後來有位學生在他的心得報告中寫道，當他聽到「『死亡』也是『生命』的展現」這句話時，當下心中覺得十分震撼，他從來就不曾如此深刻地思考過「死亡」的深層意義，覺得我的話真是「一語驚醒夢中人」。

其實「死亡也是生命的展現」並不是什麼深奧難懂的玄妙道理，也不是我的創見或發明，而是有情生命本具的動力與內涵，只是大多數人都因為恐懼而迴避死亡，並且不斷地為死亡蒙上一重又一重的面紗，而對它的全貌懵然不覺。我只不過是奉行孔子所言：「述而不作，信而好古，竊比於我老彭。」為大家揭開覆蓋在死亡上面那重重神祕、恐懼與誤解的面紗，還它一個本來面目而已。

那麼，死亡「為何」是生命的展現？又「如何」展現呢？我講幾段歷史故事，再作分析，大家就可以明瞭。

## 荊軻刺秦王

戰國末年，秦國變法成功，武力強大，秦軍所向無敵，秦王嬴政（日後的秦始皇，公元前二五九—二一〇年）意欲統一天下，對於各國諸侯採取各個擊破的策略，諸侯各國危在旦夕。燕國太子丹（公元前？—二二六年），想要招募膽識過人的英雄出使秦國，用計劫持秦王，迫使他歸還併吞諸侯的土地，如若不行，就刺殺秦王。經多方尋訪，終於獲得一位名叫荊軻（公元前？—二二七年）的壯士願往。

公元前二二八年，秦將王翦率軍攻破邯鄲城，俘虜了趙王，大軍隨即北進直逼燕國，兵臨易水，準備進攻燕國。太子丹見情勢已經萬分危急，就催促荊軻準備出發，但是荊軻說：「要出使秦國，必須要有信物，才能取信於秦王。秦王懸賞黃金千斤和采邑萬戶以緝拿樊於期將軍，希望太子您給我樊將軍的首級與燕國督亢的地圖，讓我帶去進獻，秦王一定會高興地接見我，我這才能實現您的計畫。」太子丹說：「樊將軍在危難之際前來投奔，我實在不忍心殺他，是否有其他更好的辦法？」

荊軻見到太子為難，就自己去見樊於期，說：「秦王也太狠毒了，把將軍的父母宗族都殺害了，現在又以重金采邑求購將軍的首級，將軍怎麼辦？」樊於期仰天長嘆，流著淚說：「我恨透了秦王，一心想要報仇，只是不知道有什麼辦法？」荊軻就說：「我現在有一個機會，既能為將軍報仇，又能解除燕國的憂患。」「有什麼好辦法？」「在下希望能得到將軍的頭顱，拿去獻給秦王，當秦王見在下時，我左手揪住他的袖子，右手持刀刺進他的胸膛，將軍認為如何？」「只要能刺殺秦王，要用我的頭顱，也在所不惜。」樊於期知道自己的深仇大恨終於有機會報了，二話不說，毅然拔劍自刎。

太子丹聽到消息，急忙趕來，伏屍痛哭，然後將樊於期的頭顱裝進一只匣子裡，連同燕國督亢的地圖交給了荊軻，又選了一位名叫秦舞陽的勇士作為副使，從薊都（今北京）出發。

由於此番前往秦國，能夠生還的機會實在非常渺茫，太子丹和賓客們都穿了白色的喪服為他們送行。到了易水河邊上，大眾先祭拜了路神，在啟程之前，荊軻要求好友高漸離擊筑，荊軻就和著筑聲，唱起了變徵之聲，眾人無不涕淚交加，悲切異常。荊軻唱道：「風蕭蕭兮易水寒，壯士一去兮不復還！」曲調由淒厲轉為悲壯，送行的人都熱血沸騰、怒髮衝冠。曲罷，荊軻毅然登車西去。

荊軻當然知道此行欲用計脅持或刺殺秦王，等於是執行一項「不可能的任務」，但是為了對抗暴秦，扭轉天下局勢，只要有一線希望，即使犧牲生命，也在所不惜。不幸此行刺殺秦王的任務失敗了，就如同他臨行所唱的歌詞般地「壯士一去兮不復還！」荊軻終於壯烈成仁了。

接下來，要和大家講另一段也是相當壯烈的歷史故事——子路之死。

## 子路之死

根據《左傳》的記載，春秋時代，魯哀公十五年（公元前四八〇年），衛國廢太子蒯聵出亡多年後，又喬裝潛入衛國欲奪回國君之位，因而發生了內亂。他有位外甥名叫孔悝，當時擔任衛出公蒯輒的相國，執掌衛國及都城的政事，而子路是孔悝的家臣。

蒯聵為了奪回君位，就串通好他的姊姊孔姬（也就是孔悝的母親），連手挾持了孔悝，想尋求他外甥的支持與協助，但孔悝不肯，認為有違先君的遺命與禮法。孔姬就用計強制脅迫孔悝擁立蒯聵為衛國國君，孔悝不得已而屈服。

孔姬還得寸進尺地假藉孔悝的命令，召集侍衛襲擊國君的寢宮，衛出公在慌亂之間，駕上輕車就出奔魯國了。群臣之中凡不願意附庸於蒯聵的，都四散逃竄，衛國大亂。

當時子路（公元前五四二—四八〇年）正在衛國都城外，聽到孔悝被劫持，就要入城去營救他，遇到同在衛國擔任大夫的同門師兄弟子羔（又名高柴）剛從城中逃了出來。子羔眼看衛國情況危急，準備要逃到陳國去，一出城就碰到了剛從陳國回衛國的子路。

子羔就警告子路說：「現在衛國情況很危險，城門已經關閉了，何況他們之間的政爭與你無關，你不必去淌這塘渾水。」子路卻覺得自己當相國的家臣，領衛國的俸祿，豈能見危不救、坐視不管？所以還是趁著有人出城的時候，進入了衛國。

子路當時已經六十三歲了，在毫無奧援的情況下就單槍匹馬地入城，想要以一己之力營救孔悝，當然是凶多吉少。蒯聵派了石乞、孟黶二人持戈來攻擊子路，子路仗劍迎戰。奈何寡不敵眾，而且年過花甲，子路奮戰之餘，身負重傷，連冠纓（帽子的繫帶）也被砍斷。

根據《左傳》的記載，子路臨死的時候，說道：「禮，君子死，冠不免。」（意即：君子死的時候，不可以不把帽子戴好，這是禮。）子路死前最後一刻的動作，竟然是把帽子戴正，把帽帶繫好，「結纓而死」，何其豪邁！何其COOL！

子路既未審度情勢，又未深思熟慮，就冒然慷慨赴義的莽撞衝動行徑，雖未可取，但是他在面對死亡時，最後一刻「生命」的「展現」令人動容，真不愧是英雄豪傑的氣魄與風範。

## 司馬遷與《史記》

漢武帝（公元前一五六—八十七年）天漢二年（公元前九十九年）九月，飛將軍李廣（公元前?—一一九年）之孫李陵（公元前?—七十四年），奉武帝之命，率領步卒五千人，深入匈奴王庭，到了浚稽山與單于大軍交鋒。單于以三萬騎兵圍攻李陵，出乎意料地不勝反敗，還被漢軍追擊，遭斬殺數千人；單于大驚，召集左右地兵八萬餘騎圍攻漢軍。李陵與所部將士驍勇善戰，以一擋十，轉戰千里，但是因為孤軍深入敵陣，又無後援，而匈奴卻不斷增兵，且窮追不捨，李陵終於奮戰失利，兵敗被俘而降。

### 為李陵辯護　被處以宮刑

消息傳回京城長安，漢武帝聞訊震怒，滿朝文武百官也交相指責李陵不忠不義。在朝堂上一面倒的怪罪與責難聲中，只有太史令司馬遷悶不作聲。武帝注意到了，就當眾問他有什麼看法，書生氣十足的司馬遷也就直言不諱地為李陵辯護，極力稱讚李陵驍勇善戰，率軍深入匈奴腹地，轉戰千里，殺敵無數，射矢皆盡，古代名將也不過如此。

司馬遷認為，李陵因孤軍無援，迫不得已而降，情有可原，非戰之罪，只要他不死，還是會等待時機報效漢室的。結果這番話更加觸怒武帝，隨即將司馬遷下獄交付廷尉，並處以腐刑（宮刑）。後來，漢武帝的情緒平復，因為珍惜司馬遷的才華，將他釋放並任命為中書令。

## 忍下宮刑辱 為著書立說

這一段不幸的遭遇可說是無妄之災，不但是個人極大的屈辱，還引來社會大眾的嘲笑，讓司馬遷受到極大的精神打擊，曾一度想要自殺，但是他想起了父親的遺言，又以孔子、屈原、左丘明、孫子、韓非等古聖先賢，處在逆境時的發憤有為來勉勵自己，而以驚人的意志，忍辱負重地活了下來。

司馬遷立志完成《史記》的千秋之業，因而忍下了宮刑之辱與社會大眾的嘲笑。在受刑之後，司馬遷寫信給老友任安（字少卿），敘述了他因為李陵事件而遭受宮刑的過程，抒發了忠言而見疑乃至無辜受刑的悲憤，揭露了漢武帝的專橫、蠻悍、殘暴，以及當時的酷吏政治；最後陳述自己之所以忍辱偷生的理由，就是決心為了著書立說，完成《史記》的撰述。（按：這封信〈報任少卿書〉後來收錄在《古文觀止》一書中，成了傳頌千古的名文。）

## 人固有一死 你如何展現

在《史記》的撰述過程中，司馬遷不僅僅是記載大量的史實，還進一步要「考其行事，綜其始終，稽其成敗興壞之紀」，來「究天人之際，通古今之變，成一家之言」。他要從錯綜複雜的歷史事件中，探索出一些貫穿古今的道理，並且提出自己的看法。「究天人之際，通古今之變」，即是探究天人之間的關係，貫通古今變化的脈絡，深刻地反映了司馬遷的歷史觀與歷史哲學的精髓。

他在信中特別寫道：「人固有一死，或重於泰山，或輕於鴻毛，用之所趨異也。」而「人固有一死，或重於泰山，或輕於鴻毛」這句話，即充分顯示出「死亡」對於「生命」就是一種「價值」與「意義」的「展現」。

## 文天祥從容就義

宋・朱熹《近思錄》中有云：「感慨殺身者易，從容就義者難。」南宋・謝枋得〈卻聘書詩〉亦云：「慷慨死節易，從容就義難。」文天祥（一二三六—一二八三年）可說是古往今來最令人欽佩的「從容就義」典範，也是我最敬佩的古人之一。

南宋衛王祥興元年（一二七八年）夏季，文天祥在得知南宋行朝移駐崖山後，為了突破艱難處境，請求率軍前往與南宋行朝會合，但由於張世傑堅決反對，文天祥就退往潮陽縣。同年冬季，元軍大舉進攻，文天祥再敗退走。

## 兵敗被俘 自殺未死絕食不成

民間傳說，就在文天祥幾乎快被元軍追及時，突然冒出三座山峰擋住蒙古兵，掩護文天祥撤退，後人即以「三山國王廟」來祀拜這三座山神，以感念祂們保護忠義。文天祥率兵向海豐撤退的途中，宋軍在五坡嶺（廣東海豐北）紮營造飯時，遭到元將張弘範的突襲而兵敗，文天祥吞下隨身攜帶的冰片企圖自殺未死，但卻昏迷過去，在昏迷當中不幸被俘。

之後，張弘範要文天祥寫信向張世傑招降，他就寫了一首《過零丁洋詩》：

辛苦遭逢起一經，干戈寥落四周星。
山河破碎風飄絮，身世浮沉雨打萍。
惶恐灘頭說惶恐，零丁洋裡嘆零丁。
人生自古誰無死？留取丹心照汗青！

張弘範看了這樣的「招降書信」哭笑不得，不久即遣人押送文天祥到大都，在路上文天祥絕食八日不死，後來被關押在北京府學胡同，前後囚禁長達五年。祥興二年（一二七九年），陸秀夫帶著小皇帝趙昺從厓山懸崖上跳海殉國，宋朝正式滅亡，但是文天祥仍然堅守死節，在獄中還作了一首《正氣歌》以明志。

## 元帝惜才　勸降不屈但求赴義

元世祖忽必烈愛惜文天祥的才華，不忍殺他，先後派出平章政事阿合馬、丞相孛羅招降不果。至元十九年（一二八三年）十二月八日，元世祖召見文天祥，親自勸降，願授以宰相之祿位協助治理天下，文天祥不為所動、堅貞不屈，只說：「一死之外，無可為者。」

元朝又派出當時已經投降的南宋大臣們勸降，卻遭到文天祥的痛責，接著又請出被俘的宋恭帝出面勸降，文天祥也置之不理。次日押赴刑場，文天祥先向南方跪拜，然後從容就義，年四十七歲。

就在行刑後不久，突然聖旨到，下令停止行刑，但是文天祥已死，忽必烈聞訊深感惋惜地說道：「好男子，不為吾用，殺之誠可惜也！」

文天祥的妻子歐陽氏去收屍時，在其衣帶中發現了一首絕筆詩：「孔曰成仁，孟曰取義；惟其義盡，所以仁至。讀聖賢書，所學何事？而今而後，庶幾無愧！」

相較於荊軻與子路死得那麼慷慨壯烈，文天祥死得如此從容不迫而正氣凜然，充分體現了他自己所言的「人生自古誰無死？留取丹心照汗青！」我認為文天祥最令人欽佩之處，其實還不在於他的死，而是在於他死前所承受的種種心志折磨與肉體煎熬，包括來自元朝的威脅利誘，來自宋朝舊臣的人情勸降，來自骨肉親情的牽掛羈絆，來自地牢囚室中的惡劣情境與非人待遇。

面對如此這般的內外多重壓力疊沓而至，一般人早就精神崩潰了，要不就是投降，要不就是自殺，幾乎沒有人能承受得了，文天祥卻能「風簷展書讀，古道照顏色。」這種「生死無懼」與「生死一如」的態度、風範與氣節之展現，何其堅貞！何其磊落！何其豁達！

## 黃道周死而不屈

再講一個後來與臺灣相當有緣的從容就義故事。黃道周（一五八五—一六四六年），福建漳浦銅山（清屬詔安，今東山縣）人，號石齋，明熹宗天啟二年（一六二二年）的進士，史書上稱他「學問淵博，精天文歷數諸術，工書善畫，以文章風節高天下，為人嚴冷方剛，不偕流俗」。

### 復明反清　奮力一搏但求無愧

明朝滅亡（崇禎皇帝自縊於煤山）後，黃道周到福建福州繼續抗清，南明唐王（年號隆武）封他為武英殿大學士，兼吏、兵二部尚書，但是兵權落入鄭芝龍的手中。當時清廷頒布剃髮令，江南人民不願屈從而求救於南明隆武朝廷，鄭芝龍卻擁兵自重，而且按兵不動，黃道周只得返鄉募兵籌糧。

隆武元年（一六四五年）九月，黃道周招募到義勇民兵三千人，馬僅十餘匹，而且僅有一個月兵糧，就出仙霞關與清兵對抗，他的夫人蔡氏嘆道：「道周死得其所矣！」。十月初抵達廣信（今上饒），再募得三個月的兵糧，兵分三路向清兵進攻；一路向西，攻撫州（今臨川），另兩路北上，分別攻打婺源、休寧，不久三路皆敗。十二月六日，黃道周率隊向婺源出發，至童家坊，得知樂平已經淪陷；二十四日，抵達明堂里時遇到埋伏，參將高萬容臨陣脫逃，於是全軍潰散，黃道周被徽州守將張天祿俘虜。

黃道周被俘之後，押解到金陵（今南京），在獄中仍然吟詠如故，在牢室中作詩三百餘首。清廷派了明朝舊臣洪承疇去勸降，他們曾是舊識，在明季同朝為官，黃道周寫下這麼一副對聯作為回應：「史筆流芳，雖未成功終可法；洪恩浩蕩，不能報國反成仇。」「成仇」乃「承疇」之諧音，在對聯中，黃道周將史可法與洪承疇兩相對照以論忠奸，洪承疇頗覺慚愧，於是上疏請求免除黃道周死刑，但是清廷不准。

## 臨死不屈　感得後人建廟祭祀

洪勸降不成之後，黃道周絕食十二日，期間其妻蔡氏來信相勉：「忠臣有國無家，勿內顧」。翌年三月五日黃道周從容就義，到了東華門刑場上，先向南方再拜，然後撕裂衣服，咬破手指，在衣上用血書遺言給家人：「綱常萬古，節義千秋；天地知我，家人無憂。」最後就義時，頭雖已斷，而身體仍然「兀立不仆」。何其壯哉！黃道周不僅是「臨死不屈」，而是「頭已斷、身已死，仍然不屈」。黃道周雖是一介書生，但在死時所展現出來的忠烈節義與干雲豪氣，令人由衷地佩服，黃氏後裔族人尊稱他為「黃聖人」，就連乾隆皇帝都讚歎他道：「不愧一代完人。」

黃道周就義後，族人及同鄉在其出生地銅山深井村舊居設立神主牌位祭祀，又在其曾執教的明誠堂設館紀念。相傳在他就義後十年，有人在武夷山林中，看見一位黃衫朱履的老者，策杖優遊於林泉之間，酷似黃聖人，於是就為他建廟，百姓視黃道周為神明，尊稱為「助順將軍」，享受人間香火祭祀。

根據臺灣民間傳說，黃氏後裔中的惠安移民將助順將軍廟由原鄉分靈來臺，在艋舺竹巷尾（即今臺北市萬華區康定路口）先搭蓋一間小廟奉祀，名曰「晉德宮」，也稱「黃府將軍廟」。清康熙二十二年（一六八三年）施琅擊敗鄭經攻克臺灣後，民眾為了避免清廷壓制，故將「黃府將軍廟」改為「助順將軍廟」，並配祀福德正神以及謝、范二將軍（七爺、八爺），以作為掩護，繼續進行奉祀。同治元年（一八六二年）改建，如今仍然香火鼎盛。李白在其〈將進酒〉中說：「古來聖賢皆寂寞，惟有飲者留其名。」而我要說：「古來忠義不寂寞，千秋萬世感人心。」

江左少年夏完淳

在本文結束之前，再講一個十七歲少年殉國的故事，我最早讀到這段動人的歷史事蹟是在建中念高二時，也是十七歲的時候，內心十分震撼，感動得久久不能自已。夏完淳（一六三一—一六四七年），明朝末年詩人，祖籍浙江會稽，生於松江。完淳自幼聰穎，「五歲知五經，七歲能詩文」，有神童之譽。他在十四歲時就跟隨父親夏允彝抗清，父親殉國之後，他和老師陳子龍繼續抗清，結果兵敗被俘，不屈而死，年僅十七歲。在殉國前，還藉機諷刺消遣了洪承疇（號亨九，一五九三—一六六五年）一頓，稱名於世。作有〈獄中上母書〉一文，曾經被選入高中國文教科書。

## 羞辱洪承疇

夏完淳被俘之後，洪承疇親自訊問並且想藉此勸降，一開始氣勢凌人，把他當成少不更事的小孩子般地訓斥：「童子何知，豈能稱兵叛逆？誤墮賊中耳！歸順當不失官。」夏完淳假裝不知道審訊的大員就是洪承疇，高聲應答道：「我聞亨九先生本朝人傑，松山、杏山之戰，血濺章渠。先皇帝震悼褒恤，感動華夷。吾常慕其忠烈，年雖少，殺身報國，豈可以讓之！」

左右差役連忙告訴他堂上大人就是洪承疇，夏完淳假裝不信，更聲色俱厲地說：「亨九先生死王事已久，天下莫不聞之，曾經御祭七壇，天子親臨，淚滿龍顏，群臣嗚咽。汝何等逆徒，敢偽托其名，以汙忠魄！」洪承疇聞言，神色沮喪，氣勢全失，無辭以對。

最後夏完淳從容就義於金陵（今南京）西市，臨行刑時，傲然挺立，拒不下跪，年僅十七（實歲十六歲）。有道是「自古英雄出少年」，然而有夏完淳如此文采、膽識與氣魄兼備，又能成大義的少年英雄，古今罕見；在感動、欽佩之餘，也不勝感慨惋惜他生不逢辰。

在歷代的史傳記載中，充滿了像這樣「以國家興亡為己任，置個人死生於度外」可歌可泣的忠義典範。

從前文所舉例的幾則歷史故事中，各位讀者應該可以更明確而深刻地體會到：「死亡是一種生命的展現」這句話所蘊含的意義。反過來說，如果死亡「不是」一種生命的展現，如何能夠「重於泰山」或者「輕於鴻毛」呢？如何能夠「轟轟烈烈、驚天地泣鬼神」或者「無聲無息、與草木同朽」呢？吾人如何能夠「以死明志」或者「以死謝罪」呢？又如何能夠「流芳千古」或者「遺臭萬年」呢？

有了這一層理解，我們再回過頭來讀子路、屈原、荊軻、高漸離、刺客聶政與姊姊聶榮、文天祥、左光斗、史可法、黃道周、夏完淳、革命先烈秋瑾、譚嗣同乃至抗日名將張自忠等人的忠烈事蹟，就會對死亡的意義與價值，有一番更深刻的解讀與體會。

更明確地說，一個人在其生命中的關鍵時刻，其生與死的抉擇與行動本身——不以成敗論英雄——即是其「生命意義」、「生命價值」與「生命氣度」的具體展現。不過，我講這些故事的目的，並不是要鼓勵大家死得那麼「轟轟烈烈」，而是希望大家能擴展生命的視野，了解生命所有可能展現的方式與態度——包括「面對死亡的自我抉擇與行動」在內。再說，我們現在已經進入民主時代與公民社會了，既不是帝王專制的封建朝代，也不是列強殖民或軍閥割據的戰國時期了，因此我們既不需要以「拋頭顱、灑熱血」的方式從事革命，也不需要死得那麼悲壯慘烈了，而是要死得瀟灑、自在而無憾。

在現今資訊網路無遠弗屆的地球村與後現代社會，我鼓勵大家要福慧雙修，關懷社會，以佛法修練身心，安頓生死，自利利他，自覺覺人，最後都能夠「預知時至」，身無病苦，心無罣礙，所作皆辦，瀟灑走一回。希望大家都能夠「活得充實而精采，老得成熟而睿智，病得深思而豁達，走得瀟灑而無憾」，讓生命與死亡都有「更圓滿、更溫馨而且更人性化」的展現。

# 輪迴的現代理解

# 從數學與物理概念談起

「從數學與物理概念談起」這個標題，乍看之下，大家也許會訝異與好奇，「數學與物理概念」和「生死自在」之間有什麼關係？在我看來不但有關係，而且是十分密切、微妙與深刻的關係，所謂「一切法皆是佛法」，讀者且耐下心來聽我解釋。

請大家先回憶一下在國小所學的數學，在國小的數學課本裡面，只有「2−1」或「5−3」這一類的問題，而沒有「1−2」或「3−5」這一類的問題，因為國小數學所使用的數系範圍只有正整數、正有理數及零，而不包括負數的概念，所以「1−2」或「3−5」這一類的問題無解。要等到國中數學，加入了負數的概念，以上的問題就有解了。

我們就不同的數系集合來做比較及說明，在自然數系中：$2-1=1$，而 $1-2$ 無解；在整數系中：$1-2=-1$，$4\div2=2$，而 $4\div3$ 無解；在有理數系中：$4\div3=1\frac{1}{3}$，$\sqrt{4}=2$，而 $\sqrt{8}$ 無解；在實數系中：$\sqrt{8}=2\sqrt{2}$，而 $\sqrt{-1}$、$\sqrt{-4}$ 無解，數學家因而導入虛數的概念，亦即是負數的平方根，如 $\sqrt{-1}=i$。實數加上虛數就產生了複數的概念，而以 $a+bi$ 的形式表現；在複數系中：$\sqrt{-1}=i$，$\sqrt{-4}=2i$，$\sqrt{-8}=2\sqrt{2}i$。

再舉一個大家都曾經學過的例子：一元二次方程式 $ax^2+bx+c=0$（$a\neq0$），它的判別式為 $\Delta=b^2-4ac$，如果 $\Delta>0$，方程式有二個實數解；如果 $\Delta=0$，只有一個實數解；如果 $\Delta<0$，則沒有實數解，但有二個複數解。

以上所說的，如果有些讀者都幾乎忘光了，也不用覺得罣礙，只需要了解下述的概念就足夠了。在自然數系中無解的算式，可能在整數系中有解；在整數系中無解的算式，可能在有理數系中有解；在有理數系中無解的算式，可能在實數系中有解；在實數系中無解的算式，可能在複數系中有解；在複數系中無解的算式，則可能在向量空間中有解，在低維度的向量空間中無解，則可能在高維度的向量空間中有解。

綜合以上所論，就數學的數系、集合（set）或定義域（domain）的概念而論，在低階的數系或者定義域較小的集合中，「看似」無解的算式或問題，放在高階的數系或定義域較大的集合中，即有可能迎刃而解。一言以蔽之，當一個算式或問題「看似」無解，往往並非問題「本身」無解，而是所給的集合或定義域太小了。

從物理學的角度來看亦然，一度空間無解的問題，放到二度空間來思考就可能不成問題；二度空間無解的問題，放到三度空間來思考即可能迎刃而解；三度空間無解的問題，就需要放到四度空間去解決。

最有名的例子就是愛因斯坦，愛因斯坦發現牛頓物理學中有許多難題無法只用三度空間的思維解決，而必須運用四度空間的思維，亦即三度空間加上時間的時空連續結構，愛因斯坦因而推演出廣義相對論，提出了相對時空與質能等價（$E=mc^2$）的理論，解決了牛頓物理學所無法解決的諸多問題。然而懷抱古典主義的愛因斯坦，他的相對論物理學又被近代物理的量子力學所超越。

就如同數學與物理學的思維，「人生問題」乃至「生死問題」的探索也是一樣，在低階的思維層次看似無解的難題，提到高階的思維層次或放大視野來看，就不再是無解的難題，而很可能迎刃而解。人生視野的高度決定廣度，進而決定深度，即如王之渙的詩句所云：「欲窮千里目，更上一層樓。」

德國哲學家海德格（Heidegger）在他的經典之作 *"Being and Time"*（《存在與時間》）一書中說了一句名言：「人是向死的存在。」筆者認為，他的實存分析似乎預設了「一世生命觀」的立場與論點，因此，「死亡」對人生而言，就成了具有「絕對意義」的「全程終點」，所以他不得不說：人是「向死」的存在。

假設吾人的生命只有「一生一世」的話，死亡的結局必然導致「生命存在的斷滅，生命價值的失落，乃至生命意義的空虛」，萬物之靈的人類，也終究將與草木同朽。如果生命只有一世的話，對少數人來說，死亡或許是一了百了的解脫；但是對絕大多數人而言，死亡無異就是令生命灰飛煙滅的黑洞，當有親人過世時，我們所必然面臨的生離死別與悲傷哀痛，也終究成了天人永隔的無解難題。

因此，我們需要擴大「生命」的「定義域」與「維度」，生命不是只有現在這一世，還有無窮的「過去世」與「未來世」；生命的歷程也不是只限於色身的生、老、病、死，還有無盡心識的流轉，以及靈性的不斷提升。從佛教「三世論」的生命流轉立場與觀點來看，「死亡」只不過是芸芸眾生「一期生命」中帶有「相對意義」的「分段終點」；雖然從一方面看，是隔絕今世與來生的關卡，但從另一方面看，也是銜接今世與來生的樞紐。是故，在此意義之下，吾人已經不再只是「向死」的存在了，更是「朝向生生不已」的存在。有情的生離死別，如果放到三世生命觀的時空架構與宏觀視野來看，就不再是天人永隔的無解難題，而可以有生生世世「感應道交」的精神共鳴，以及「天地何處不相逢」的因緣契機，可以轉化乃至超越心理與心靈上的悲傷哀痛，乃至克服面對死亡的無謂恐懼。

## 佛教講三世因果、生死輪迴等等，能夠證明給我看嗎？

二〇一一年二月下旬，我應邀赴澳洲臥龍岡市參加南天大學的首屆開學典禮，以及在南天寺、臥龍岡大學、雪梨佛光緣等地巡迴演講。

在南天寺期間，有一天我正準備為南天佛學院的同學上課之前，有位佛光會的師兄來找我，提了一個問題，說他常常遇到非佛教徒的朋友問他：「你們佛教講眾生有前世今生、三世因果、六道輪迴等等，能夠證明給我看嗎？」他不知如何回答，希望我能給他一些提示。

我告訴他，佛教經論裡面都在在說明三世因果、生死輪迴的道理，但是我們不一定一看就懂；一方面，這牽涉到眾生在認知與理解的層次上有個別差異的問題，在另一方面，要能確實了解三世因果、生死輪迴的道理，還有不少預備功課要做。

其實不只是佛法，世間的學問也是有學習次第的，譬如學化學，要從普通化學入門，再進階到有機化學，然後才能學生物化學；或者例如學數學，要從初等微積分入門，再進階到高等微積分，然後才能學複變分析、微分方程等等。

進一步分析，有關眾生在認知與理解世間諸法的森羅萬象與其判準上，在佛教義理中有「現量、比量、聖言量」等層次的設立，以簡別獲得正確知識的不同途徑與方法，以及驗證藉此方法所獲得之認知經驗與內容。

「現量」係指我們運用前五根（識），直接透過「眼、耳、鼻、舌、身」等感官而能得到的認知經驗與內容，簡而言之，就是我們用眼睛看到的、耳朵聽到的、鼻子聞到的、舌頭嘗到的、身體觸摸到的直接經驗。然而，即使是我們直接觀察認知到的經驗與內容，還不一定可靠，因為我們的感官很容易被矇騙，大家只要看過魔術表演就知道了。此外，現量觀察無法運用到過去與未來的事物上，而有其侷限，所以我們還需要有「比量」的認知層次。

「比量」係指我們感官的直接經驗之所不及，或者無法透過前五根（識）直接觀察得到的經驗，而必須運用意根（識）經由思維、分析、推理而得到的理解內容，包括以自己已經認識的事物為基礎，而於意識中歸納、演繹、分析、推理而得到的理解與意義，或將經由推理所得之知識或道理以語言文字表達出來，啟發他人悟解接受。

「聖言量」係指超越現量與比量，屬於「法的現證者」——亦即佛、菩薩與諸賢聖等解脫的聖者所親證的認知內容層次，這需要多生多劫的學習與精進修持，我們現在一時無法達到那樣的境界，所以先行慕道而歡喜信受，只要我們能依教奉行，不斷勇猛精進、努力用功，他日亦可自我親證「聖言量」所揭示的經驗內涵與道理。

「現量、比量、聖言量」的認知經驗層次，不獨在佛學或者宗教經驗的領域層，還可以應用到世間的專業知識領域。韓愈在他的〈師說〉一文中說得很貼切：「聞道有先後，術業有專攻。」世間的專業知識領域，也有其類似於「現量、比量、聖言量」之層次差異。

以物理學為例，愛因斯坦曾說，當初他提出廣義相對論時，全世界真正看得懂的人只有三個半，其中那「半個人」是幫他整理繕打手稿的祕書。對愛因斯坦本身而言，相對論中有一部分是以他的數理天才直覺而知的現量，另一部分是他經過「分析推理與數學演算」的比量。對於真正能夠看得懂相對論或是一些具有足夠數理能力但一時還無法完全理解的人而言，相對論是比量；對於大多數沒有足夠數理能力以理解相對論的人而言，相對論既非「現量」亦非「比量」，而是近於「聖言量」的權威理論。

一般大眾常有一種迷思，就是希望能從科學的角度，或者經由科學的方法，來證明諸如：「生死輪迴、三世因果、六道眾生……」的存在與否。殊不知，科學雖然有其威力與效用，然而亦有其範疇與極限，科學既不能證明，也不能否定生死輪迴、六道眾生的存在。

科學所探索的領域及範疇，主要是自然界，特別是物質世界與物理世界，跨入生物世界，科學的威力及效用就相對遞減了，到了人類的心理世界，科學的力量就有所不及。至於靈性的世界，則遠遠超出科學所能探究及證明的範圍，而進入宗教探索的領域了。

不過，我們仍然可以運用科學的求真精神與嚴謹態度，在生死哲理與生死現象的探究上面，我們可以結合數理概念與現象學的觀點，而運用到生命的觀照上。《金剛經》有云：「發阿耨多羅三藐三菩提心者，於法不說斷滅相。」因此，每一個單獨有情的生命歷程，均可以看作是一種連續函數。

在數學裡，可以根據已知的一段函數關係，運用外插法（Extrapolation）的推論演算方法，來推算此一函數未知的前一段及後一段軌跡。經云：「欲知前世因，今生受者是；欲知來世果，今生作者是。」在我看來，和數學外插法的道理是相通的。

對於生活在高度科技化世界的現代人，如何能正確地理解生死輪迴呢？一言以蔽之，生死流轉（Saṃsāra）或輪迴是佛法對於三界有情之生命歷程所作現象上的描述，而非形上學意味的定義。換言之，從現象上來觀察，輪迴是宇宙整體（包含有情眾生、山河大地、宇宙星辰）的「生態系統」。多數大眾不瞭解輪迴的相貌，是因為「不識廬山真面目，只緣身在此山中。」然而透過經典的研讀與如理思維，禪定的修持與心念的觀照，煩惱的降伏與智慧的開顯，我們可以逐漸解開生死流轉的神祕面紗。

## 三世生命觀的歷史回顧與現代開展

「三世生命觀」或「輪迴觀」以「生死流轉」（梵語作 Samsāra）的歷程，來解說有情生命的流轉現象與生死的奧祕，一般大眾多半會以為此一觀點，原本是屬於印度教與佛教生死輪迴說的教義內容。其實，輪迴說原本是共通於古今中外的，而不只是東方思想所獨有，在古代西方哲學與宗教思想中，很早就有輪迴的概念，然而為什麼輪迴說在西方文化中卻銷聲匿跡了將近一千五百餘年呢？其實這當中有人為因素的操控干預與歷史真相的蓄意掩蓋。

古希臘哲學暨數學家畢達哥拉斯（Pythagoras, 570 — 495 BCE）是輪迴說的提倡與擁護者，而且是西方第一位提倡素食的哲學家。他認為靈魂是不朽的，而且可以轉變成別種生物；其次，凡是存在的生物，都會在某種輪迴圈裡再生，沒有什麼東西是絕對新生的；一切生來具有生命的東西都應該被視為是親屬。

畢達哥拉斯還創立了「畢達哥拉斯學派」，他們過著一種集體的宗教式生活，禁慾齋戒，修心養性，並且相信有前世與來生，而今生的善惡都將成為來世的因緣，唯一能解脫此輪迴的方法，只有脫離塵世入山修道，與印度思想有類似之處。

大哲柏拉圖（Plato, 427 — 347 BCE）亦承襲畢氏之學說而且讚許有加，並以此作為人生哲學的重要思想，對他們修行的方法稱讚為「生活有道」，然而不幸為後世所湮沒。

早期的基督宗教也並未排斥輪迴轉世的說法，在早期的《舊約》聖經與《新約》福音書之中皆有輪迴的文獻記載，早期教會的神父也接受輪迴的概念，不少聖徒更相信他們有前世與來生。

然而十分遺憾的是，《新約》福音書之中有關輪迴的文獻，卻被首先將基督信仰合法化並且提倡信奉基督教的羅馬帝國君士坦丁大帝（Constantine the Great, 272 — 337）於公元三二五年下令刪除，因為他認為輪迴的概念與信仰，會嚴重影響、威脅乃至破壞基督教的信仰。

後來到了公元五五三年，羅馬天主教會召開了第二屆君士坦丁堡大公會議，在會議中輪迴轉世之說又被正式判定為異端邪說而全面徹底禁絕，因此在後來的西方文化思想發展中，輪迴的概念一度成為絕響。

爾後將近一千五百年，西方世界幾乎完全不相信輪迴，然而近年來在心理諮商與精神治療的領域，由於催眠術的應用，而有跨越前世今生的臨床報告，例如：美國的 Brian Weiss 醫生所著的 "*Many Lives, Many Masters*"（《前世今生》），大受歡迎，國內也有陳勝英醫師所著的《生命不死》、《跨越前世今生》等書的出版。

一時之間，輪迴轉世之說，彷彿突破了一般大眾所認為的宗教迷信之窠臼，而進入超心理學（Parapsychology）與精神醫學的學術探索領域，輪迴轉世的三世生命觀已經不再是古老過時的迷信，而成了歷久彌新的現代思潮了。

# 有關輪迴轉世的學術性研究報告

雖然我們受限於認知的能力與範疇，無法直接驗證輪迴轉世的真實性，但是仍然可以藉由真實發生的案例，間接驗證輪迴轉世的可能性。

美國維吉尼亞大學精神病學系教授伊安・史帝文生（Ian Stevenson, 1918—2007）在世界各地從事「兒童自發性的前世記憶」研究，而且用嚴謹的科學態度研究輪迴轉世的可能性，直到他過世之前，所累計的研究案例高達三千件。他運用嚴謹的科學方法來檢驗所有蒐集到的資料，很多西方人基於理性與科學的信念，開始認真而嚴肅地看待輪迴轉世的課題，甚至於接受它的真實性。

史帝文生教授對於「兒童自發性的前世記憶」的科學研究，基本上是採取歷史學者的研究方法，以及檢察官與律師的辨案方式，有一套嚴謹的驗證程序：發現對象、獲取資料、立案質疑、當面取證、追蹤觀察、寫出報導。

透過嚴謹的研究方法與查證步驟，於一九六六年，由維吉尼亞大學出版了他的研究報告——*"Twenty Cases Suggestive of Reincarnation"*（《二十案例示輪迴轉世》）一書，引起了西方學術界的震驚與熱烈的討論，此書可說是當今研究「輪迴轉世」此一領域中最具有學術價值和權威性的參考文獻。（按："*Twenty Cases Suggestive of Reincarnation*"這本書迄今尚未有中文譯本，未來也不太可能會有中譯本，因為內容太過於學術性了，一般讀者不會有興趣、也不會有耐心閱讀。讀者若有興趣進一步了解，除了閱讀參考該書原著之外，還可以自行上網，用Google或YouTube 鍵入Ian Stevenson 搜尋，就會找到許多「兒童前世記憶」的相關文字及影音資料。）

書中的二十個輪迴轉世的案例，是史帝文生自一九六一至一九六五年間，廣從印度、斯里蘭卡、巴西、美國阿拉斯加東南部的印地安部落，以及黎巴嫩等地所蒐集、整理和驗證過的案例之一部分。由於這本書中的案例，都是經過作者與其研究團隊實地考察，並經由一連串嚴謹的驗證程序以排除造假及誤謬的部分，因此引起歐美科學界的重視。

根據史帝文生的研究，如果有兒童在年幼時自發性的說出自己前世的記憶，譬如：自己前世的名字、居住的村落、前世親人的狀況、前世自己死亡時的情形等等，史帝文生的研究團隊在得知消息後，會趁該兒童及見證人記憶猶新的時候趕赴個案所在，進行實地訪談、蒐證、查核、驗證等相關研究。

研究團隊抵達現場後，一開始會先盡可能否定這個小孩子的前世記憶，他們運用法界辦案的查訪與驗證方法，分別約談孩子、家人、親戚和村民，嚴密檢驗他們說詞的正確性，再相互比對，找出個中矛盾之處，以排除不確實的內容。研究團隊堅持只訪談親耳聽到訊息的人士，而不接受第二手的資訊。

在這些案例之中，儘管兒童的年齡大都在六歲以下，但他們卻能清楚地描述自己前世居住過的村鎮，包括具體的情境以及發生在十幾年前、甚至更久以前的事情細節。因為那些兒童的年齡大都在「六歲」以下，照常理而言，他們根本就不可能知道發生在「十幾年以前」的事情，然而他們卻能清楚而生動地描述事實真相，顯示他們不僅僅是知道，而且是親身經歷過或是耳聞目睹那些事件。

有些前世記憶中的村鎮距離個案現在居住地遠達幾百公里之外，很多兒童甚至可以說出他這一生根本就不曾學過的其他種族語言，幾百公里對各位讀者來說不算是很遠的距離，可是對研究中的個案來說卻是一輩子都不可能去、也到不了的地方。這些細節都由史帝文生的研究團隊詳細地查證核實。

不過這種研究方法有一個缺點，就是必須動用大量的人力資源與耗費經年累月的時間才能完成，因此很難普及。然而，史帝文生從理性及科學的角度，建立了一座橋梁，跨越了理性認知與生命輪迴之間的鴻溝，對現代生死學的理論建構有莫大的貢獻，可以作為三世生命觀有力的旁證。

## 如果真的有前世今生的話，為什麼我都不記得了呢？

有人問道：「如果真的如佛教所說有前世今生的話，為什麼我都不記得了呢？」我先打趣地回應說：「因為你上輩子要投胎轉世的時候，在通過奈何橋之前，喝了孟婆湯啊！」然後再補充說道：「不記得才好啊！不要說前世，就是今生這一世也一樣啊！難道你不想忘掉那些不堪回首的前塵往事嗎？」

有關「前世記憶的保留或遺忘」這個問題的討論，就涉及到佛教唯識學與深層心理學的範疇了。綜合唯識學與深層心理學的觀點來看，筆者認為，對於絕大多數尚未解脫無明煩惱的芸芸眾生而言，在生死流轉的歷程中，遺忘前世的種種，其實是一種維持身心平衡與健康的「心理保護機制」，也就因為如此，我們現世的生活才會過得比較自在，否則「人生不滿百，常懷千歲憂」，日子就很難捱了。

在我國的民間信仰裡，有「孟婆湯」一說，也就是每個人在投胎轉世的時候，過奈何橋之前，必須喝一碗孟婆湯以消除過去所有的記憶；從深層心理學的角度來看，這是有很深刻的心理學意義的。

而在佛典中，則有所謂「隔陰之迷」或「隔陰之昏」的現象，意思是說我們從前一世過渡到這一生，處於母胎之中，乃至出生之時，會遺忘前世所有的記憶。

其實，對絕大多數一般人而言，「隔陰之迷」並非全然是個負面的障礙。假設我們在生死流轉的過程中，不但不會遺忘，而且把前世的所有記憶，都鉅細靡遺地保留下來，如此一來，每個新生的嬰兒都可能要背負著前世數十年（乃至累世千百年所延續下來）的是是非非與恩恩怨怨，那是多麼沉重的心理與精神負擔啊！我無法想像他們如何能夠健康快樂地成長與生活？

因此，對芸芸眾生而言，忘卻了前世的種種是非恩怨，在心理與精神上反倒是一種解脫。

但是從另一方面來看，遺忘了前世的種種記憶，也讓我們無法記取前世之所學，以及寶貴的經驗與教訓，再加上由於習氣與業力的牽引，使得我們可能不斷地重蹈覆轍，以至於無止境地輪迴下去。

這種「隔陰之迷」的現象，對於累世精進的修行者而言，當然會形成一種修道的障礙與難關，讓他每一世都可能必須要再從頭開始學習。其實，從佛教唯識學的觀點來看，過去世的種種記憶，雖然遺忘了，並非完全消失或刪除，而是儲藏在第八意識（阿賴耶識）的資料庫裡面，可以透過個人的禪定修持而開啟，或是經由他人的催眠而喚醒少許一部分。

所以，發心修學菩薩道的大乘行者，都必須修習「總持法門」，令其過去所學的佛法不易忘失，或者即使一時忘失，也能夠很快複習回來。

也因此，關於前世記憶的保留或遺忘，落在今生今世，要論其利弊得失，就形成了一種十分弔詭的辯證關係。

換言之，個人前世的記憶，不論是保留或是遺忘，對於今生，都兼具有其正面以及負面的影響，如何面對並超越這種兩難的困境，就成了「修學菩薩道」與「生死自在」的一大課題。

曾經有美國朋友問我，這種前世記憶與遺忘的問題有沒有什麼解套的方法？我回答道：“If we can forgive, then we don’t have to forget everything; but if we can’t forgive, we should better forget it at all.”換言之，如果我們能保有慈悲心、包容心、平等心，能夠寬恕他人，放下所有的是非恩怨，不念舊惡，不憎惡人，那麼就可以不必遺忘過去世的種種；然而如果我們的慈悲心、包容心不夠，而無法寬恕，不能放下過去的恩怨情仇，那麼還是徹底忘了比較好，您說是不是？

# 如果真有來生的話，我們能夠選擇自己的來生嗎？

記得多年前在一場有關生死學的專題演講中，我引用了數學概念來解說佛教的三世生命觀，希望能有助於啟發大家認知生命無限開展的潛能，以破除對死亡的無謂恐懼。

聽眾之中有人問道：「如果真的有前世及來生的話，那麼我們能夠選擇自己的來生嗎？」我回答道：「當然可以，而且不僅是來生，就是我們現在這一生，也是當初大家隨自己的意願選擇而來的呀！」他聽了之後，面露驚訝地反應道：「真的嗎？那怎麼可能？那我可真的是選錯了！」我接著回應道：「沒錯！」

這「沒錯！」這二個字，語帶玄機，其中有兩重意涵：其一是「沒錯！你的確是選錯了！所以現在後悔莫及。」其二則是「沒錯！你並沒有選錯！只是當初你在選擇的時候，跟著感覺走而不自覺罷了。」其實生命的選擇是很錯綜複雜的課題，而不能單純地化約為「對」或「錯」來概括論斷。

## 生命選擇　難斷對錯

進一步地分析，這種生命選擇的奧祕與微妙，就在於我們每一個人的三業、六根無時不刻地都被自己的人格特質、心理性向、思考方式、行為慣性等等所制約（be conditioned）而不自覺的，以至於當我們在作任何選擇的時候，很容易就落入既定的思維模式而不易跳脫，甚至陷入自我設限的生命框架與牢籠而不自覺，因此往往不斷地重蹈覆轍而致歷史重演，這就是佛法所開示眾生「惑、業、苦」的惡性循環，也是有情生命的現實輪迴情境。德國哲學家黑格爾（Georg Wilhelm Friedrich Hegel, 1770－1831）說得好：「我們從歷史中學到的唯一教訓，就是從來不曾從歷史中學到教訓！」

請大家回頭看看我們這一世已經走過的生命歷程，以及日常生活中的種種，不都是我們自己的選擇嗎？諸如：我們所選擇就讀的學校、所學的專業學科領域、所從事的職業、所結交的朋友、所挑選的配偶或伴侶、所預期的未來生涯規畫，乃至日常的生活方式、飲食起居、興趣嗜好、運動休閒、旅遊觀光、消費採購、髮型服飾、風格品味……哪一樣不是自己的選擇呢？

## 提升能力　免生悔意

有人會說：「我目前的處境可都不是我當初理想的選擇，都是不得已、退而求其次，甚至於是無可奈何的選擇。」常言道：機會是給準備好的人。那只能怪自己條件不具備、努力不夠、福德因緣不足或者智慧不及，而不能怪完全沒有選擇的機會。

當然，生命中的任何選擇行為所牽涉的條件因素、心理過程乃至社會機制非常錯綜複雜，諸如：選學校、填志願、就業升學、結婚離婚、求職跳槽、買賣房子、投資理財、上臺下臺等等事務，需要考慮的因素非常多，同時也難免會受到旁人意見的影響甚至於干擾，但是最後作決定的還是自己，所以最後要對自己的選擇負責的，就是自己。因此，如何能讓自己作了選擇之後不再後悔，唯有不斷提升自己的覺察力、觀照力、智慧力、判斷力與承擔力。

至於跨越「前世與今生」、或者「今世與來生」的生命選擇，就涉及比深層心理學還要更為深層的佛教唯識學了。從唯識學的觀點來看有情的生命，有五個範疇：「心法」是生命的主體，「色法」是生命的載體，「心所有法」是生命意識的展現，「心不相應行法」是生命的主客觀環境（諸如：時間、空間、因果、語言、概念、得失、壽命、無常等等），「無為法」是生命的解套與超越，在此不作詳論。

「色法的生命」也就是我們的色身（肉體），有生有死，生死交替，是一期接著一期地輾轉相繼，在佛法中稱之為「分段生死」。眾生每一期「色法的生命」皆有其相應的使用年限，然而「心識的生命」是連續不斷地跨越生死，在生死之際依然不斷地銜接轉換，而且像瀑流一樣地波濤洶湧，連綿不斷，直到證得阿羅漢的境界才會停止。

從佛法的觀點來看，我們原本就有能力規畫及選擇自己的來生，然而嚴格地說，同時也是十分弔詭的，其實絕大多數的眾生，在跨越「生—死」及「死—生」之際時，並沒有發揮、甚至於根本就無法運用他們原本具備的選擇力量，而是退化到任由個人的習氣業力牽引以及心理投射，遂糊裡糊塗地去投胎轉世的。為什麼會落入這樣不堪的地步呢？分析其原因，主要有下述四點：

其一、一般社會大眾並不十分確信有情的生命有三世，有一部分人根本不信，大多數人則是半信半疑；多數人即使相信，卻對於三世生命流轉的道理從未深入探究與了解，而是道聽塗說、一知半解，對於自己來生的出路與去處也從未有充分的認知、準備與規畫，當然談不上有何選擇可言。

其二、絕大多數人還是避諱面對死亡，光是談論死亡與來生的話題都不願意，如何能夠未雨綢繆地為自己的來生作規畫及選擇？一旦大限至時，無常來到，平時不燒香，臨時想要抱佛腳也來不及了，有如從熟悉的生活環境一下子墮入叢林、大海或虛空之中，茫茫然不知何去何從，根本就談不上有什麼選擇。

其三、死亡不是疾病，死亡原本就是大地眾生自然生命中不可或缺的一部分，然而現代醫療卻將「死亡」一律當成「疾病」來處理。無論是醫生還是一般大眾都是一樣，不但無法在心態上用平常心「坦然地」面對死亡，在現實生活中也無法面對自己或親人遲早都會面臨的「自然的死亡」。當死亡即將來臨時，絕大多數人都是將所有的精力（包括體力和心力）用來抗拒死亡，以至於錯失選擇來世生命出路與去向的寶貴時機。到最後精疲力盡，神智不清，根本無法作任何選擇，只好隨著業力及習氣的牽引，漂流在生死大海中載沉載浮，糊裡糊塗地去投胎轉世。

其四、現代醫療科技進步，能夠藉著機器設備及藥物來延長人的壽命，而多數人也因為恐懼死亡，不斷地利用現代的醫療科技來延緩自己或家人的死亡，以致於多數人大幅地拖延過了自己人生的「賞味期」以及色身的使用年限，而陷入老年癡呆、失智或多重器官衰竭等等無可轉圜的困境。

到此地步，任何人都已經沒有能力為自己的來生作選擇了，所剩下的只有業力與習氣的牽引。

生涯規畫是生命教育中很重要的一環，「凡事豫則立，不豫則廢」，大家也都知道「生涯規畫」的重要性，然而很弔詭的是，多數人只是規畫到自己老年退休之後的生活，少數人膽子大一點，也頂多規畫到自己的告別式、身後事如何安排，絕大多數人都忽略了——也很可能是沒想到，或者是根本就不敢想——針對自己來生的規畫。

我從二〇〇九年五月起，藉著在國內外各地演講的機會，公開提倡「生命的永續經營觀」，擴大生涯規畫的時空範圍到來生來世，鼓勵大家勇敢地跨出「及早規畫自己的來生」這一大步。

一個人的來生，是自我生命中最後也是最重要的規畫及選擇，選得好，是個人生命的繼續歷練與成長；萬一選得不好，或者不知道要作選擇，或者來不及作選擇，或者根本沒作選擇，就不明所以地去投胎轉世，極有可能流落到不良的處境，而自己又沒有能力或勇氣改變或突破困境的話，很可能就那樣被套牢一輩子。來生的規畫及選擇，千萬不能等到臨終之際才意識到要作準備或決定，那是根本無濟於事的，就像是學生不能等到期末考或畢業考前夕才開始要用功讀書，而是平日就要認真學習、努力用功，臨場才能從容應試。

最理想的未來生命規畫及選擇是：在中年即將步入老年時就要開始著手進行，到了個人的世壽即將圓滿前，能夠預知時至；在臨終之際，能夠「正念現前，身無病苦，心無罣礙」，按照自己的意願，或是乘願再來轉生善道，或是上升天界，或是往生佛國淨土。

然而，這些功夫都需要有足夠充沛的精神與體力才能達成的，可惜絕大多數人都因為對生命的一味執著與對死亡的錯誤認知，在個人世壽將盡時，甚或到了臨終之際，不斷拖延而耗盡了心力，以致意識昏迷，而錯過了寶貴的選擇時機，最後落入茫茫生死大海中，隨波逐流。

如果大家希望在自己來生的生命規畫及選擇上，能夠依照個人的理想，實現個人的心願，首先要作的是，自我思想建設與心理建設，重新建構健康、正向的三世生命觀、宇宙觀及生死觀，從佛法的宏觀視野，重新認識生命、死亡及生死的流程，以克服對死亡的無謂恐懼。

我們若欲如願地開展未來的生命，必須立基於現世的福德因緣，在當下這一世中，平日就要廣結善緣，福慧雙修，然後進一步身體力行「聞思修、戒定慧、信願行……」以期資糧具足，同時要深心發願往生或乘願再來。（按：基督徒上升基督天國、穆斯林上升真主天堂等等。）

而最為關鍵的是，在個人生命的「使用年限」與「賞味期」屆滿之前，切記！切記！務必要保留精神及體力，意識清醒，才能與佛、菩薩（或耶穌基督、真主安拉……）感應道交，「預知時至」，到了最後臨終之際，才能夠「正念現前，心不貪戀，意不顛倒，如入禪定」，瀟灑走一回，如願往生！

# 現代生死學

# 「現代生死學」精義

## 「生死學」不等於「死亡學」

「生死學」這三個字，現在已經是社會大眾耳熟能詳的名詞，而且是很「夯」的話題，甚至紅到對岸大陸及港、澳、日、韓、星、馬、泰國等地。我在國內外很多場合，遇到不同領域的各界人士，一聽到我是「生死學」的教授，都表現出對這個課題的高度興趣，也多半會就「生死」的話題聊上一段，對方往往會談到安樂死、殯葬禮俗、殯葬業或禮儀師等這些方面的話題，好像生死學的主要內容就是「死亡」與「殯葬」。

這當然是一種誤會，雖然生死大事、殯葬及其相關的課題是很重要的，但是生死學並不是只談這些。換言之，「生死學」不等於「死亡學」，更不等於「殯葬學」，但是涵蓋了「死亡」與「殯葬」的課題。

## 生命的奧祕蘊藏在死亡的玄機當中

可能有人會質疑：「照你這麼說，可是……為什麼這個專欄中的文章大部分還是在談死亡呢？」這也是一個誤會，表面上看起來，我好像大部分都在談「死亡」或者是「與死亡密切相關」的問題，其實，我真正在談的是「生命」；然而，我的用意是透過對「死亡的省思」來談生命，「生命」才是真正的核心課題。

生死課題的弔詭即在於，「生命的奧祕」就蘊藏在「死亡的玄機」當中，欲窮究生命的奧祕與真諦，必得參究死亡的玄機，參透死亡的神祕面紗是通往生死自在的不二門徑，可惜絕大多數人因不敢或不願面對死亡，而錯失參透生死奧祕的機緣。

## 因指見月　以死論生

《楞嚴經》卷二有云：「如人以手指月示人，彼人因指當應看月。若復觀指以為月體，此人豈唯亡失月輪，亦亡其指。」明代瞿汝稷（一五四八—一六一〇年）所編撰的禪宗祖師語錄《指月錄》，即是取意《楞嚴經》中這段經文所示「因指見月」之旨趣。

是故，透過對「死亡」的探索與省思，來參究「生命」的奧義，就有如經文中「因指見月」的比喻，以「死」論「生」。更為宏觀、廣義地說，「現代生死學」是透過對「生、老、病、死」的種種現象與經驗，作深入的關懷、觀察、省思與探討，來開顯生命的意義、價值與目標，最後能達到生死大事的終極關懷與安頓。

## 「現代生死學」的內涵

或問：能不能簡短地用一段淺顯易懂的話，來說明所謂「現代生死學」究竟是什麼內涵？

我說：當然可以！「生、老、病、死」本來就是有情生命的常態，「生」與「死」其實是生命一體之兩面，如果我們以正面、健康的態度坦然面對死亡，同時從「死亡」及「死後生命」的角度反思及觀照生命——包括老化、疾病與死亡，則會讓我們對人生有更上一層樓的體會與領悟，不但更能彰顯生命的意義與價值，同時也更加能夠頤養老年、照顧病患與安頓死亡，以圓滿生命與死亡的品質及尊嚴。

# 「現代生死學」導覽

## 「現代生死學」的緣起

生死大事是人生的必修課題，其內容包括：養生送死、如何面對生老病死？如何安身立命？乃至死後生命的安頓等等；但是無論古今中外，卻都是社會習俗與日常生活中的禁忌話題。

在臺灣，這樣的情況到了一九九三年開始有了重大的轉折與突破，一本談論生命與死亡的書——《死亡的尊嚴與生命的尊嚴：從臨終精神醫學到現代生死學》問世，打破了傳統的死亡避諱，讓「生死問題」與「生死學（Life-and-Death Studies）」不但成為社會大眾的熱門話題，而且進入學術領域開啟了「現代生死學」的研究風潮，儼然成為當代顯學，而且促成了南華大學「生死學研究所」的設立，同時也是全國首創。這些都要歸功於已故傅偉勳教授（一九三三——一九九六年）劃時代的學術構思與創見。

傅偉勳老師在其生命之作《死亡的尊嚴與生命的尊嚴》一書中，首先提出「現代生死學」一詞，並且主張從科際整合的立場建立「現代生死學」此一研究課題。在這本書中，傅老師以「現代人的死亡問題」為切入點，引介美國的「死亡學（Thanatology）」與「死亡教育（Death Education）」，以及分享他本身在天普（Temple）大學教授「死亡與臨終（Death and Dying）」此一課程十多年的教學經驗。

最重要的是，傅老師嘗試以儒、道、佛三家的生死探索與生死智慧之共同基底——亦即「本心、本性的自我體認」，來建立「心性體認本位」的「現代生死學」。其目的在於，透過學術研究與教學，以喚起社會大眾的關注及參與討論，最後希望能結合醫療保健的臨床實務，以及生死相關公共政策及法規的研究與制定，不但能提升全民的生命尊嚴與品質，同時也能安頓國人的「死亡尊嚴」與「死亡品質」。

按「死亡學」在西方的發展已經有百年歷史，「死亡教育」在美國與加拿大的推行與普及，也已有五十年以上經驗。反觀國內「生死學」的濫觴，若以《死亡的尊嚴與生命的尊嚴》之出版年算起，才剛過二十年。由於該書的啟發與影響，一般知識分子與社會大眾對於生死的課題，其態度也由恐懼、避諱轉變為好奇，乃至熱烈討論與積極參與探索，風氣為之大開。

然而，多數社會大眾對於生死學所要探討與研究的內容，仍然相當陌生，甚至有人誤以為生死學主要是研究殯葬管理的學科而已。在現階段，我們必須承認，「生死學」之研究尚未完全形成一個成熟的學科領域，還有一段長遠的荊棘之路要開拓。

同時，國內生死學的各項基礎研究猶待加強，例如：生死哲學、生死禮俗文化、生死教育、生死關懷、安寧照護、臨終關懷、悲傷輔導、自殺防治、老年安養、生死公共政策與法規、殯葬禮俗的傳統研究與現代化、殯葬服務事業之管理與經營等課題之學理探究與實務研發推廣，均尚嫌不足。

其中除了在安寧照護與臨終關懷方面，已有一些基礎研究及成果外，其餘幾乎都還需要仰賴國外的研究理論與成果。職是之故，國內有關生死學的各項研究應該急起直追，不能一味從國外移植進口，而要有本土性的基礎研究，讓我們一起來共同努力。

## 「死亡學」與「死亡教育」在西方的緣起與發展

在之前的文章裡，我提到了「生死學」並不完全等於「死亡學」，但是西方的「死亡學」卻是促發傅偉勳教授提出「現代生死學」的思維資糧與理論背景，而且「死亡學」與「死亡教育」在北美洲已經有長足的發展，所以有必要為讀者們就其緣起與發展作一介紹。

### ・「死亡學」在西方的緣起與發展

考西方「死亡學」的濫觴，可溯源至二十世紀初期，一九〇八年的諾貝爾醫學獎共同得主之一，旅居法國的俄國生物學暨細菌學家梅契尼考夫（Elie Metchnikoff, 1845 — 1916），於其一九〇三年所出版的“*The Nature of Man*”（《人的本質》）一書中，首先提出了"Thanatology"（死亡學）這一個名詞與概念，（顯而易見的，其字根"Thanatos"是希臘神話中死神的名字），其定義為：「研究死亡與臨終的學問（the study of death and dying）」；換言之，「死亡學」即是探究與死亡及臨終相關的現象、感受、經驗、行為及思想之學問。

梅氏同時還創立了另一門當今也已經成為顯學的"Gerontology"（老年學），其定義為：「研究個體或群體中，與老年及老化相關的生理、心理與社會現象之學問」。

起初"Thanatology"一詞徒有名義但缺乏學理內涵，歐洲大陸的學術界很難將它視為一門學科或學術研究的領域，因此一直未受到應有的重視。到了一九一二年，美國紐約州水牛城大學醫學院外科醫學教授派克醫師（Roswell Park, M.D., 1852 — 1914）首度將"Thanatology"一詞及概念引進美國，但是也因為當時美國人覺得其名稱顯得頗為宗教性而又不夠科學性，因此有很長的一段時間被冷落。

一直到了二次大戰末期，由於戰爭的暴力破壞、集體殺戮與大量傷亡，戰後又有許多退伍軍人因戰爭的後遺症而自殺，同時又因為歐陸哲學中實存主義（Existentialism）的思想衝擊，"Thanatology"一詞才重新獲得歐美學術界的重視，而有了發展的契機。實存主義所關心的死亡及自殺議題，在戰後引發了國際性的關注，影響所及歐美各國開始重視「死亡學」的探討，同時也促使各國展開各項自殺防治的運動與措施。（按：傅偉勳教授是筆者的博士論文導師，在傅老師的著作中慣常將"Existentialism"譯為「實存主義」而不用「存在主義」，將"Existential analysis"譯為「實存分析」而不用「存在分析」，為了尊重與紀念導師，因而沿用他的學術措辭。）

## ·「死亡教育」在西方發展的脈絡與軌跡

其後，一九四八年的諾貝爾文學獎得主，也是著名的詩人暨文學批評家艾略特（T. S. Eliot, 1888 — 1965）率先於一九五五年倡導：「死亡教育（Death Education）」與「性教育（Sex Education）」是同等地重要與必要，但是他的主張在當時並沒有引起社會大眾的注意。

一直到了一九五九年，美國南加州大學醫學院教授赫曼·斐費爾（Herman Feifel, 1916 — 2003）出版了他所主編的一本書"*The Meaning of Death*"（《死亡的意義》），結合了從人類學、藝術、文學、醫學、哲學、生理學、精神分析學、精神治療學、心理學、宗教與社會學等學術領域，來探索死亡的議題。這本書一問世，立即引起美國社會大眾的熱烈回響，也因此開啟了北美洲教育界推動「死亡教育」的契機。

一九六九年，美國著名的精神醫學暨死亡學者伊莉莎白·庫布樂·羅絲醫生（Dr. Elisabeth Kübler-Ross, 1926 — 2004）出版了她的名著"*On Death and Dying*"（《論死亡與臨終》），她在書中首次提出劃時代的「臨終五階段論」，這也是在臨床醫護上首度針對末期癌症病患，以及臨終病人的死亡心理與死亡現象所進行的理論探索與描述，對於「死亡教育」以及「末期與臨終病患的關懷與照顧」產生極為重大且深遠的影響。

然而要特別注意的是，此一「臨終五階段論」，雖然開啟了現代社會的死亡探索與自覺運動的先河，不過其理論有不少文化侷限性與誤謬之處，因此後來不斷地受到批判與修正。

## ·北美洲「死亡教育」的課程內容

自一九六〇年起，「死亡教育」開始在美國大學校院與中學裡，有系統並且有計畫地推廣。到了一九七四年七月，根據《紐約時報》（New York Times）報導，全美已經有一六五所大學校院開設以「Death and Dying（死亡與臨終）」為主題的通識教育課程。

同年，根據死亡教育研究中心主任弗爾頓（Robert Fulton）的報告，全美國的中學開設有關死亡教育的課程者，已經超過一千一百所以上。此外，根據一九七五年的一項調查，全美國至少有四十所醫學院開設有關死亡教育的正式教學或訓練課程。

綜合而論，在美國所實施的死亡教育課程，至少包含有下列幾項內容：

一、有關個體的「死亡態度（Death Attitude）」與「死亡焦慮（Death

Anxiety）」之探討。

二、死亡的定義與情境描述。

三、面對死亡的必然性。

四、死亡與兒童之議題，包含：（一）探討兒童在不同年齡層對死亡的態度與理解；（二）探討末期病童的生死經驗。

五、死亡與安樂（易）死（Euthanasia）及相關議題，包含：（一）生命的尊嚴與死亡的尊嚴；（二）生命倫理及醫學倫理的兩難；（三）末期病患延長生命的問題與困境；（四）緩和醫療、安寧照護與臨終關懷。（按：英文"euthanasia"一字的字根源自希臘文"thanatos"意為死神之名，字首"eu-"意為good, well，意即「善、良、好」，並無「快樂」之意，因此"euthanasia"意即「好死、善終」，嚴格地說，日本人翻譯成「安樂死」並不正確，傅偉勳教授曾建議翻成「安易死」，但大眾已經習慣用「安樂死」，很難再改變。）

六、墮胎與自殺及其防治。

七、死亡與儀式：喪葬禮俗文化。

八、喪親與悲傷之議題，包含：（一）喪親與失落；（二）悲傷輔導。

九、死後生命之探討，包含：（一）死後生命的各種不同觀點；（二）瀕死經驗（NDE: Near Death Experience）的探討。

簡言之，調查不同年齡層與社經背景的「死亡態度」與「死亡焦慮」之研究議題、安樂（易）死、自殺防治以及悲傷輔導（Grief Counseling）等議題，構成了美國死亡教育探討的主要內容。

一九七六年，美國成立了“Association for Death Education and Counseling”（「死亡教育與諮商協會」，簡稱“ADEC”），推動與死亡議題相關的各項教育與諮商工作，其每年召開一次的年會，都有五、六百位以上來自世界各地的專家學者與會。筆者曾於二〇〇〇年四月赴美國北卡羅來納州首府Charlotte市，出席該年度的研討盛會，為期五天，得以與歐美學者，就死亡學、死亡教育、悲傷輔導及相關議題相互切磋，獲益良多。

### ・「死亡學」與「生死學」的學科主體性問題

前後經歷超過百年的時光，「死亡學」（Thanatology）在歐美才逐漸成為一門顯學。美國學者Hannelore Wass與Robert A. Neimeyer在二人所合編的“*Dying: Facing the Facts*”一書中，將“Thanatology”視為一項科際整合的研究領域。

該書特別有一章名為「當代死亡學的視域」（The Scope of Contemporary Thanatology），論及死亡學所涵蓋與整合的科際領域，包括有：心理學、哲學、社會學、教育學、護理學、醫學、倫理學、法律學、政治學、神學、歷史學、人類學、藝術史、自殺學（Suicidology）、以及老年學（Gerontology）等等。

儘管已經有百年的歷史，「死亡學」在西方至今仍然存在著其學科主體性，以及其領域範疇應如何定位的問題，Wass 與 Neimeyer 的立場則是將之視為：「仍在持續發展中的開放性學科」。

反觀國內「生死學」的發展，若以傅偉勳教授所著《死亡的尊嚴與生命的尊嚴》一書之出版（一九九三）年算起，才剛過二十年，還正在披荊斬棘，耕耘播種，同樣也存在著其學科主體性以及其領域範疇應如何定位的問題。

這不單是「現代生死學」的探討、研究與教學所必須要面對的問題，也是我們作為現代生死學研究團隊之基本成員所必須承擔的學術責任與使命。

## 南華大學「生死學研究所」與「生死學系」的成立緣起與發展現況

除了從科際整合的立場，揭櫫「現代生死學」的理論建構課題外，傅偉勳教授真正的重大貢獻，還不只是著書立說開風氣之先，而在於著手推動生死學的實際教學與研究，並且在南華管理學院（南華大學之前身）開校啟教之初，基於其多年的治學理念與探索心得，親手擘畫「生死學研究所」之設立，這是一項國內乃至世界教育史上劃時代的構思及創見。然而遺憾的是，傅教授未及親見生死學研究所之成立，於一九九六年夏秋之際返回美國接受膽管手術治療，手術後不幸因嚴重的感染與併發症而不治。

之後，生死學研究所的籌設工作，由校方接續推動完成，碩士班於一九九七年六月（八十六學年度）奉教育部核准招生，碩士在職專班也於一九九九年六月（八十八學年度）奉准招生。

自一九九九年八月（八十八學年度）起，南華管理學院由學院升格改制成為大學，更名為「南華大學」，下設三個學院：管理學院、人文學院與社會科學院，生死學研究所隸屬於人文學院。二年後，在筆者接掌生死學研究所所長任內，「生死學系」大學部奉准設立，為繼生死學研究所之後，國內首創大學部特殊科系的另一特例，於二〇〇一年八月（九十學年度）開始招收第一屆大學部學生，並於二〇〇四年八月（九十三學年度）起，招收進修學士班第一屆學生。

為求生死學的教學、研究與推廣能有整體的規畫與發展，自二〇〇二年八月（九十一學年度）起，「生死學研究所」與「生死學系」採行系所合一制，師資與課程均作整體規畫。就學制上來說，系所合一後的「生死學系（Department of Life-and-Death Studies）」包括有：大學部（學士班及進修學士班）、碩士班、碩士在職專班。自二〇一一年八月（一百學年度）起，大學部（學士班）分設「社會工作組」與「殯葬服務組」二組，前者畢業後可報考社工師證照，後者在學時即可報考喪禮服務技術士證照，畢業後可擔任禮儀師，我們的目標在於培養具有生死關懷理念與素養的社工師及禮儀師。碩士班則自二〇一〇年八月（九十九學年度）起，增設「生死教育與諮商組」，學生畢業後，經過實習，可報考諮商心理師證照，我們的目標及理想，在於將生死輔導融入心理諮商的專業領域。

生死學研究所成立後，歷屆報考情況均十分踴躍。生死學系「碩士班」與「碩士在職專班」目前在學同學及畢業校友，來自社會各階層及專業領域，包括：教育界、醫護界、法律及警界、企業界、宗教界、公務人員、軍職人員、軍訓教官、社工人員、安寧志工、殯葬服務從業人員等等，專業背景所涵蓋領域之廣範，為任何其他研究所與科系所不能及，也由此可見生死學與其相關研究之重要性，以及社會人力的需求與未來發展的前景，實不可限量。

未來生死學的研究，必然將帶動生死相關學理之研究與主導生死相關服務事業發展之趨勢。

## 「現代生死學」之廣狹二義

根據傅偉勳教授的構想，他所提倡的「現代生死學」又可分為「廣義」與「狹義」兩個層次。「狹義」之現代生死學，係指單就每一個有情個體所面臨的個別生死問題，予以探索參究，並提供哲理性的啟發與導引，旨在幫助每一個人培養更為健全成熟的生死智慧，建立積極正面的人生態度，以展現生命的尊嚴；而且，即使到了個人生命成長的最後階段，也能夠自在安然地面對與接受死亡，維持死亡的尊嚴，為生命畫下完美的句點。

至於「廣義」之現代生死學，其所關注的生死問題則是整體而全面性的，超越了每一實存個體在單獨面對其個別生死問題時，所衍生出的價值取向、意義抉擇、自我實現等問題。它必須建立在科際整合的現代學科理論基礎上面，很有系統地綜合哲學、宗教學、社會學、心理學、精神醫學、精神治療、死亡學、文化人類學，以及其他一般科學乃至文學、藝術等領域之探索成果，是一項跨越時空的巨大任務，實非單靠極少數專家學者在短時間內可以完成的理論與實務整合工作。

我認為「狹義的生死學」亦可稱之為「個體生死學」，例如：當一個人到醫院作身體檢查，發現罹患了絕症，他（或她）如何面對自己的病情？如何能應用生死學的知識、觀點、訓練與智慧在他（她）自己身（心）上，以超越克服其病痛的焦慮、治療的不適、乃至死亡的恐懼？這就需要其個人在平日就要有生死的認知與智慧養成。

同理，「廣義的生死學」亦可稱之為「總體生死學」，例如：各級醫院的軟、硬體設備、醫院的行政體系、醫護管理制度、國家醫療、衛生保健與健保政策與制度之建立、健保體系之實際運作、全民的醫護與衛保教育，乃至養生（幼兒教育、老年安養等）與送死（安寧照顧、殯葬服務等）的政策、制度與文化之建設……，在在都是與現代生死學息息相關的重大課題。

此外，這些事務皆關涉到政府的公共政策、制度與法規之研擬與制定，包括醫藥倫理、公共安全（建築、交通、飛航、防災）、勞工保險、工業環保、社會福利，乃至民間的社會公益事業等面向，在在都與現代生死學有密不可分的關係。

承上所述，芸芸眾生的生死大事，不但關乎個人層面的心性體認、生死自覺與生死超克，更加牽涉到整個社會與政府層面的文化傳統、倫理道德、禮儀制度、風俗習慣、醫療保險、公共安全、社會福祉、教育、法律、經濟等領域，交織成錯綜複雜的網路結構。

因此，欲全面討論現代生死學的各項課題，必須兼顧「個體生死學」與「總體生死學」兩個層面，前者相當於上述之狹義生死學，後者則相當於上述之廣義生死學。

## 現代生死學之未來開展

生死學的研究在國內萌芽至今剛滿二十年，正處於方興未艾之階段；一方面，作為科際整合的現代生死學的學科主體性仍然在建構當中；另一方面，現代社會大眾對於全面而完整的生死教育、人性化的生死關懷與生死服務之需求日益殷切；因此，南華大學生死學系（所）之課程規畫與教學設計，除了強調本土生死學理之紮根與建構等基礎研究外，也著重於理論與相關實務面向的整合工作。

一方面我們必須參考並借鏡於歐、美、日、澳各國在各個相關領域所累積的研究經驗與成果，同時在另一方面也進行本土現代生死學理的探究與建構工作，關懷社會大眾生活環境當中與生死大事息息相關之各項公共議題的探討，以及實務層面各項工作之提升與推廣。

綜合以上所論，根據傅偉勳教授最初的規畫理念，以及南華大學生死學系（所）過去十七年來所累積的教學經驗與研究心得，為現代生死學的本土進路，釐定出以下五個發展課題與方向——

一、生死哲學與生死文化之課題：心性體認本位之生死哲理探索與本土生死禮俗文化之研究。推動具有本土特色的生死哲理與生死禮俗文化之研究，包括儒、釋、道三家心性體認本位之生死觀與生死智慧，以及「冠、婚、喪、祭」等禮俗之傳統學理探究、民間禮俗儀式遷變與現況調查及其現代化之可能開展。

二、生死關懷之課題：包括安寧療護、臨終關懷、悲傷輔導，乃至自殺防治、老年身心安頓等之學理探討與臨床實務推廣。應結合醫護、心理諮商、社工與宗教靈性關懷領域之臨床研究與人文關懷，建立本土文化之安寧療護與臨終關懷理論，輔導全民轉化以救治（Cure）為本位的傳統醫療觀，成為以關懷照顧（Care）為本位的新時代醫療觀。

三、生死教育之課題：生命教育與生死教育之理論奠基、教學推廣與師資培訓。為各級學校及各年齡層（涵蓋幼兒教育、成人教育與老年教育）之生命教育與生死教育，作學理奠基與課程規畫之研究，作為生死教育與輔導之教學推廣與師資培訓的基礎。

四、生死公共政策、法規及制度之課題：與生死相關之公共政策、法規與制度之研究。包括醫療健保、老年安養與社會福利、殯葬管理等公共政策、相關法規及制度之研究。透過醫療、健保、安養、社會福利與殯葬管理之政策及法規的研究，以促進與生死相關公共政策與法規的制定，並且帶動與生死相關服務事業之現代化、專業化、制度化、證照化。

五、生死服務事業之課題：老年安養、殯葬服務及與生死相關服務事業的規畫、經營、開發、管理及監督之研究。經由學理的探討與研究，以及政策法規的制定，進而推動安養、殯葬以及與生死相關服務事業之現代化、專業化、制度化、證照化，希望未來能建立以「生死關懷與生死尊嚴」為主體之生死服務事業，提升全民生死文化之水準。

以上五個發展課題，涵蓋生死哲學（包含生命倫理、生死禮俗文化）、生死關懷、生死教育、生死政策／法規／制度、生死服務事業等各個面向，兼顧理論與實務，同時整合產、官、學界三方面的資源與專業領域，相互支援，使得本土現代生死學的整體研究與發展，形成一個良性循環的有機體。

以上論述仍然會有遺漏或未盡之處，有待往後社會各界集思廣益，共同探討。

# 生命意義的探索與建構——「意義治療學」引介

二〇一〇年秋（九十九學年度上學期），我在南華大學生死學研究所碩士班開了一門「生死學基本問題討論」的課，上課時段是每星期三上午第一節到第三節（也就是早上八點到十一點）。開學第一週第一堂課，我走進教室時還不到八點，看到有一位「老學生」，已經坐在教室裡了，但不像是生死學研究所的同學，就先和他寒暄了一下，知道他姓王，前一天晚上就從臺北下來嘉義，專程來上我的課。

## 一位特別的學生

因為這是碩士班研一新生第一學期的第一堂課，我就讓同學們先自我介紹，相互認識。這位王先生，一九四二年生（民國三十一年次），早年和弟弟隨父親從大陸來臺灣，因父親經濟情況拮据，又要照顧他們兄弟倆，非常辛苦。當時他父親有位旅居澳洲的朋友剛好回臺灣，看到這種情況，就建議他父親讓王先生去澳洲念書，這位朋友可以帶在身邊幫忙照顧。在當年那種艱困的環境下，父親想這或許是一條出路，就同意了。

因此，王先生就在他十五歲（正在建中讀初中二年級）的時候，一個人離鄉背井，跟著父親的朋友去了澳洲。這位父執長輩也只是照顧了他一陣子，之後就讓王先生自力更生，單打獨鬥地面對人生的挑戰。他就在澳洲自己一路走來，求學、打工，辛苦奮鬥，然後成家立業。他在大學本科所學的是化學、化工，是學有專精的科技專業人士，也曾應聘來臺灣及大陸工作過。轉眼間，不知不覺地過了大半生，他在退休之後，想到落葉終須歸根，就回到了臺灣，準備在此終老。

剛退休的那兩年，他覺得非常痛苦，因為人生突然沒有了重心，失去了方向，失卻了意義，不知何去何從？他在臺北認識好多也和他一樣的退休人士，找不到生命後繼的意義和價值，有人就去爬山，有人就去公園跳舞，有人就一整天唱卡拉OK，從早上一直唱到半夜。他們還自我解嘲地自封為「三等公民」，我就好奇地問：那誰是頭等？誰又是二等公民呢？他說：「喔！你誤會了，此『等』非彼『等』！不是『等第』的意思，『三等』者也：『等』吃飯、『等』睡覺、『等』死是也！」

## 「三等公民」的心靈解藥

就在生命陷入虛無、空洞、「三等」之際，王先生無意間在人間衛視收看到我的演講重播節目《生命的永續經營觀》，聽了之後，頓覺生命重燃起無限的希望。於是上網搜尋，得知我在南華大學生死學研究所開課，就在二〇一〇年九月，向教務處登記成為選讀生，每個星期二晚上從臺北南下嘉義，掛單在南華學舍，隔天一早八點來上課，是全勤的學生。隔年我在臺大開了一門通識課程「生死課題的現代省思與探索」，王先生也來旁聽，也是全勤的學生，比臺大的學生還認真。

我在南華大學「生死學基本問題討論」的課堂上，花了不少時間，介紹維也納第三學派傅朗克（Viktor E. Frankl）的「意義治療學（Logotherapy）」，王先生聽了之後大為激賞，認為我所講述的這些內容，正是那些「三等公民」最需要的心靈解藥，可以幫助他們找回生命的意義和價值，應該到臺北去講給那些人聽。因為有這麼一段因緣，我特別在《人間福報》「生死自在」專欄，與各位讀者分享傅朗克的「意義治療學」。

二十多年前，當時我還在美國費城天普大學宗教研究所撰寫博士論文的時候，有一天收看了一個電視新聞評論節目，主播先播放了一些新聞畫面，都是世界各地動亂、衝突、抗爭的片段剪輯，然後說了一句評論的話：“We see a lot of events happening, but we know very little about the fact or truth.”（我們看到很多事件發生，但是有關真相或事實我們知道得很少。）當時乍聽之下就覺得發聾振聵，十分震撼；那句話，一直到現在，不但仍然記憶猶新，而且是歷久彌新的現實寫照。如今，我們生活在一個資訊網路——甚至是資訊爆炸——的時代，然而很弔詭地，同時卻也是個「意義貧乏」、「價值失落」乃至「存在空虛」的時代。

## 存在的空虛　生命意義的探索與建構

第三維也納精神治療學派的主將，傅朗克（Viktor E. Frankl）在其"*Man's Search for Meaning*"（《活出意義來》）一書中，特別提到「存在的空虛」是二十世紀以來的一種普遍現象。（按：有關Frankl的中文譯名「傅朗克」，請參閱傅偉勳著《死亡的尊嚴與生命的尊嚴》一書；一九九三－一九九四年舊版，頁一八九－一九〇；二〇一〇年新版，頁二〇五。）

傅朗克認為，在現代社會中，「存在的空虛」所表現出來最主要的現象就是「無聊厭煩」，就如同德國哲學家叔本華（Arthur Schopenhauer, 1788 — 1860）所說：「很顯然地，人類注定永遠在兩極之間擺盪：不是災難疾病，就是無聊厭煩。」但是，我認為傅朗克與叔本華都只說對了一半，另外一半不單單是「災難疾病」與「無聊厭煩」，而是牽動且套牢整個社會，沒有任何建設性與實質目標的「瞎忙」與「虛耗」，例如：臺灣過去這十幾年來的政治、經濟、文化、教育等情況。

不過，我十分同意傅朗克的觀察，事實上，充斥於現代社會的「無聊厭煩」或「瞎忙虛耗」所產生的「荒謬感」與「無意義感」，比起災難疾病，要給精神科醫師甚至整個社會，帶來更多的問題。舉個例子：現代人普遍罹患了「星期天精神官能症」（Sunday Neurosis），也就是，當一週的工作日在匆忙中結束，而內在的空虛浮現，當一個人感覺到他自己的生命缺乏內容時，就會產生此類的憂鬱症了。我們從新聞報導中看到不少自殺的個案，其實都可以追溯到這種「存在的空虛」上面。

## 「無意義感」的集體現象

面對當代社會──不論是哪一個國家──如此普遍廣泛的酗酒、吸毒、縱欲，乃至網路成癮的現象，除非我們能清楚地認知到現象底下之「存在的空虛」（亦即「意義的空虛」），否則就無法充分理解為什麼會出現這些問題了。此外，有許多退休人士以及老年人的危機問題也是如此，就是他們的生命，陷入在一種「存在的空虛」之中。

再者，當代社會中還充斥著林林總總不同的面具及偽裝，隱藏著存在的空虛。在某些情況下，某些人「尋求意義的意志」遭遇到挫折，於是就用其他替代品作為補償，而轉變為「謀求權力的意志」，或者「謀求金錢的意志」。在其他的情況下，這種受挫的「求意義意志」會被「求享樂的意志」所取代，因而性欲成為一種代償作用。在這樣的案例中，我們可以觀察到，因為存在的空虛，性欲遂猖獗氾濫。因此，若要徹底解決這些問題，就必須──也唯有──回歸到自我生命意義的探索與建構，才能以「充實的生命意義」來轉化消解「存在的空虛」。

## 現代精神治療的三大學派

奧地利維也納大學是開創現代精神治療的源頭與核心重鎮，從維也納大學所發展出來的精神治療有三大學派，第一學派的開拓者是眾所周知的「心理分析（Psychoanalysis）」創始人佛洛依德（Sigmund Freud, 1856－1939），第二學派的開展者為倡導「個體心理學（Individual psychology）」理論的阿德勒（Alfred Adler, 1870－1937），而傅朗克（Viktor E. Frankl, 1905－1997）則是開創第三學派「意義治療學（Logotherapy）」的宗師。

傅朗克於一九〇五年出生於維也納的一個猶太裔家庭，曾獲維也納大學醫學與哲學雙博士學位，後來擔任維也納大學的精神醫學暨神經學教授。傅朗克曾經有一段時期學過佛洛伊德與阿德勒的理論，但是他認為心理分析與個體心理學的理論都過於狹隘武斷，另外他也受到實存主義（Existentialism）與實存分析（Existential Analysis）理論的影響，因此後來開展出自己的精神治療進路。

## 從納粹集中營裡的生死經驗到意義治療學

因為猶太裔的身分關係，一九四二年九月二十五日，傅朗克和他的父母、妻子等全家人都被德國納粹逮捕，然後分開送入集中營。他在集中營裡過著非人境遇的地獄般生活，歷時將近三年，直到一九四五年四月二十七日被美國軍隊解救出來。他的家人與親屬中，只有妹妹倖存下來，其他人全部都死在集中營裡，可謂慘絕人寰。

身為精神醫學專家的傅朗克，不但熬過了集中營裡種種生死交關的極限境況，而且還從比噩夢更加恐怖的親身體驗中，領悟出「意義治療」的思維靈感與理論內涵，誠屬稀有難得。後來他將集中營裡的生死經驗與親身經歷，以及意義治療學的基本理念，寫成"*Man's Search for Meaning*"（《活出意義來》）一書。

歐戰結束後不久，他回到維也納繼續發展「意義治療學」的理論內涵與進路，通過他的著述與全球性的演講旅行，奠定了他的學術地位與國際聲望。一九九七年九月二日，傅朗克逝世於維也納，享壽九十二歲。

## 意義治療學（Logotherapy）釋義

意義治療學（Logotherapy）的字根Logos，語出希臘文，含有：哲理、理性、上帝之言、意義（meaning）等意涵。意義治療學之理論核心聚焦於「人存在的意義」以及「人對此存在意義的追尋」上。

按意義治療學的理論基礎而言，這種追尋生命意義的企圖，乃是一個人最基本的生命動力。因此傅朗克所提出的「求意義的意志（the will to meaning）」與佛洛伊德心理分析學派所強調的「快樂原則（Pleasure Principle）」或者「（尋求）快樂的意志（the will to pleasure）」，以及阿德勒個體心理學派所強調的「求權力的意志（the will to power）」大不相同。

同樣出身於維也納大學，傅朗克一方面吸納佛洛伊德的心理分析與阿德勒的個體心理學，作為意義治療學的下層理論，另一方面則指謫兩者的理論侷限性與武斷主張。佛洛伊德以「尋求快樂的意志」此一概念，來定義人的身心活動本質，而且又以「性欲的滿足與否」這種極其狹隘的本能衝動學說，來說明「快樂的得失」以及「心理的正常與否」，未免無視於涉及生命高層次價值取向的「求意義的意志」。傅朗克曾親身在阿德勒處學過個體心理學的理論，也曾經是第二維也納學派的成員，但是不久即看出此一理論的根本限制而離開。他發現，個體心理學過度強調個人在社會上的挫折與失敗，且以此說明人的自卑情結等心理失常問題，乃是預設了人的本性與本質是尼采（Friedrich Wilhelm Nietzsche, 1844—1900）所說的「權力意志」，因而導致片面而偏頗的論斷，如此也同樣抹煞了生命高層次價值取向的意義探索與靈性需求等生命實踐的內涵。

## 意義治療學對生命存在的基本觀點

傅朗克的意義治療學，預設了他對生命存在與人性本質的基本觀點，他認為人類生命的存在有三大層面，即是：一、身體層面；二、心理層面；三、精神性或意義探索層面。由於傅朗克本身的猶太教背景（不過他並不算是虔誠的教徒，因為他不太願意接受制度化或形式化的宗教），有時候在意義探索層面之上，再加上第四個層面，稱之為「神學（Theology）」層面。

他之所以加上此一層面，是為了能進一步分辨出「世俗世間的生活意義及其探索」，與「攸關生死的終極意義及其探索」，而讓二者有所區隔之故，亦即將前者放在精神性或意義探索層面，而將後者置於神學探索層面；在這樣的意涵之下，意義治療學可視為為連結科學（精神醫學）與宗教的一座橋梁。

## 意義治療學的宗教態度

以美國為例，意義治療學並不屬於精神醫學與精神治療的主流，一般流行的精神治療或者心理治療，仍然是以佛洛伊德的心理分析為主，幾乎千篇一律地只顧及到如何治療日常世俗生活之中，由於失業、孤獨、性冷感、家庭失和、人際關係的緊張或失調等因素所引發的心理病症；而對於死亡問題、宗教解脫或者救贖等精神高層次的課題則敬而遠之，規避不談。

美國絕大多數心理治療專家都認為，此類高度精神性乃至宗教性的課題，與他們的實際職責沒有直接關聯，應予區隔，專由神父或牧師等宗教人士來處理才對。只有意義治療學算是例外，不但以積極的態度，從旁協助心理病症患者或末期絕症患者，建立健全的生死觀，而且認為這是精神治療最為緊要的一項職責。

傅朗克常說，意義治療是一種「醫療上的牧靈之職」（Medical Ministry），一方面要進行科學性質的現象觀察與分析，另一方面又要打開銜接高度精神性，與宗教性等生命價值領域的向上門，例如：人生的課題任務、自由與責任、生死的終極意義、宗教救贖或解脫等。他認為意義治療雖然不能踰越（科學範圍內）精神治療的界限，但是必須要保留一條通往宗教追尋之路，而由患者自行決定，是否需要跨入宗教探索的領域。

## 精神治療三大學派的對照與比較

意義治療學主張，人類作為萬物之靈，在生命高層次的精神價值取向上，其核心是以自我生命意義的探索、深化與實踐為首要優先，然後才有快樂或權力之類的副產品或附加價值隨之而來。反之，一個人若是以快樂的追尋，或權力的追求作為其人生的首要或核心目標，即使能一時獲得，也無法保證能夠長久擁有，更遑論能否因此（快樂或權力）而找到其自我生命的價值與意義。

傅朗克的信念是，人生的根本意義既非如佛洛伊德所云的快樂，亦非如阿德勒所云的權力，而是在於超越自己，找到一個比自己目前更高的生活目標；權力只是達到目標的方法，而快樂也只是在超越自己時所衍生的副產品。因此，把快樂本身當成目標，反而得不到快樂；只有追求一個超越自己的目標，我們才會真正得到快樂與滿足。

已故傅偉勳教授在他的《死亡的尊嚴與生命的尊嚴》一書中，針對維也納精神治療三大學派的優劣有所評述，他認為，如果專就「人類行為層面的科學事實面向」這一點來考察，以判定三大學派有關人性的理論學說孰優孰劣，實在很難，因為凡是涉及所謂「事實」面向的「人為詮釋」，必然會有「見仁見智」或「公婆各有理」的觀點差異。不過，傅朗克「求意義的意志」之說，至少有兩項優點強過其他二者。其一，根據傅朗克的生命存在之三大（或四大）層面理論架構，他並未排除專涉身心二層的前兩大學派的說法，反而能夠融攝他們，以其作為意義治療學的下層理論。反觀前兩大學派，則由於不承認身心二層面以上的高層次精神價值取向，自然包容不了傅朗克的說法，因此暴露了其理論本身的狹隘性與侷限性。

其二，「求意義的意志」之說，能夠與哲學及宗教彼此銜接，極具科際整合的跨領域對話與相互發明功能，對於傅偉勳教授所提倡的「臨終精神醫學暨治療」以及「現代生死學」，極具理論啟示作用。前兩大學派的主張對於現代生死學的理論建構與發展，不但無甚裨益，恐怕反而有礙。

## 意義治療學的基本理論架構與內涵

根據傅偉勳教授的歸納整理，意義治療學的基本理論可以概括為三個層次，每個層次又再分為三個側面。意義治療學第一個層次的三個側面是：一、意志的自由

（freedom of the will）；二、意義探索的意志（the will to meaning）；三、人生的意義（meaning of life）。

如前所述，意義治療學結合了（生命存在低層次的）心理分析與（精神高層次的）實存分析的理論，所以在某種程度上，也接受心理分析的制約理論，承認一個人的過去種種——包括家庭、遺傳等身心條件與因素——對於他的現在心理狀態具有相當的影響與制約力量。同時，一個人所處的社會環境等外在條件，對於他的身心狀態，也往往構成不可忽視的影響與制約因素。

然而，在人性的高層次向度，傅朗克肯定吾人有超越突破心理層面之實存意義層次的精神自由，能夠在人生的緊要關頭，諸如：在生死交關的極限境況下，隨著價值、意義、道德等等的抉擇而展現出來。隨著個人自由意志的行為展現，同時就有其責任的承擔，「自由」與「責任」乃是一體之兩面，無法切割分開。

## 自由意志與自我抉擇

傅朗克的自由意志說，亦即人有能力突破個人身心與所處社會等內外種種條件的侷限與制約，而展現出自由意志的精神力量，與佛教的「業力論」以及孟子的「本心本性論」不謀而合。依據業力論，凡走過不但必留下痕跡，而且還產生難以抹滅的後續影響。一方面，我們不斷受到自己過去所累積種種業力的制約與牽引；但是在另一方面，我們也有不斷創造新的業行（不論善惡好壞）的自由意志與抉擇力量。所謂「業」，對一個人的過去而言，是已經被限制決定的，但是對他的未來而言，則是開放自由的，端看個人的領悟程度與抉擇力量。孟子雖然也承認「食色，性也」的本能條件與社會環境的決定作用，但是在生命的高層次，他也極力主張，凡是人皆具有道德抉擇的良知良能或本心本性，此皆出自個人的自由意志與判斷。

總而言之，凡是強調宗教探索與道德實踐等生命價值的人性論，基本上都必然堅持自由意志與自我抉擇的根本立場，否則所有個人的生命意義與價值實踐皆將淪於紙上談兵，而毫無意義可言。

## 意義治療學的第二個層次

根據傅偉勳教授的解析與詮釋，博朗克意義治療學的第二個層次，乃是進一步挖掘及開展第一個層次中第三個側面「人生意義」的具體內涵及價值義蘊，並且再細分為三個側面，即是：一、「創造（意義）」的價值（creative value）；二、「體驗（意義）」的價值（experiential value）；三、「態度（意義）」的價值（attitudinal value）。〔按：對照英文，中文裡的（意義）二字，是傅偉勳教授加上去的。〕

首先，「創造」活動的內涵包括了人類社會中種種創造、發明、製造、生產與服務等活動，而創造性的價值則是指，每一個生命個體所能給予他人與社會的，諸般大小不等的真、善、美價值，例如：工、商、政、經、農、林、漁、牧、文、教、育、樂等各行各業人員，從事農作栽植、工業發明、器具生產、物流交通、文化藝術創作、醫療保健、休閒旅遊等，乃至各種勞心勞力、直接間接的日常服務工作之類。

然而，並不是所有的創造活動都具有意義與價值，或者，更精確地說，並不是所有的創造活動都具有同等的意義與價值；這當中還蘊含著從事活動者其動機與目的的正邪與善惡之別，以及其帶給他人與社會的正負面影響與利弊得失等。換言之，有的創造活動可以帶給大眾利益、福祉或歡喜，有的則可能帶來損失、災難或痛苦。

因此，生命的意義與價值還不能僅僅止於創造、發明、生產與服務，還必須要能夠加入對於各種創造活動的評審、鑑賞、批判與體驗的層次，而使得創造活動的意義與價值能夠更上一層樓。換言之，透過評審、鑑賞、批判與體驗，我們可以更加彰顯及提升創造、發明、生產與服務的意義與價值。

## 體驗價值比創造性價值更有深度

再者，就每一個人的生命意義層次而言，體驗價值往往比創造性價值更有深度。譬如：有一位鋼琴家為國抗戰而犧牲了右手，因而再也無法創造出美妙的樂曲琴音以饗聽眾，表面上看起來，他似乎從此就永遠喪失了其在音樂上的創造性價值。其實不然，「山重水複疑無路，柳暗花明又一村」，他仍然能夠透過對音樂的深刻體驗與造詣，換一個方式來實踐音樂上的各種真、善、美等價值與意義，包括：樂理解說、樂曲詮釋、音樂賞析、經驗分享等等。人生對他而言，仍然充滿了無限豐富的價值與意義，一切端看個人如何重新發現「體驗價值」層面的生命意義。

傅朗克在《活出意義來》這本書中特別強調，一個人即使處在有如地獄般慘絕人寰的集中營生活之中，根本毫無任何創造性價值可言，但還是可以發現生命意義的體驗價值。譬如那些獄囚難友在以往平常的日子裡，並未強烈意識到自然界之美，但是在集中營裡那種極端惡劣的環境下，反而有機會重新發現並且欣賞讚歎大自然中草木山川的奇美之處，深化自己內在靈性生命的精神體驗。由此可知，在沒有任何創造性價值可言的地方或情境之下，我們依然能夠保有體驗價值，據此仍然可以肯定我們的人生意義，即使遭遇到極度的艱難與痛苦，也不會想要自殺。

## 創造性價值不能或缺體驗價值

承上所述，我們可以更進一步地了解到，創造性價值不能或缺體驗價值，體驗價值可以更加彰顯創造性價值。我引用一個故事來說明這一層意義，大家就能立即明瞭。在二千五百多年前的春秋時代，出身楚國的音樂大師伯牙在晉國任職上大夫，有一年他奉晉王之命出使楚國，乘船途經漢陽，時值中秋，遭遇風浪而夜泊江岸。當晚雨過天青，景色清新，伯牙撫琴抒懷，調寄高山流水，引來樵夫鍾子期在岸邊傾聽。子期曾經做過樂尹，善知音律，聽罷情不自禁地讚歎道：「峨峨兮若泰山，洋洋兮江河！」不但心領神會，而且十分貼切地道出伯牙的琴韻心聲。伯牙巧遇知音，喜出望外，二人交談甚歡，相見恨晚，因而結為莫逆，並約定來年中秋之日再來此地相會。

到了翌年中秋，伯牙依約重遊漢陽來會故人，然而子期不幸病逝。伯牙痛失知音，悲傷欲絕，來到子期的墓前，為故友重彈了一曲〈高山流水〉。因為知音不再，伯牙在曲罷傷心之餘，就將琴摔碎，以示今後不再彈琴，從此成為絕響。此後，人們便以「高山流水」來形容深厚的友誼，把「知音」喻作知心的朋友。

伯牙與鍾子期二人相遇、相知，而又天人永隔的故事，深刻地顯示出知音對於藝術創作者的無比重大意義。由此我們可以深刻地了解到，伯牙鼓琴的創造性價值不能或缺子期知音的體驗價值，而子期知音的體驗價值可以更加彰顯伯牙鼓琴的創造性價值。同樣的道理，我們雖然不是大提琴家馬友友，也不是世界三大男高音，但是我們——身為普羅大眾中的每一個人，都可以作個真正的知音，能夠聆聽、欣賞並且體驗到他們的樂曲琴音與歌聲旋律中的美妙之處，在音樂藝術境界的層次上及精神靈性上，與他們產生共鳴與呼應，其音樂藝術創作的意義與價值才得以充分彰顯。

## 態度價值更高於體驗價值

傅朗克在《醫師與靈魂》一書中說到，實存分析教導我們，把個人的生命看成是一種課題任務（Life is a task）。他又說，每一個人的生命課題任務——就宗教上的意義而言——就是一種使命（a mission）。真正將自我的人生視為一種任務或使命之最高且最可貴的意義與價值，即不外是每一個人的「實存態度」本身。每一個人在面對人生問題乃至生死問題時，其所取的「實存本然態度」，是作為萬物之靈的我們，在極限境況下「決定何適何從，又如何抉擇以面對生死」的根本關鍵。意義治療學最獨特的一點，即是肯定每一個體的實存態度本身是一種精神價值，有其更為深刻的人生意義。因此，傅朗克認為，從高層次精神性或宗教性的觀點來看，態度價值還要高於體驗價值。

如果要深刻地了解「態度價值還要高於體驗價值」這一層面的意義，可以從歷史故事中得到啟發與印證，為什麼有人寧願拋頭顱、灑熱血，臨死不屈而慷慨成仁、從容就義？關鍵即在於當其面對生死時的「抉擇態度」本身，就如我在本書〈死亡是一種生命的展現〉一文中所舉的諸多例子。在此我特別要點出的是，一個人在面對生死抉擇時的態度，甚至可以令整個帝國政權為之恐懼顫慄，例如：文天祥臨死不屈，作〈正氣歌〉從容就義，留取丹心照汗青，驚天地泣鬼神，萬世景仰。又如印度聖雄甘地，身形瘦弱，雖然還不致於需要犧牲生命，但卻能以其寧死不屈的精神與態度，倡導非暴力的不合作主義，領導印度人民以消極抵制的方式對抗英國的殖民政權，令整個大英帝國頭痛不已，印度終於獨立成功。凡此種種，皆顯示出「態度價值」的精神力量與重大意義。

## 意義治療學的第三個層次

意義治療學的第三個層次，即是上一層「態度價值」的具體挖深，也分為三個側面，即是：一、受苦或苦難（suffering）；二、責疚（感）（guilt）；三、死亡或無常（death or transitoriness of life），這三個側面構成我們生命存在之「極限境況」的主要內涵。

受苦或苦難是指人間世種種難於承受或捱忍的極端痛苦，包括身、心兩方面，例如：身體殘疾、絕症病苦、天災人禍、恩怨情仇、生離死別……。責疚（感）則是指，人生當中無法挽救的嚴重挫敗，或是由於生命存在本身的侷限性或無奈情境所導致的罪責或內疚感。傅朗克自己所舉的例子是，在集中營裡的猶太獄囚看到其他的難友一一死在瓦斯窯裡，而自己卻僥倖活著的那種內疚，雖然他自己並不需擔負任何道義責任，但是內心難免帶有一種責疚感，類似「我不殺伯仁，伯仁因我而死」的感覺。至於死亡或無常，更是世間一切存在事物，包括我們自身的存在在內，所避免不了之最恐怖的經驗事實與必然結局。

## 意義治療學的應用

那麼，我們要如何面對上述這三種生命中的「極限境況」呢？傅朗克倡導一種他自己所稱的「悲劇性的樂天觀（a tragic optimism）」，也就是「積極面對人生悲劇」的樂天觀，以這樣的生命態度來發揮自我的生命潛能。當我們面對無可避免的苦難之時，將自我所承受的深刻苦難經驗，轉化為生命的體驗成就或任務完成。當我們面對他人的不幸遭遇時，藉助於責疚感的機會，轉變、提升自己，創造更有意義的人生。當我們面對生死無常的現象或事件時，反而有助於我們更深刻地體認到生命的有限性與無常，當作再生的契機，而抉擇有自我責任的行動。

## 苦難的意義

當我們遭遇到一種「既無可避免、又無法逃脫」的絕望情境時，或者當我們必須面對一個無法改變的命運時——比如說罹患了不治的絕症，或失去摯愛的親人……，我們就等於得到一個最後的機會，去實現人生最高的價值與最深的意義，亦即「苦難的意義」。在這個時候，最核心與切要的問題是：我們對苦難採取了什麼樣的態度？我們會用怎樣的態度來面對、承擔自己所遭受到的痛苦？

## 老醫師的喪妻之痛

傅朗克舉了一個很有啟發性的例子，有一位年老的全科醫師去看傅朗克，由於他患了嚴重的憂鬱症（Depression），兩年前他無比摯愛的妻子過世了，之後他就一直無法走出喪妻的悲痛。

一開始，傅朗克避免對他講任何道理，而是直接問他：「請問醫師，如果是您先離世，而尊夫人還繼續活著，那會是怎樣的情境呢？」醫師說：「哦！對她來說那是多可怕的事啊！她會遭受到多大的痛苦啊！」

於是傅朗克順著他的話回應：「您看，醫師，現在她已經免除了那樣的痛苦，這是因為您才使她免除的，而您必須付出代價，以繼續活下去及哀悼她，來償付您心愛的人免除痛苦的代價。」

老醫師一語未發而緊緊握住傅朗克的手，然後平靜地離開了診所。痛苦在發現其意義的時候，就不再成為痛苦了，例如具有意義的犧牲便是。

正規地說，其實這不算是一種治療：一者，老醫師的沮喪並非疾病，而是人之常情；二者，傅朗克不能改變他的命運，不能使他的妻子死而復生。但是就在那一刻，傅朗克成功地轉變了他面對自己不可改變之命運的態度；或者從那一刻開始，至少他能從他所承受的痛苦中看出意義。

## 突破自我生命的困境　發掘自我生命的意義

其實我們可以從現實生活中，找到很多如傅朗克所說的，突破自我生命困境的具體事例與典範，例如：《汪洋中的一條船》的鄭豐喜、全身癱瘓的作家杏林子、日本《五體不滿足》的乙武洋匡、出身澳洲五體不全的生命戰士尼克（Nick Vujicic）、澳洲的無腿超人約翰・庫提斯（John Coutis）、英國罹患肌萎縮性脊髓側索硬化症的物理學家史帝芬・霍金（Stephen W. Hawking）等人，由於他們毅力堅強的積極生命態度，不但都突破了自我生命中的重大挫折與苦難，還開展出燦爛的生命價值與光輝。

意義治療學的基本信念之一即是：人類生命中最深刻的關懷，並不在於獲得快樂或避免痛苦，而是要發掘及了解自我生命的意義。這也就是為什麼在某些情況下，有人寧願受苦而不逃避，只要他確定自己所遭遇或承受的苦難具有意義。如果醫師既不能治癒某種疾病，也無法減輕病人的痛苦，就應該激發他的潛能去體現痛苦的意義。

傳統心理治療的目的，在於協助病人能夠恢復其再工作與享受生命的能力，意義治療學也是如此，但是還要更進一步讓病人重新獲得其受苦的能力。因此，病人需要重新發掘或覺察其所承受之痛苦中的意義，藉此以深化他的生命體驗，而能夠活的更有意義與自信。

## 如何面對現實生活中的壓力

我們生活在世俗世間，不論是從內心還是自外界，或多或少都會承受種種不同性質的壓力。現實生活中的種種壓力，當然會導致我們的身心產生某種程度上的緊張，而我們往往誤以為這些生活中的壓力與身心上的緊張都是負面的、不好的。所以，這些年來教育當局所推動的「教改」方向與措施，就是要想方設法減輕中小學各級學校學生的身心壓力，不要讓他們有太多的課業負擔，以免造成他們的緊張，這樣他們的身心才能均衡發展。其實，這是非常錯誤的觀念與思維。

如果壓力實在太大，遠遠超過一個人所能負荷的程度，當然有礙身心健康。但是如果完全沒有壓力，或者壓力不足，也同樣有礙身心健康。從生理學與物理學的角度來看，我們生活在地球表面，就必須承受一個大氣壓，壓力不夠還不行，會讓我們得高山症。有一個場域完全沒有壓力，那就是「外太空」，但是，我們無法在那裡生存。

傅朗克提出了「心靈動力學（Noö-dynamics）」這個概念，與一般人的直覺和認知正好相反，他觀察到我們的心理健康，其實是奠基於某種程度的緊張與壓力——也就是我們「已經達成」與「尚待完成」二者之間的緊張狀態，或者是我們「目前是什麼」與「應該成為什麼」之間的緊張狀態。這種緊張狀態是我們生命中的固有屬性，也是心理健康所不可或缺的重要條件。

傅朗克還認為，如果我們以為身心最主要的需求是「平衡」——也就是一種完全沒有緊張的狀態，那可是心理衛生上一種非常危險的錯誤觀念。其實，我們最需要的並非「不緊張」，而是為了某一個值得我們去努力的生命目標而奮鬥；我們所需要的不是不惜任何代價地去除或逃避緊張，而是喚醒自我生命中那個等待我們去實現的潛在意義。

面對生命的課題與挑戰，我們所需要的不是生物學或生理學上的平衡，而是傅朗克所稱的「心靈動力學」——心靈動力在緊張的兩極之中發揮功能，其中的一極代表需要個人去實現的「自我生命意義」，另一極則代表必須去實現此一生命意義的主體——也就是我們「每一個人」。

## 善用及轉化挫折與苦難的情境

承上所述，我們可以深深地體認到，每個人在其生命中所遭遇到的種種挫折與苦難，幾乎是人生不可避免的歷程。因此，我們應該換個角度與心態來面對，並且深刻地思維挫折與苦難所蘊含的正面意義，在此提出幾點供讀者參考：

一、挫折與苦難能教導我們學習反省，記取教訓。

二、挫折與苦難能鍛鍊我們的毅力與耐力，磨練心志。
三、挫折與苦難能激勵我們奮發向上的意志，再接再厲。
四、挫折與苦難能啟發我們增進智慧，激發創意。

有一則標題為〈凡事感激〉小品文，曾在網路上廣為流傳，其內容是，當面對生活中的種種挫折與橫逆時，如何轉化為正面思考的勵志之言，文辭清新雋永，有e世代新興人類順口溜的風格，特別轉錄如下：「感激傷害你的人，因為他磨練了你的心志。感激欺騙你的人，因為他增進了你的智慧。感激中傷你的人，因為他砥礪了你的人格。感激鞭打你的人，因為他激發了你的鬥志。感激遺棄你的人，因為他教導了你該獨立。感激絆倒你的人，因為他強化了你的雙腿。感激斥責你的人，因為他提醒了你的缺點。感激所有使你更堅強的人……，凡事感激。」

## 生命意義的探索與自我抉擇

我經常遇到有人問我：「生命的意義究竟何在？」可見這是很多人都關心的生命課題。提問的人可能會認為有一個客觀的生命意義或標準答案，等著我們去遵循，其實不然。生命意義的探索是一個「主體性自覺」的課題，換句話說，就是每個人的生命都有其與眾不同的獨特意義，無法套用公式，必須自我探索、自我抉擇、自我承擔，這是任何其他人都無法代勞的生命功課。

也因為這個緣故，傅朗克在進行意義治療時，採取了實存主義的立場，他會尊重個別心理患者的自我探索與自我抉擇，而不會越俎代庖向患者提示或暗示他們所需要的生命意義究竟為何。意義治療的重點，主要是借助於針對個別患者生命意義的實存分析，啟發及點醒患者（或一般人）深刻地了解，人生是一項無可迴避的課題任務。每一個單獨的實存主體（也就是每一個人）都應該依據自己的生命成長歷程、生活經驗、志趣性向、教育文化背景、核心思想、未來願景等不同條件，去尋找探索最適合自我生命的特定意義，以便完成個別不同的人生課題或任務。

在人生的旅程上，每個人隨著生命中各個階段的自我成長與環境變化，其特定的生命意義也必然隨之改變；然而，「肯定人生即是一種任務」的基本態度本身，卻不能改變。孔子曰：「吾十有五而志於學，三十而立，四十而不惑，五十而知天命，六十而耳順，七十而從心所欲，不踰矩。」這一段孔子自白的心路歷程，可看作是自我生命意義不斷提升的典範。

## 換個角度面對壓力

心靈的成長絕非是在象牙塔裡閉門造車的功課，而是必須在現實生活中，不斷地學習面對生命的轉折、環境的考驗、與人事的磨練。因此，我們必須自我鍛鍊，勇於面對人生的起伏與壓力，乃至迎接種種困頓與挫折的挑戰。

如果只是從負面的角度來看，壓力對人們而言，無疑是一種負擔與阻礙，然而從正面的角度觀之，壓力其實正是人生最好的激勵。因此，我們應該換個角度來面對壓力，而且應該深刻地思考並體會壓力的正面意義：

一、我們的生命歷程與自我成長的本身就是一種壓力。

二、沒有壓力的人生是容易令人懈怠而不易進步的。

三、在壓力的磨練下，才能逐漸強化自我承擔的心力。

四、在壓力的情境中，才有機會激發自我內在的潛能。

五、在壓力的考驗下，才能實際轉化負面情緒為正面力量。

## 存在的挫折

根據傅朗克意義治療學的觀點，他主張「尋求意義的意志」是我們生命中的根本動力，而生命存在的意義，並非是由我們憑空所創造出來的，而是在現實的生活中不斷地反思、探索、追尋而自覺出來的。然而一個人求意義的意志往往會遭受到挫折，因此傅朗克又提出「存在的挫折」此一概念。當我們面對「存在的挫折」時，他說有三種途徑去發掘及實現生命的意義：

一、藉著創造與工作。

二、藉著體驗價值。

三、藉著承受苦難與自我轉化的生命態度。

放眼古今中外，從來就不曾有哪個人的一生從頭到尾皆是一帆風順而毫無挫折的，就連古聖先賢也不例外。以孔子為例，他被譽為是「聖之時者」，其道德文章足為萬世楷模。然而值得特別注意的是，孔子生於春秋之際的亂世，終其一生的經歷極不平順，不但其「治國、平天下」的偉大理想始終得不到諸侯的青睞而無法實現，而且在他周遊列國之時，也一直過著顛沛流離的歲月，甚至於還連續遭逢喪妻、喪子、朋友死、弟子亡等等生離死別的悲痛。論其人生中的種種挫折，其困頓的程度比起一般人，可說是有過之而無不及，卻毫不失其為聖哲的偉大。

然而弔詭的是，古來多少聖賢與祖師大德，都是在艱難困頓、顛沛流離等等挫折的磨練與考驗之下，成就出類拔萃的道業；反觀世俗的帝王將相、達官顯貴，卻往往在功成名就之際，躊躇志滿，腐化墮落，甚至於晚節不保，身敗名裂。

## 挫折是人生最好的鍛鍊

有句拉丁諺語說得好：「不幸的人切莫灰心，幸福的人可要小心。」由此可見，個人生命中的挫折遭遇，並不有礙其在世俗上的成就，乃至出世的道業及悟境；換言之，個人的「窮通禍福」與其「能否安身立命」之間，並沒有絕對的必然關係。關於這一點，孟子有極為精闢的闡述，他說道：「故天將降大任於斯人也，必先苦其心志，勞其筋骨，餓其體膚，空乏其身，行拂亂其所為；所以動心忍性，曾益其所不能。」

從一般直覺的順向（其實是負向）思考角度來看，挫折無疑是一種人生的障礙，然而從深刻省思的逆向（其實反而是正向）角度觀之，挫折反而可以視之為心靈成長的階梯，如老子所言：「反者，道之動」。借用佛家的用語，挫折可以說是一種「逆增上緣」，換言之，當我們勇於面對及突破挫折的情境時，其心路歷程有如「山重水複疑無路，柳暗花明又一村」，原本看起來是個障礙，結果反而成為助道的因緣。

傅朗克進一步認為，人生乃是一種課題任務的自我體認。不僅如此，如果再更深一層地予以透視，則生命的深層或高層意義，必須建立在超越諸般現實生活意義之上的所謂「終極意義」層面。肯定了人生的終極意義，等於是承認在人類的生命高層次，有超越世俗層面的精神性或宗教性的存在。

不過意義治療學家不能藉用特殊的宗教信仰，諸如：猶太教或基督宗教等，來解釋生命終極意義的具體涵義。他只能夠通過實存分析來提醒患者，人之所以能夠不輕生死的道理，終究必然涉及生命終極意義的肯認。至於終極意義的內涵究竟為何，則端看每一個人個別的實存宗教體驗而定了。

## 有關終極意義的形上思考

傅朗克基於其猶太裔的宗教文化背景，認為不論是在世俗世間一般種種不同的生命意義與生活價值，或是處於生命的極限狀況時，涉及態度價值及其深層內涵，諸如受苦、責疚感與生死無常等的終極意義，都有其客觀性的神學基礎，有待我們去探索發現，而不是身為人類的我們可以任意創造出來的。尤其是論及生死的終極意義，他深信有客觀的宗教超越性基礎，因此他在其著作中處處提到「無意識中的神」、「對於終極存在或上帝的信賴」等等，充分反映出其所隱含的西方宗教一神論乃至神祕主義的神學立場。

然而有趣的是，倡導無神論的實存主義大家，當代著名的法國哲學家沙特（Jean-Paul Sartre, 1905—1980）卻主張，所有一切所謂的「意義」，全部都是出自於每一個實存個體的主體性意識，依其個別的絕對自由所建構而成，根本就沒有任何所謂客觀性的形上學或神學基礎可言。很明顯地，同樣是站在實存主義的立場，傅朗克與沙特兩人，對於「意義」的「終極性」，彼此的觀點大相逕庭。

且不論他與沙特的不同見解，由於傅朗克本人深信，「終極真實」及其衍生出來的「終極意義」不但存在，且有其客觀的宗教超越性基礎，同時他又身為精神治療醫師，因此堅決反對任何方式的自殺或安樂死，認為這種負面的行為等於是放棄了對終極意義的自我承擔，根本就不是解決生死問題的正當或應有途徑。

但是在另一方面，他又根據實存分析的原則，認為醫師不應該灌輸患者有關終極意義的實際內涵，因為終極意義究竟為何，乃至是否接受終極意義的實存抉擇，都是患者本人分內的事情，旁人無權置喙。由此我們可以看出，傅朗克的意義治療學，在終極意義的課題上，存在著以上所述的潛在矛盾，然而傅朗克本人並未加以澄清或消解，這就有待我們運用大乘佛學及禪學來化解了。

## 意義治療學的未來開展

傅朗克曾經說過，精神治療不僅僅是一種「醫術」，也可以說是一種「藝術」，它超越了純粹科學而指引出智慧之道，但智慧不是最後的字詞，如果沒有人的提點，智慧也不可能存在。傅朗克的說法，實在與孔子所云「人能弘道，非道弘人」有異曲同工之妙，都是站在積極正面的人本主義立場而立論的。

傅朗克在其晚期的論著中偶爾提到佛教禪宗思想，可見他開始意識到禪宗義理的深邃性，可惜他年事已高，來不及好好深入地探討禪宗對於精神醫學、精神治療乃至生死學、宗教學的思維衝擊以及所可能提供的思維靈感。就像絕大多數的西方思想家或學者一樣，他從未對東方思想——尤其是中國的儒、道、佛三家——下過一番苦工。

如果傅朗克曾經鑽研過中國哲學，特別是儒、道、佛三家的思想，他當會了解到，《中庸》所云「極高明而道中庸」，《易傳》所云「知幽明之故，原始反終，故知死生之說」，大乘佛學的「生死即涅槃」，禪宗的「平常心是道」，乃至莊子（與禪宗）所倡「無心無念、自然無為」之說，都是建立在「超越世俗世間的高度精神性（亦即道或天命）」與「人間世的實存主體性（亦即本心本性）」的終極合一上面，亦即儒、道、佛三家皆主張有情生命的「超越性」與「內在性」的融合與一體兩面，可以化解傅朗克意義治療學的潛在矛盾。中國哲學思想——特別是儒、道、佛三家——所開顯生命終極意義的生死哲理，實在可以用來開展及深化傅朗克意義治療學的理論內涵與實務應用，這也是意義治療學未來後續開展的一個可能方向，有待於後起之秀的承先啟後、繼往開來。

# 賈伯斯的生、愛、失落與死亡

二〇一一年十月五日，締造蘋果奇蹟的靈魂人物史蒂夫・賈伯斯（Steve Jobs, 1955—2011）不幸因胰臟癌的併發症導致呼吸衰竭而辭世，享年五十六歲，舉世哀傷。在此之前，大家都已經知道賈伯斯於二〇〇四年罹患了轉移型胰臟神經腫瘤，二〇〇九年又接受了肝臟移植手術。二〇一一年之後病情惡化，種種跡象顯示並不樂觀，後來甚至必須向公司告病假，雖然如此，他的驟然逝世仍然令全球的蘋果迷震驚、痛心與不捨。

賈伯斯不同於其他的高科技創業家，是一位超乎常人想像的傳奇人物，他結合了創意與行動、理想與實踐、禪意與科技、藝術美感與電子產品，他所推出的蘋果系列產品——iPod, iTune, iPhone, iPad 等等，引領了整個世界跟著他的想像與創意走。

賈伯斯也是一位認真修禪的佛教徒，曾經跟隨日本曹洞宗乙川弘文禪師（一九三八—二〇〇二年）習禪，從里德學院返回矽谷後，他經常到乙川弘文所主持位於洛斯阿爾托斯（Los Altos）的禪宗中心修習禪法。

賈伯斯創辦 NeXT 公司時，還特地禮請乙川弘文禪師擔任公司的精神導師，為員工講解禪修的智慧。一九九一年，賈伯斯和妻子勞倫（Laurene Powell）在優勝美地（Yosemite）舉行婚禮，主婚人正是乙川弘文，可見佛教在賈伯斯心目中的分量。

二〇〇五年六月十二日，賈伯斯應邀在史丹佛大學的畢業典禮上致詞，他在簡短的十五分鐘演講中，述說了在他生命中三個深具啟發性的故事，分別是關於：生命中諸多轉折點的連結、愛與失落、死亡，我認為可以作為生命教育或生死教育的極佳教材，值得一讀與深思。（讀者可以自行上網搜尋查閱相關資訊）

賈伯斯說他追隨自己的好奇心與直覺，一路上跌跌撞撞所遭遇的事情，後來大部分都成了無比珍貴的人生歷練；又說：「你無法預先將生命中的轉折點連結起來，只有在後來回顧時才明瞭它們之間的關聯性。所以你得相信，那些轉折點在你人生的未來或多或少會連結起來，你得信任某些事情——諸如你的直覺、命運、生命、業力等等。這種面對生命的方式從來不曾讓我失望，也在我的人生中造就了所有的轉變。」

賈伯斯的這些話正好呼應了「塞翁失馬，焉知非福」、「山重水複疑無路，柳暗花明又一村」這二句成語。如果當初答應收養賈伯斯的律師夫婦沒有反悔而收養了他，他的人生際遇與後來的發展可能就截然不同了，也很可能就沒有後來創立蘋果電腦的賈伯斯了。

我從他的演講所得到的啟發是，人生中的點點滴滴，得意也好、失意也好，快樂也好、痛苦也好，歡喜也好，悲傷也好，相聚也好、分離也好……，這些際遇在當下個別地來看，我們大都無法看出其中的道理或意義，往往在事後回味，才能領會出那些生命轉折點所蘊含的奧祕與玄機。

賈伯斯所說的第二個故事，是關於生命中的愛與失落，這裡所談的「愛」與「失落」，非關男女感情，而是關於志趣、工作與人生。賈伯斯終其一生，不斷地展現出他對人生、志趣、工作、夢想、創意、發明的熱愛，而且轉化志趣為工作，賺錢反而不是他的人生目標。

他說當初天真地選了學費幾乎和史丹佛大學一樣昂貴的里德學院（Reed College），入學六個月之後，他實在看不出上大學的價值何在?他對自己這輩子想要做什麼，沒有一點頭緒，也不知道大學要怎麼幫他解開這個困惑，卻得花掉他父母辛苦一輩子的積蓄，於是，他決定休學，相信自己可以走出另外一條路。

休學之後，賈伯斯還是留在校園裡「遊學」了十八個月才正式退學。在這段期間裡，他整個人「活了起來」，不必再去上自己不感興趣的必修課，而可以自由自在地選修看起來有趣的課程，書法課就是其中之一。賈伯斯留意到校園裡有很多海報，上面的手寫字體，其字形、風格都非常優美，當時里德學院有全美第一流的書法課程，所以他決定要選這門課，好好地學習書法的藝術與實作。

起初只是書法藝術的美感讓賈伯斯深深著迷，他根本就不曾預期，學了這些書法藝術，在現實生活中會有什麼實際的用途。然而十年之後，在他設計第一臺麥金塔電腦（Macintosh）時，當年書法課裡所學的內容全都湧上心頭，融入電腦的設計之中，創造出全世界第一臺呈現優美字體的電腦。如果賈伯斯當年沒有休學，很可能就不會去上書法課，現代的個人電腦也就很可能沒有那麼漂亮的字體了。

賈伯斯認為他自己很幸運，很早就發現自己的熱情與喜愛做的事物。相較之下，大多數人似乎沒有那麼幸運，不過我認為這還不是關鍵之處，最為關鍵之處在於賈伯斯勇於思考，以及做出常人所不敢做的抉擇，而且義無反顧、無所畏懼、積極地去追求他的直覺與夢想。

據我的觀察與了解，多數人都一直在苦苦地思索其人生的方向與熱情之所在，有些人甚至終其一生都找不到自己的目標，而隨波逐流。也有些人似乎找到了值得努力奮鬥的目標，但是卻在得失、成敗與取捨之間，或者畏懼艱難，或者猶豫不決，或者裹足不前，或者見風轉舵，或者半途而廢，因而蹉跎了一生。

其實，回顧賈伯斯的一生，他並非沒有感到茫然的時候，例如：當他決定休學的時候，心中頗為茫然，但是我認為那時候他的茫然，是在一種處於探索心境下的不確定感，所以他仍然留在校園裡尋尋覓覓地探索他喜愛的事物，學習他覺得有趣的課程。

十年後，當他在社會大眾眼中已經功成名就之際，卻被自己創辦的公司以及自己從百事可樂公司遊說挖角聘請來的執行長約翰．史考利（John Sculley）解雇，而不得不離開蘋果電腦的時候，他的感受就不只是茫然，而是深深的挫敗與失落，甚至一度想要離開矽谷。但是後來他的心中逐漸明朗，他還是熱愛他所做過的事情，之前在蘋果公司的風風雨雨絲毫沒有改變他對工作的熱情與志趣，於是他決定重新出發。

在他最為落寞的當下，賈伯斯還看不出生命轉折的玄機，但事後證明，被蘋果電腦開除卻是他所經歷過最好的事情；成功的沉重負擔被捲土重來的輕鬆所取代，當時雖然每件事情都不那麼確定，卻讓他自由自在地進入他這一生中最有創意的年代。唐朝黃蘗禪師的上堂開示法語：「不經一番寒徹骨，怎得梅花撲鼻香？」可說是賈伯斯生命經驗的最佳寫照。

賈伯斯講的第三個故事，是關於死亡。賈伯斯不愧是學佛參禪的根器，當年少之時，絕大多數人都還懵懵懂懂地過日子，他就已經知道觀照「死亡」，而且還進一步運用「念死」法門在他的日常生命思維與抉擇之中。

他十七歲的時候，讀到一則格言，內容大致是：「如果你把每一天都當作生命中的最後一天來過的話，將來有一天你會肯定這樣的想法是對的。」

這句話讓他印象深刻，在往後的三十三年歲月裡，賈伯斯每天早上都會照著鏡子問自己：「如果今天是我生命中最後一天的話，我還會去做我今天原本打算要做的事情嗎？」如果連續太多天答案都是“No”的話，他就知道事情必須有所改變了。

「牢記自己不久就會死」，是協助賈伯斯在人生中做重大抉擇時，所用過最重要的方法，因為幾乎一切事物──所有外界的期望、所有的自尊、所有面對困窘或失敗的恐懼──一旦在面對死亡時，都消失了，留下來的只有真正重要的東西。賈伯斯說：「牢記自己快死了，是我所知避免落入『自以為有所得失』的陷阱裡最好的方法。你已經一無所有了，沒有理由不傾聽自己內在的心聲。」

賈伯斯的生死觀的確超乎常人，不過「理可頓悟，事須漸修」，之前這些都還是就生死哲「理」上的領悟而言，後來他終於面臨了生死大「事」上的考驗。

二〇〇四年，他被診斷出得了癌症，斷層掃描清楚地顯示他的胰臟長了一個腫瘤，那時他連胰臟是什麼都不知道。醫生告訴他，這種癌症幾乎可以確定是治不好的，預估他大概活不過三到六個月了，而且建議他回家，把家務事料理好，這等於是要他開始準備後事的醫囑。

賈伯斯說那是他最接近死亡的時候，而他希望那也是未來二、三十年內最接近的一次。在此之前，「死亡」對賈伯斯而言，只是個純粹理性的概念，自從經歷了那一次病危的事件之後，他可以比以前更為肯定地告訴史丹佛大學的學生下面這些話：「沒有人想死；即使那些想上天堂的人，也不希望死了才上天堂。然而死亡是我們共有的終點，從不曾有人逃過。而它也應該就是如此，因為『死亡』很可能就是『生命』頂尖的發明，它是生命交替的動力與機制，送走老人們，讓路給新生代。現在你們是新生代，但是不久的將來，你們也會逐漸老化，而被送出人生的舞臺。抱歉講得這麼戲劇化，但也的確是如此。」

我在各地演講「生命的永續經營觀」時，不斷強調：「死亡只是生命的一個轉換現象與階段，絕對不是墮入終結，而是邁向另一個嶄新的開始。換一個角度來看，就是因為有死亡期限的警惕，我們的生命才會活得更為積極而充實。」

罹患重病的親身經歷，讓賈伯斯的生死觀更為成熟，但是很可惜賈伯斯沒有機緣遇到我，否則我會告訴他：「Steve！你不需要等到死了以後才上天堂，你可以活著就上天堂！」我說這話可不是開玩笑隨便講的，就佛法而論，真正高竿的往生，不論是上天堂，還是到佛國淨土，本來就不是「等到死了以後」才去的，而是「在活著的時候」就以正念的力量拋卻了這個臭皮囊，瀟灑地去了。

# 生命的永續經營

## 生命的永續經營觀

一九七一年，當我還在建中念高三的時候，父親因公受傷跌斷左大腿而住院。隔年我以第一志願考入臺大數學系，由於父親病況惡化的緣故，我開始認真地思考生死的問題，並且開始接觸進而探索哲學、宗教與佛法，也因此植下日後出家的因緣。四年後，我力勸父親下定決心將左腿截肢，並且介紹他持誦《金剛經》，後來他才得以在住院五年之後出院回家。

一九九〇年前後，當我在美國賓州費城天普大學（Temple University）宗教研究所攻讀博士學位的時候，開始在課餘時間從事癌末病人的臨終關懷，同時也開始帶領信眾念佛共修以及參與往生助念等實務工作。

一九九七年，我到南華大學生死學研究所任教，四年後接掌生死學研究所，並增設生死學系（大學部），著手推動生死學的各項教學及研究工作，包括課程架構的整體規畫與創新，發起並連續每年召開「現代生死學理論建構學術研討會」，創刊及主編《生死學研究》學術期刊，申請國科會及教育部的研究計畫案等等。

影響所及，我開始受邀到各地演講生死學的相關課題，邀約演講的團體，包括各級學校、醫院、安養機構、基金會、佛教寺院、民間宗教團體、地方法院、各級政府單位、公民營企業、以及各企業社團等，演講的對象涵蓋社會上各個行業及領域。

我所接觸過的絕大多數聽眾都不是學術圈內的人，而是社會各界人士，他們所關心的、想要了解或探索的，也多半不是純學術性思辯的抽象哲理問題，而是在傳統文化中一般大眾所避諱談論，卻也是在我們實際的生活經驗中，無法迴避而不得不面對之現實「生老病死」的切身課題，而其中又以「如何面對死亡」為首要課題。

將近二十年來，在一面教學與研究，一面到各地演講的同時，我不斷地在思考，如何運用佛法的正見以及現代科技文明的思維與概念，來談論絕大多數人所避諱的生死課題？現代人如何培養及建立正面健康的生死態度？如何超越克服死亡的心理恐懼與束縛？如何提升生命的品質與死亡的品質？如何彰顯生命的尊嚴與死亡的尊嚴？二〇〇九年六月，我開始公開提倡「生命的永續經營觀」，目的就在回應上述的這些問題。

《法華經・方便品》有云：「是法住法位，世間相常住。」這句經文所隱含及延伸的意思是，世間相的存在，包括「生、老、病、死」等生命現象與經驗，是亙古以來就存在的問題，未來也絕對不會消失。我們所面對的生死課題，一方面可以說是很「古老」的問題，另一方面也可以說是「歷久彌新」的問題；換言之，生死問題的本質，古今一如，但是生死問題所呈現出來的樣貌型態卻隨著時代的演進而不斷翻新，例如：古代沒有植物人、安樂死、憂鬱症、自殺潮等等現代文明社會才出現的棘手問題。

清末民初以來，由於當時的國情與社會背景的關係，傳統佛教在面對生死大事時的觀點與說法，不論是出自禪門的大德或是淨土宗的耆宿，都過於悲情、消極與負面，也連帶使得多數社會大眾，對佛教的生死觀抱持一種負面的誤解與成見。我提出「生命的永續經營觀」，一方面呼應星雲大師所提倡「人間佛教」的積極正面精神與理念，另一方面希望扭轉傳統佛教面對生死大事的悲情與負面色彩。

「生命的永續經營觀」此一概念的提出，並不是突發奇想，而是經過多年的思與學逐漸醞釀出來的，主要是源自佛教義理的啟發，一部分出自我的數理訓練背景，一部分取材於古今人物的生命故事與哲思，另一部分汲取現代科技文明的思考。

有企業界的 CEO 階層人士向我提問：「在企業經營上，有所謂『企業的永續經營』，您提出『生命的永續經營』，請問從出生到死亡的歷程、以及死亡是否就是終點的角度來看，『生命的永續經營』其概念為何？我們要如何『經營生命』，才能『永續』？」

針對這個問題，我覺得有必要多花一點篇幅，作比較詳細地解說。

首先要釐清的是，從佛教的觀點來看，有情眾生的生命本來就是「永續」而非「斷滅」的。《金剛經》云：「發阿耨多羅三藐三菩提心者，於法不說斷滅相。」此「於法不說斷滅相」與《法華經・方便品》所云的「世間相常住」，相互呼應。雖然佛法講世間諸法皆是因緣生滅，但是不說斷滅相，「斷滅」即是歸於虛無。經文中所蘊含的義理是，外在器世間的宇宙，有「成、住、壞、空」的變化，但不斷滅，而是「永續」的；內在有情眾生的生命，有「生、老、病、死」的遷流，卻非斷滅，也是「永續」的。

雖然我們的生命是「永續」的而非「斷滅」的，然而很弔詭的是，我們對自我生命的經營卻沒有永續，而是片段的；問題的關鍵，就在於絕大多數人對生命的認知，是片面與片段的，而非全面與整體的。再明白一點地說，問題就在於「生命究竟是一世？還是三世？」的辯證，這是我們對有情之「生命」與「死亡」的根本認知問題。我們對「死亡」的定位與反應，也因為對這二種生命觀的不同抉擇，而有截然的差異。

如果認為「生命只有一世」的話，那麼「死亡」對「生命」而言，就成了具有「絕對」意義的「全程終點」，因此生命並非「永續」的，而是終究歸於「斷滅」，所以也就談不上什麼「永續經營」與否。

此一觀點的最大問題在於，如果我們的生命只有一世的話，死亡的結局必然導致生命「存在的斷滅」，生命「價值的失落」，乃至生命「意義的虛無」，萬物之靈的人類，也終究將與草木同朽。

反之，如果認為「生命有三世」的話，那麼「死亡」只不過是芸芸眾生「一期生命」中帶有「相對」意義的「分段休止點」或「分段中繼點」，同時也是銜接今世與來生的「轉捩點」，在此意義下，我們的生命其實是「永續」而非「斷滅」的。

然而，對於絕大多數的芸芸眾生而言，由於未能理解「死亡」其實是銜接今世與來生的樞紐，而把「死亡」看成隔絕今世與來生且無法跨越的關卡，甚至於將「死亡」誤認為生命就此結束的斷點，以致於對自我生命的經營未能整體與永續，而是片段且自我設限的。

為了打破片面甚至於錯誤認知與自我設限的有限生命觀，進而開展整體認知與永續經營的無限生命觀，我們有必要將生命的範疇與定義域，從「一世」的生命觀進階更新為「三世」的生命觀。

三世生命觀的理解與詮釋，必然涉及「前世」與「來生」。其實，世界各大宗教都相信有「來生」，印度教、佛教與道教是明白地揭示來生，猶太教、基督宗教與伊斯蘭教則是隱含地表示來生。如果沒有「來生」——亦即「死後生命」——

的信念，所有的宗教修持、道德規範、心靈淨化等等，都將喪失其意義。至於「今生今世」的意義，所有的宗教都認為是為了開展我們未來的生命作準備，就像是我們從小到大在學校裡進修學習一樣，敦品勵學、增長福慧，以期未來的生命境界不斷地更上一層樓。

當然，東西方各大宗教之間，對於「來生」的認知、定義及詮釋頗有差異，儘管如此，但是有一項共通點，就是生命「永續」的觀點。有的宗教相信個體人格的不朽與個別靈魂的永續，有的宗教則相信業力的因果相續，而不需要預設一個永恆不變的個別實體。（有關這一部分的討論，因為涉及「比較宗教學」的範圍，在此不作詳論。）

此外，不論各大宗教之間對於「來生」與「永續」認知觀點的異同，所有的宗教都認為，「死亡」在生命歷程中的角色與定位絕不是「終點」或「斷點」，而是邁向下一階段新生命的轉捩點，因此在生命的永續歷程中，具有非常關鍵的重大意義。綜合以上所述，我們對於「三世生命」整體認知的擴展與提升，有助於我們對於「死亡」意義的重新理解與接受。

針對以上的觀點，有人提出質疑：「這些有關前世來生的說法，都不過是出自於個人的宗教信念罷了，有關前世來生的事，一方面我們看不到，一方面也無法用科學證明，如何能夠相信其存在呢？又如何判定其真假虛實呢？」

這個問題問得很好，但是言下之意，似乎暗指有關前世來生的這些宗教信念只是沒有科學證明與事實根據的「迷信」罷了。的確，科學無法直接證明宗教信念的內涵究竟是真假虛實與否，但是科學也無法反證或者否定宗教信念的內涵。科學有其自身的範疇、效用與限制，如果我們高舉科學的高牙大纛而斷然否定宗教信念的義理內涵，本身就是一種不符合科學精神的獨斷認知與偏狹態度。

目前科學還無法處理生命的永續問題，但是科學早已證明物質與能量之間的「質能不滅」關係，這也是一種認知、理解與詮釋物理世界與物質世界是「永續」而非「斷滅」的觀點，由此觀之，整個宇宙的演化也是「永續」的。

至於來生的事例，如果涉及個人的案例經驗，例如：透過催眠以回憶前世，其內容的真假虛實，的確需要嚴格的檢驗與判定，其中容或有真有假，但也不能以偏概全而全盤否定。其實，國內外已經有很多關於輪迴轉世的研究可做佐證，讀者可以參閱本書〈有關輪迴轉世的學術性研究報告〉一文。

「看不看得到來生？」這個問題，其實是多數人所懷疑、好奇而又很想知道的，值得我們認真地深入思考。首先我們要知道的是，有關「看不看得到」的問題，有認知層次上的高下差別。用眼睛「看不到」的事物，我們不能就斷然說它不存在；而眼前「看得到」的，也不一定就是真實，也很有可能是虛假的。

佛法以「六根、六塵、六識」來解說眾生的見聞覺知，「眼根」對應「色塵」

產生「眼識」，「耳根」對應「聲塵」產生「耳識」，「鼻根」對應「香塵」產生「鼻識」，「舌根」對應「味塵」產生「舌識」，「身根」對應「觸塵」產生「身識」，「意根」對應「法塵」產生「意識」。我們當下現前能夠「看得到」的事物，其實是頗為有限的，眼睛「看不到」的事物可多了，聲音、香臭、味道、冷暖、苦樂……，都是眼睛看不到的，而是需要「耳、鼻、舌、身、意」分別來認知識別的。

此外，虛空中有許多事物或現象，即使「眼、耳、鼻、舌、身、意」六根全用上了，也看不見、聽不到、聞不出、嘗不到、摸不著、想不到，這時我們就需要借助科學的方法與精密的儀器而探測得知，譬如：原子、電子、X光、電磁波、輻射線等等，不但確實存在，而且對我們的生活產生極大的影響——至於是好是壞、或利或弊，則另當別論。

以上所舉的例子，還是屬於物質世界與物理現象的範疇，至於心理現象與心靈世界的領域，則不是用科學的方法與精密儀器就能探測得到的，但是，我們仍然可以運用眼睛和耳朵的另一個認知層次——「觀察聽聞」而得知。比如說：要知道一個人「有沒有良心？教養如何？品性如何？操守如何？氣度胸襟又如何？……」，是可以從他的言行舉止中「察言觀色」而得知，即如孔子所云：「視其所以，觀其所由，察其所安，人焉叟哉？人焉叟哉？」

另外還有一層現象，攸關個人與社會群體的生活，乃至整個地球世界的生存，我們無法立即看到，卻又亟需知道，而且憂心忡忡，就是未來的「趨勢」，比如說：全球暖化、金融風暴、歐債危機等等。每逢歲末年初，世界各國就有很多「觀察家」、「預言家」紛紛出來發表意見，預測新的一年國內與國際在政治、社會、經濟等各方面的種種趨勢。各家所預言的內容準確與否另當別論，但是已經充分地顯示出，我們希望「能夠看到」未來，以作為當前行動與決定的重要參考。

有人會懷疑：「未來的事情都還沒有發生，我們怎麼能夠看得到呢？」其實並不是完全不能看到，而是要「有眼光」才能看到。

自古以來，就有「高瞻遠矚」的人，可以「鑑往知來」而「看到」未來，或者更精確地說，可以「看到」未來的「趨勢」。例如：三國時代的諸葛亮，在一千八百年前沒有報紙、電視、CNN和網際網路的時代，他高臥隆中就能預知未來天下將會三分，後來果然「魏、蜀、吳」三國鼎立，讓生活在二十一世紀的我們，不得不佩服諸葛孔明能夠「通古今之變」的獨到眼光。

要談「永續」，就不得不談「未來」；要談「未來」，就必須要談未來的「趨勢」。綜合而論，「永續」、「未來」與「趨勢」三者，可以說是「三位一體」，缺一不可。然而，以企業為例，要談未來的趨勢以求永續地經營，既不能毫無根據地憑空而論，也不能天馬行空地率性而談，一方面必須回顧、反省、檢討，另一方面則需要前瞻、規畫、開創；換言之，一方面必須要能「通古今之變」而「鑑往知來」，另一方面則必須要能「承先啟後」而「繼往開來」。

當今世界上各個企業的經營，不論其產業的性質類別如何，或是其組織規模的大小，無不致力於謀求其能「永續」經營之道。企業要求能「永續」地經營，就必須要能不斷地反省檢討，改進缺失，同時也要能「看到」未來的「趨勢」，以作為企業成長發展的方針與指南。因此，要如何分析、預判、乃至掌握整個世界以及產業未來的趨勢與走向，已經成為各個企業體內的企業主以及各階層經理人員的必修功課了。

要談未來的趨勢，當然不限於企業經營或產業發展，小至個人面對未來的生涯規畫乃至生命探索，大至國家社會針對國計民生的發展方向與施政規畫，乃至國際間的關係變化與情勢消長，都需要我們關心其未來的趨勢。至於我們如何「看到」乃至「看清」未來的趨勢，就需要培養訓練「鑑往知來」的眼光及眼力了。

因此，我們若是想要洞觀乃至掌握「趨勢」，就必須要能在時空的連結上貫穿「三世」——意即從省思「過去」，檢視「現在」，到展望「未來」，我們才能洞察趨勢的「來龍去脈」。佛法不論是在開示有情眾生的生命流轉，或是在解說世界宇宙的「成、住、壞、空」時，都是放在「三世」的宏觀時空架構中來談論，即使從現代二十一世紀的角度來看，也可說是非常先進的觀點。在這裡「三世」的意義，不單是指個人生死輪迴意義下的三世，而且還包括整個人類文明發展在歷史演進意義下的三世，古人說「三十年」為「一世」，用現代的概念來說就是「一個世代」，相當於英文的"one generation"。如今社會變化的步調加速了，十年就形成一個世代了，前後十年的差距，就很可能產生「代溝（generation gap）」的差異了。

以上的討論是從宇宙人生整體宏觀的立場來討論「永續」、「未來」與「趨勢」等概念及意涵，現在我們再回到個人生命永續經營的相關問題。

要談「個人生命的永續經營」，必然要談到「來生」，「來生」的說法帶給我們的不只是一個單純的概念，而是生命無窮無盡可能性的希望與願景。從佛法的義理觀點而言，生命有「來生」，並不是一個抽象的「概念」，也不只是空泛的「信念」而已——不論你相信也好，不相信也好——這是「法爾如是」，用白話來說就是「本來如此」。

然而，還是有不少人對「來生」心存懷疑，有不少人提出這樣的質疑：「好吧！就算是有來生，不過來生我已經變成另外一個人了，已經不是現在的這個我了，我現在又何必瞎操心來生的事呢？」表面上看來，似乎問得有點道理，其實是頗為不負責任的態度和說法。

那麼，我們就順著上述疑問者的角度來看這個問題：我們每個人的「這一生」，相對於我們的「前一世」而言就是「來生」了，「前一世的我」到了今生，按照上述疑問者的說法，（對前世而言）也已經變成「另外一個我」了，所以「這一世的我」和「前一世的我」，成了不同的人，二者之間似乎也沒什麼關聯。

可是非常有趣的是，我們經常聽到有不少人在遭遇到生命中的各種不順遂、挫折或不如意的際遇之時，諸如：遇人不淑、夫妻不睦、子孫不肖、事業失敗、懷才不遇、久病纏身等等，往往不由自主地抱怨或慨嘆道：「我上輩子不知道到底是造了什麼孽啊？不然這輩子怎麼會這麼倒楣呢！」兩相對照，一方面我們看到的是，有人不思為自己的「來生」善加規畫、投資、經營；另一方面我們也看到，有人將自己「這一世」的不如意，不由自主地都歸咎於「前一世」的罪孽，前後相較，不是很弔詭的對比嗎？大家可以好好地再思考一下。

又有人問道：「就如您所說的，生命既然是永續的，那為什麼不乾脆一點，就一生一世永續下去不就好啦！為什麼還要有三世輪迴呢？這不是很麻煩嗎？」

這個問題問得很好，為什麼「永續的生命」不是一生一世地直接永續下去，而是經歷三世輾轉再來？這就是生命的奧祕所在了。假設生命是一生一世地一直永續下去，就等於是「長生不死」了，如果真的是這樣子，問題就非常嚴重了。

西班牙哲學家暨作家烏納木諾（Miguel de Unamuno, 1864—1936）曾說過：「假使我們所稱之為『生命的問題』與『麵包的問題』，一旦都解決了，（按：亦即生命不死，糧食無缺）；那麼地球就會轉變成為地獄，因為一場更為暴力型態的生存鬥爭將隨之出現。」賈伯斯於二〇〇五年六月十二日在史丹佛大學的畢業典禮上發表的演講中說道：「死亡很可能就是生命頂尖的發明，是生命交替的動力與機制，送走老人們，讓路給新生代。」

烏納木諾與賈伯斯的觀察與立論，可說是對生命與死亡非常深刻而精闢的洞見。其實，就生命的永續而言，長生不死非但不是生命的理想型態，反而讓生命陷入一種無解的牢籠與困境；而「死亡的必然來臨」與「生命輾轉經歷三世」，正是生命問題的最佳解套。（請參閱本書〈人為什麼會死？人為什麼不能長生不死？〉一文）

二〇〇九年七月，筆者應香港中文大學的邀請，出席「天主教與佛教對話」系列講座——「天主教／佛教的生死觀」的對話，與一位天主教耶穌會的黃錦文神父對談，現場聽眾中有人提問：「佛教所主張『生死輪迴』的『三世生命觀』，是從哪裡？又是如何總結出來的？有什麼根據嗎？有何歷史線索可作為佐證嗎？」這一連串的問題，問得很好。

佛教講「三世生命」與「六道輪迴」，長久以來一直帶給人們一種只是「懲惡勸善」的「道德說教」觀感，以及「信則有，不信則無」的「宗教迷信」印象。不過，讓人有這種觀感及印象，並不是「三世生命」與「六道輪迴」的宇宙人生觀點本身有什麼問題，而是傳統的表達及說明方式，過度偏重於「善惡因果報應」

的教化面向，並不十分契合現代人的科學宇宙觀與多元的人生價值觀，同時也無法與現代知識分子的科學邏輯思維相應；因此，我們需要有新的詮釋，讓現代人重新理解「三世生命」與「六道輪迴」的道理及意涵。

就佛教本身的立場而言，「三世生命」與「六道輪迴」並不是「教條」，而是三界有情生命歷程的客觀現象，我們需要了解其內涵，而不是不求甚解就盲目地「相信」，就像是我們不需要「相信」地球是圓的，因為地球本來就是圓的；但是我們仍然需要研習地球科學、天文學……，以求正確地理解地球的表裡構造、太陽系的整體結構、各個行星運行的情況等等。

釋迦佛陀以「十法界（四聖及六凡）、三界、六道、三世生命、生死流轉……」來說明有情生命的現象與歷程，既不是臆測，也不是玄想，而是根據他本身大徹大悟的「佛眼」如實地觀照法界以及眾生而得，但是娑婆世界芸芸眾生的「肉眼」所見有限，是故無法全然理解。不過，如果我們透過「戒、定、慧」的精進修持，而次第開發出天人的「天眼」、阿羅漢的「慧眼」、菩薩的「法眼」乃至諸佛的「佛眼」，我們也能夠逐步進階地如實理解佛言不虛。（請參閱本書〈佛教講三世因果、生死輪迴等等，能夠證明給我看嗎？〉、〈三世生命觀的歷史回顧與現代開展〉、〈有關輪迴轉世的學術性研究報告〉等文）

那麼在我們尚未開發出天眼乃至佛眼之前，如何正確地理解三世生命與生死輪迴的道理呢?我曾經提出可以運用數理邏輯上的「歸謬法」來推論及理解，也就是先假設「生命只有一世」，而且每個人都「長生不死」，看看在這樣的預設條件及情況下，後續的生命開展是不是合理?我們會不會更為幸福快樂?讀者們可以好好地深入思考。

賈伯斯說得好:「死亡很可能就是生命頂尖的發明，是生命交替的動力與機制。」不過賈伯斯的說法還不夠徹底，我們可以進一步說:芸芸眾生每一世生命中的「生、老、病、死」以及三世生命的相續與流轉，都是生命絕佳的設計，也都是生命永續交替的動力與機轉。

從佛教的觀點來看，生命的奧祕就蘊藏在我們每一個人的「生、老、病、死」以及生死輪迴的緣起緣滅歷程當中，因此，要探索、發掘乃至體悟生命的奧祕，就必須深入地參究自我生命中「生、老、病、死」的玄機。

在香港中文大學這場宗教論壇的與會聽眾中又有人問道:「佛教認為芸芸眾生都會經歷生死輪迴，那麼大自然、星球、宇宙也會經歷輪迴嗎?佛教認為世界會有末日來臨嗎?」這個問題問得很好。

大自然有春、夏、秋、冬四季運行不斷，這是我們每個人都親身經驗到的事實。至於宇宙的演化，佛教的解說不是「生死輪迴」，而是「成、住、壞、空」四個階段——又稱為「四劫(kalpa)」——循環不斷。

「成劫」是指世界在形成及建構的階段，有如屋宇大樓正在建設當中。「住劫」是指世界已經形成，眾生陸續遷入安住其中的階段，好比屋宇大樓已經落成，人們陸續入住其中。「壞劫」是指世界崩壞的階段，不過在開始崩壞之前，眾生已經輾轉遷移至他方世界，就像是屋宇大樓的使用年限已經屆滿，而必須拆除，但是在進行拆除之前，所有居民房客都已經搬到別處的屋宇大樓了。「空劫」是指世界徹底崩壞，一切歸零的階段，然後等待機緣成熟時再重新建構，等於是屋宇大樓拆除完畢，再次準備重建，但須先等待建材之籌備。

「成、住、壞、空」四劫的週期演化，是以一個「大千世界」為單位，相當於一個銀河系，而整個法界有無量無邊的「大千世界」。各個「大千世界」的演化週期並非彼此同步，而是此起彼落，所以當某一個「大千世界」將進入「壞劫」前，它的居民都會陸續地轉生到他方正在「住劫」中的「大千世界」，等到此一「大千世界」經歷過「壞劫」與「空劫」，而再次形成時，他方世界的眾生會陸續地轉生過來安住。（有關「大千世界」的內容解釋，請參閱《佛光大辭典》）

從佛教的觀點來看，這樣的宇宙演化生態模式是無始無終、無窮無盡的，換言之，宇宙的生命也是永續的，因此，根本就不存在所謂的「世界末日」，擔心「世界末日」的來臨，就有如「杞人憂天」一樣。

有關宇宙間的行星、恆星、星雲、星團乃至星系的生態，根據現代天文物理學的探索與研究發現，是具有週期性的不斷演化過程，也都會經歷「生、老、死」或「生、住、異、滅」等階段，與佛教的宇宙觀相互呼應，有線電視頻道諸如Discovery, Explorer, National Geographic 等，有不少節目介紹現代天文物理學探索宇宙外太空的新發現，讀者們可以參考觀賞。

又有人問道：「假設如佛教所說的，眾生有生死輪迴，宇宙有成住壞空，那麼這些都是誰在掌管呢？」這個問題可是個大哉問，要確實深入了解這個問題，就必須要深刻地理解「緣起性空，性空緣起」的道理。從佛教的基本立場而言，一切都是「法爾如是」，也可以說是「因緣」所生、「因緣」所滅，並沒有「誰」在掌管，也不需要「誰」來掌控這些現象。

我這麼說，一定有很多人不滿意，認為我有說等於沒說；殊不知「因緣」即是宇宙人生的奧祕之所在，這已經不是「知識」層次上的理解問題，乃是超越語言、文字、思想層次，需要透過參究「緣起」而領悟的諸法實相。

另外，再話說回來，如果有人主張整個宇宙人生，不論其演變形態及過程如何，都是由某位「造物主」或「上帝」來主宰或掌控，是否問題就一勞永逸地解決了呢？非也！因為即使是「造物主」或「上帝」，也無法讓所有的人都滿意，無論「祂」怎麼做，都會有人質疑「祂」為什麼把世界造成「這個樣子」，管成「這個樣子」，而不是「那個樣子」？

除了佛教之外，幾乎所有的宗教與民俗神話，為了解釋宇宙的起源、生命的開始以及人生的意義，或是信仰「單獨一個」至高無上的「創造主」暨「掌控者」，或是相信有「許多個」神明分別掌管不同的現象或事務，包括自然界的運行與人世間的善惡賞罰等等，看起來似乎是一勞永逸地解答所有的問題，其實，生命以及生死的問題從來就不曾因為有了「造物主」、「掌控者」或「諸神」而獲得解決，而且問題還層出不窮。

那麼，生命為什麼流轉？又如何流轉？世事為什麼變遷？又如何變遷？乃至宇宙為什麼演化？又如何演化？從佛教的觀點來看，其奧祕就在於「諸法因緣生，諸法因緣滅」，亦如《阿含經》所云：「此有故彼有，此生故彼生；此無故彼無，此滅故彼滅。」一言以蔽之，即是「緣起性空，性空緣起。」

「空」的真正意涵，並非「空無、空洞、沒有」或「不存在」的意思，而是「無自性」之義。因為世間諸法，皆是由於種種「因緣」的交織所生，而非不待因緣就「自體而生、自行而生」或「自性而生」，所以說「緣起無自性」，「無自性」即是「空」。

佛法所闡明的「空」義，絕不是一種純粹抽象思辨的哲理玄想或臆測，而是佛陀開示眾生可以具體地觀察、思維世間諸法，再進一步觀照、體悟諸法實相的諦理。「空」還有一層現代的意涵，就是緣起法生滅的「無窮可能性」與「無限開放性」；換言之，「空」能夠生萬法。「諸法因緣滅」即表示「已經」存在的諸多事物，會隨著世間種種因緣條件的遷流而變化、衰敗、消失、毀滅而走入歷史；「諸法因緣生」即表示「尚未」存在的諸多事物，也會隨著社會的需求，種種因緣條件的醞釀成熟，可以不斷地被創造、發明、改進而問世。

我們可以藉由回顧人類交通工具的發展歷史，來確實了解「諸法因緣生，諸法因緣滅」的深意。無論中外，馬匹與馬車都曾經是人類主要的陸上交通工具，而帆船則是主要的水上交通工具，如今馬車與帆船都已經走入交通工具的歷史篇章，至於極少數留下來的，則成為觀光休閒或運動娛樂的工具。而原本不存在的火車、汽車、輪船、飛機，隨著人類社會的生活需求，以及工藝、科技、經濟等條件的成熟應運而生。

以火車的發展史為例，帶動產業革命的第一代蒸汽火車頭，以煤炭生火，產生水蒸氣作為動力，故名「火車」。但因其動力與速度有限，且因燃煤造成嚴重的空氣汙染，到了一九六〇年代逐步被時速可達一百六十公里的柴油引擎火車頭全面世代交替，功成身退而走入歷史。在臺灣碩果僅存的，只剩阿里山觀光鐵路的小火車，已經晉升到「祖師爺級」的地位，屬於值得博物館收藏的珍品。

這些演變與發展都是處於一直不斷進展的「永續」狀態，世界各國的柴油火車也步上蒸汽火車的後塵，逐漸被電力火車取代了，只有在電力不足或電纜設備不足的地區或國家仍然保留作為鐵道運輸的主力。當代作為鐵路運輸主流的電力火車，已經不需要再生「火」了，而且還不斷地有新的發展，時速超過二百公里，甚至高達三百四十五公里的高速火車，已經陸續地在各國興建，而時速超過四百公里，甚至高達五百公里的磁浮列車也已經問世了。

從凡此種種不斷地「汰舊換新」的演變歷程中，我們可以如實觀照、體認到「緣起性空，性空緣起」的具體展現與奧妙。龍樹菩薩在《中論》中有云：「以有空義故，一切法得成，如無空義者，一切則不成。」不唯是人類文明的物質與科技層面，包括社會、政治、經濟、文化、藝術等種種面向的變遷演化，不論是好是壞、是善是惡、是興是衰、是福是禍，都是「緣起性空，性空緣起」的開顯，其中蘊含著無窮的可能與無盡的希望，端看我們如何善加經營。

又有人問道：「從您詳細的解說與分析，知道有情的生命不是只有一生一世，而是生生世世的，但為什麼您只講生命的『永續經營』，而不說生命的『永恆存在』呢？這之間有甚麼微言大義嗎？」

這個問題問得非常「透澈」也非常「到位」（套一句大陸用語），我只講生命的「永續經營」，而不說生命的「永恆存在」，原因就在於，「永恆存在」意涵生命具有一個恆常不變的本質或實體，帶有「形上學」的意味，這是佛法所要破斥的；而「永續經營」意涵生命是持續變動的過程，帶有「現象學」的意味，呼應佛法所主張的「諸行無常」義理。

佛陀在世時，有弟子名「鬘童子」者，向佛陀提出了十四個有關形上學及存有論思考的命題，請求佛陀回答，如果佛陀無法回答，或者承認自己也不知道答案的話，他就不再跟隨佛陀修學佛道了。

在這些命題中，有關時間的思考有四個：（一）世間常；（二）世間無常；（三）世間亦常亦無常；（四）世間非常非無常。有關空間的思考亦有四個：（一）世間有邊；（二）世間無邊；（三）世間亦有邊亦無邊；（四）世間非有邊非無邊。有關「生命」與「色身」二者之間關係的思考有二個：（一）命身一；（二）命身異，以上這十個命題是屬於形上學的思考。有關如來滅度（涅槃）之後存在與否的思考也有四個：（一）如來滅後有；（二）如來滅後無；（三）如來滅後亦有亦非有；（四）如來滅後非有非非有，這些是屬於存有論的思考。這十四個命題，在經典中稱之為「十四難」或「十四無記」。結果，佛陀不但沒有回答這「十四無記」，還將提問的鬘童子訓斥了一頓，並且講了一個毒箭的譬喻。

有個人中了一隻毒箭，他的親人趕緊要尋找除毒箭師，來為他拔箭消毒，但是此人居然堅持拒絕拔箭消毒，因為他說要先弄清楚射箭的人是誰？包括他的姓名、面貌、身高、膚色、種性、射箭的方位等等；中箭的人還想要知道對方射箭用的弓和弓弝是用什麼材質做的？弓的弦是用什麼材質做的？箭身、箭羽、箭頭又分別是用什麼材質做的？造箭的箭師又是什麼人？他的姓氏、長相、身高、膚色、居住何方……，等到所有這些問題都弄清楚了，他才願意拔箭消毒。

佛陀語重心長地說，這個中了毒箭的人還搞不清楚，在他還沒弄清楚那些無關宏旨的問題之前，早就毒發身亡了，因此，當務之急就是「拔箭消毒」。「毒箭」譬喻眾生的「貪、瞋、癡、慢、疑」等根本煩惱，生命的核心課題在於如何著手斷除煩惱，而「十四無記」的思考不但無助於斷除煩惱，而且會陷入無止境的爭辯與戲論之中，這也就是為什麼我只講生命「永續經營」而不說生命「永恆存在」的道理所在。

最後，我必須要再一次強調生命「永續」的意涵，生命並不曾也不會「一成不變」地維持一個固定的狀態，而是在不斷的變化中前後相續，生命的腳步一刻也不曾駐足停留。因此，我們要追求的不是生命的「永恆」或「不變」，而是在生命的「永續開展」過程中，不斷地「斷除煩惱」與「破迷啟悟」，達到「生死自在」的境界。

# 我們能不能預知自己的死亡？

譚生：「最近有位長輩過世了，但比較奇特的是，聽他的家人說，老人家要走之前的幾個星期，就似乎已經知道自己什麼時候要走，還特別作了交代，說他要走的時候，家人不要驚慌，記得幫他助念，但是千萬不可送醫院急救……。聽說您研究生死學，所以想請教真的有『事先知道自己什麼時候要走』這回事嗎？」

慧開：「有啊！這種情況叫作『預知時至』，但是『預知時至』並不是佛教的專利，也不是佛教徒的專利，佛教只是特別點出它的重要性以及可行性而已。」

譚生：「可是，我怎麼從來都沒聽過有『預知時至』這回事，也不知道佛教有這種說法？」

慧開：「先不管佛教是怎麼說的，你認為我們有沒有可能預先知道自己什麼時候會死？」

譚生：「嗯……我從來沒想過，說實在的，這個問題我還覺得滿玄的呢！」

慧開：「是嗎？到底玄在哪裡？」

譚生：「怎麼會不玄呢？世間有很多事情都是我們無法掌控的，尤其是生、老、病、死，我們怎麼可能會事先知道自己什麼時候會死？」

慧開：「其實呢一點都不玄，起碼沒有你以為的那麼玄。我換個方式問你，你怎麼知道什麼時候要喝水？什麼時候要吃飯？什麼時候該休息？什麼時候該睡覺？」

譚生：「這哪是什麼問題，口渴了就要喝水，肚子餓了就要吃飯，累了就該休息，睏了就該睡覺。不過，這個跟能不能預知什麼時候會死有什麼關係？」

慧開：「表面上看起來好像是沒什麼關係，其實有很微妙的關係。」

譚生：「我怎麼看不出來，所以我說有點玄嘛！」

慧開：「你剛剛講的，就是禪宗祖師們所說的：『飢來喫飯，睏來眠。』不過就禪門而言，這不只是表面上的吃飯、睡覺，而是可以提升為『平常心是道』的一種日常修持功夫，如果功夫修練得純熟了，到了該走的時候，是可以生死自在的。」

譚生：「您這就愈講愈玄了，我是愈聽愈不明白了。」

慧開：「其實你剛剛就已經回答了問題的一半了——渴來喝水，飢來喫飯，睏來眠，就表示你自己的身體內在，發出了『渴了、餓了、睏了』等等的訊息，你覺察到了，然後有所回應。」

譚生：「照您這麼說，難道我們自己快要死的時候，身體也會發出一種訊息？」

慧開：「你說對了，確實如此！」

譚生：「可是……為什麼之前我卻從未聽說過親朋好友之間有任何人能預知自己什麼時候會走的，我所聽過、所知道的情況，大都是——體檢才發現得了末期的癌症啦、治療失敗啦、病情惡化啦、引起併發症啦、搶救不及啦、回天乏術啦等等，都還來不及交代遺志和心願就撒手人寰，家人也都意料不到而措手不及，令人噓唏不已！」

慧開：「你說的這些情況，的確令人感傷遺憾，有道是『平時不燒香，臨時抱佛腳』，如果平日沒有充分的養成功夫，事到臨頭確實是來不及交代和準備的。」

譚生：「那麼，功夫要如何養成才能來得及呢？」

慧開：「我們在平時就應該要練習覺察自己身體內在的訊息，不過這些訊息是有粗、細、強、弱、輕、重、緩、急等不同的層次與差別。比如像是口渴了、肚子餓了等，這些都是很強烈的直接表層訊息，在正常的情況下，每個人都能立刻感覺得到。但是像快要感冒、生病了，身體所發出的訊息就比較微細了，多數人往往察覺不到，所以也就不知道要如何防護。」

譚生：「那麼先不談死亡，就以感冒為例，我們要如何能防護呢？」

慧開：「有禪修功夫的人，是可以察覺到自己身體微恙的細微訊息，因此可以透過禪修以及調身、調息、調心、調飲食、調睡眠的功夫，而能預防感冒的發作。不僅如此，除了生理上所發出的訊息，心理上的起心動念，比如說喜怒哀樂以及情緒的起伏波動，也是一樣的道理。例如：遇到令人氣憤乃至動怒的情境，一般人往往情緒激動，怒氣一發不可收拾，臉紅脖子粗，接著就失言又失態，事後卻又追悔莫及。而觀照功夫好而且定力夠的人，在遇到同樣的境界現前的時候，可能根本就不會起瞋恨心，或者在動念之初，就能即刻覺察而轉念化解。」

譚生：「這些我都能理解，但是像癌症這一類的惡疾絕症是很難預防的啊！至於老化和死亡，那更是必然的趨勢和結局，要如何能預防呢？」

慧開：「癌症跟現代人的生活方式以及大環境的汙染有密切的關係，因素非常錯綜複雜，暫且不談。至於老化和死亡，雖然無法『防止』，卻絕對可以預作準備與因應，但是一定要趁早，錯過時機就困難了，萬一拖到事到臨頭那就遺憾了。」

譚生：「可是，多數人都沒有想得那麼遠哪，您如果跟一般身體健康的人談這個問題，在心理上就感覺有點沉重了，大家現實上所關心、在意的，其實多半都是如何能夠升官發財，過得富足、健康、快樂、幸福，所以您一講到老啊、死啊……什麼的，讓人感覺有點……有點……那個……。」

慧開：「有點觸霉頭，是不是？你想得太多了！談老也好、談死也好，一丁點兒都不影響你現在的幸福快樂人生，反而有助於你未來的幸福快樂人生。」

譚生：「聽您這麼說，倒是新鮮，願聞其詳。」

慧開：「俗話說：『千金難買早知道』，我現在跟你談的，就是千金難買的『早知道』啊！『人無遠慮，必有近憂』，而且『凡事豫則立，不豫則廢』，古有明訓。」

譚生：「您講的這些道理都是老生常談了，我當然理解，但是像『老、病、死』的問題，如何能夠『慮』？又如何能夠『豫』呢？」

慧開：「你問得好，不但生死的問題能夠『慮』及『豫』，而且現代社會凡事都需要預先規畫，這是現代人生活的基本認知與行事準則。國家大事要及早作長遠的計畫，各項公務、活動必須提前規畫，個人小事也得預先列入行事計畫。各級政府機關的歲入、歲出與各項建設，各行企業的經營管理，乃至家庭個人的花費開銷，都要事先編列預算；機關學校召開會議、商談公務要預訂議程，看球賽、聽音樂會要預先上網訂票，到醫院看病要事先掛號，出國旅遊要預先安排行程、預訂機位、旅館等等，參加各種考試、比賽要事先報名，諸如此類，現代社會幾乎做什麼事，不論公事、私事，都要make appointment, make reservation, registration……。」

譚生：「的確如您所講的，這些大家也都知道，可是另外也有一說『計畫趕不上變化，變化又不及長官的一通電話』，在世事多變的情況下，要如何將『事先規畫』的概念應用到『老、病、死』這些棘手的問題上呢？」

慧開：「就是因為世事無常多變，才更需要『事先規畫』呀！表面上看起來，個人的『老、病、死』這些事情，自己似乎無法預期，也談不上什麼事先規畫，但是絕對可以預作準備及因應。首先，我們要作的是心理建設與思想建設，就是要建立積極、正向、健康的生死觀，不但要能活出生命的意義，也要能肯定死亡的意義。」

譚生：「『要能活出生命的意義』，這個我能理解，但是『要能肯定死亡的意義』，這個我就不懂了，死亡怎麼還會有意義呢？人死了不就是生命完結了嗎？意義何在？」

慧開：「人死了，生命是不是就此完結了？就牽涉到生命究竟是『一世』還是『三世』的論辯，這是另外一個重大課題，我們暫且不談。現在先回到『死亡的意義』上，首先我們要確實認清我們的身體是物質的結構，本來就有相應的使用年限，遲早會有衰老報廢的一天，這一點你同意吧？」

譚生：「這一點我能同意。」

慧開：「既然你同意肉體的生命有使用年限，那麼我們先反過來思考，假設我們肉體的生命都不會死亡，但是無可避免的會不斷地老化，再加上惡疾病痛的折磨，想死也死不了，那可是最恐怖的情境，所以，沒有死亡的人生是無法忍受的。死亡可以讓我們疲憊而困頓的生命得以暫時休息，之後再重新出發，因此它對我們每個人的生命而言，是必要而有意義的，這一點你同意吧！」

譚生：「聽您這麼分析，老了、病了卻死不了，的確是最可怕的事。不過，人死了之後，生命能不能再重新出發，這我還不能完全肯定，所以只能同意一半。」

慧開：「沒關係，你只要同意『死亡是必要的而且有意義的』就夠了，至於『生命能不能再重新出發』，你還可以再深入地思考，以後再說。」

譚生：「其實我也並沒有完全否定，只是還不能完全肯定，因為還沒有科學的證據能夠證明死後的生命能重新出發。」

慧開：「我完全理解，你的疑慮其實也是多數人的疑慮，但是同樣的道理，科學雖然無法證明，但是也無法反證或者完全否定『死後生命的存在』，以及『死後的生命能否重新出發』。這些都已經超越物質及物理科學的範疇，而是屬於心靈或靈性科學的領域，最近這一、二十年來，在歐美各國已經發展出『深層心理學』或『超心理學（Parapsychology）』的研究，開始用學術的觀點與方法，有系統地探索這方面的問題及現象，包括：瀕死經驗、死後生命、死後溝通（after death communication）、輪迴轉世以及催眠回溯療法……。」

譚生：「哦！這個……什麼『深層心理學』和『超心理學』，我以前倒是從未聽說過，不過聽您這麼一說，我覺得還滿有趣的。」

慧開：「既然你覺得有趣，以後可以慢慢研究。現在我們再回到剛剛談的，生死大事的因應與準備上面。」

譚生：「對啦！我還正等著您告訴我，如何能夠『預知時至』呢？」

慧開：「我說過『預知時至』不是『佛教』的專利，也不是『佛教徒』的專利，甚至於不是『人類』的專利，因為連自然界的動物都能預知時至。例如：大象到了老年大限將近的時候，能夠預知自己將要離開世間，便會主動脫離象群，獨自走到樹林深處的一個神祕地方——大象的墓園，靜靜地等待死亡的來臨。」

譚生：「這太神奇了吧！怎麼可能？」

慧開：「其實一點都不神奇，這是大地眾生生命原本自然的歷程和反應，你不要固執地把大象標籤為低於人類的『動物』或『畜牲』，牠們也是有七情六欲、有靈性的『有情眾生』，而且牠們的生命比起現代人類更貼近大自然，所以牠們面對生、老、病、死的反應，也遠比我們人類更為自然，『預知時至』不過是生命自然反應之中的一環而已，並不特別稀奇。」

譚生：「照您的意思，彷彿是說，我們人類的生命，如果也能夠貼近大自然的話，我們面對生、老、病、死的反應，也就能和大象一樣地自然了。」

慧開：「你說對了，我們人類就是因為脫離大自然太久了，而且隨著近代科技文明的進步，所以我們的日常生活與整體生命也就愈來愈機械化與非人性化，絕大多數現代人的生命已經喪失了自然反應的本能，讓『生、老、病、死』原本自然的過程蒙上一層非人性化的恐怖陰影。」

譚生：「可是我們現在就是生活在這樣一個遠離大自然的社會機制與系統之中啊！我們已經不太可能和大象一樣，再回到自然界的叢林中去生活了，那該怎麼辦？」

慧開：「我們並不需要和大象一樣回到叢林中去生活，人類畢竟是萬物之靈，我們可以透過『自我覺察』的觀照功夫，傾聽自己身體內在的訊息，喚醒生命中的內在自然反應，還有最重要的是——不要抗拒死亡，而願意接受死亡，我們一樣可以有『預知時至』的能力。」

譚生：「不過……如果我們只是和大象一樣『預知時至』，好像只是某種程度消除了『死亡』的焦慮而已，至於『死後生命』的問題，或者如您之前所說的死後生命再『重新出發』的問題，似乎還沒有處理也沒有解決？」

慧開：「你這個問題問得的確夠深入，不錯！比起大象，我們人類還有更上一層樓的功夫。進一步地分析，『預知時至』還有兩個層次，一是消極的『預知時至』，二是積極的『預知時至』。」

譚生：「這兩者有何區別？」

慧開：「消極的『預知時至』，目的在於『善終』，不但可以消除面對死亡的焦慮，而且可以正面迎接死亡的來臨，但是對於『死後生命的去向及出路』問題，則不一定獲得解決。雖然從佛教的觀點來看，能夠『預知時至』的人，死後的去處不會太差，但是如果沒有預先規畫及充分準備的話，風險仍然很大。」

譚生：「您所說的『風險很大』，指的是什麼？」

慧開：「從佛教的觀點來看，『死亡』只是肉體的『生物機能』停擺，『生命』仍然繼續向前投射，所以死後的生命會去哪裡？就成了一大問題。如果沒有事先規畫及充分準備的話，很可能就隨波逐流地去了自己不想去的地方，就像有一部電影的片名『上錯天堂投錯胎』，所以說『風險』很大。」

譚生：「這種『風險』能夠化解嗎？」

慧開：「當然可以！所以我們需要提升到積極的『預知時至』這一個層次，目的則不僅是在於消極的『善終』，而且是在於積極的『預約往生』，包括『發願往生佛國淨土』、『祈禱上升天國樂園』或者『乘願再來娑婆世界』。」

譚生：「您所談的這些，聽起來好像只是佛教的說法，只有佛教徒才能做到嗎？」

慧開：「當然不是，就如我之前所說的，『預知時至』不是佛教的專利，『預約往生』也不是佛教的專利，而可以說是所有宗教靈修的終極目標之一，佛教只是特別點出它的重要性和可行性而已。從佛教的觀點而論，修持功夫成熟的人，在臨命終前，能夠自知時至，心不貪戀，意不顛倒，身無病苦，心無罣礙，如入禪定，正念現前，然後安然往生到他心願中的淨土世界。」

譚生：「佛教說『往生淨土』，那麼很多不是佛教徒的該怎麼辦？他們即使想往生，也不見得想去佛國淨土啊？」

慧開：「你問得很好！『往生』的目標與方向其實不限於『佛國淨土』，根據佛教的經典所述，『往生』的意涵包括了『往生佛國淨土』、『上升天界』或是『轉生人道』等各種可能的趣向。因此，不論是道教徒、基督徒或回教徒等，也都可以『發願往生』到他們各自教義中或者各人心願中的天堂或樂園。」

譚生：「如此看來，往生的方向還滿多的，那我該如何選擇呢？您又如何選擇呢？」

慧開：「禪宗祖師說：『各人生死各人了，各人吃飯各人飽。』所以這個問題，任何人都無法替你回答，得由你自己作抉擇。至於我個人，則是發願往生阿彌陀佛的淨土世界。」

譚生：「謝謝您！與君一席話，有撥雲見日、豁然開朗之感，我雖然還沒有完全接受您所談的內容，但是已經深深覺得生命比我原先所認知和理解的，更為開闊，更加寬廣，也更有希望了。」

慧開：「不客氣！生命原本就充滿了無限的希望，希望大家都能『活得自在，走得瀟灑，來得歡喜！』」

# 尊重親人的宗教信仰與遺願

二〇一一年十一月上旬的一個週日晚上，在從嘉義回臺北的高鐵上，我收到一則手機簡訊，是佛光會的一位師姐傳來的，說有重要的事情需要請教我的意見，讓我感覺到似乎頗為緊急。

到了臺北之後，我回電話給這位師姐，詢問發生什麼重大事情？原來是她父親當天上午無預警地往生了，所幸非常安詳，沒有遭受什麼痛苦，但是有關身後事的處理，如何圓滿而又如法，她有許多不明瞭的地方，而且也因為這位師姐和家人有不同的意見和主張，而產生了一些認知和見解上的爭執，所以急著要找我解答他們心中的困惑以及觀念和意見上的衝突。

由於這位師姐所面對的喪親情境以及所提問的內容，也是其他人很可能會遭遇到的，我認為對於一般社會大眾極有參考的價值，因此事後我徵得她的同意，將當天談話的內容記錄下來，供讀者們參考，以便大家未來如果遇到類似的喪親情境時，不至於不知所措，也不至於和家人意見衝突，而能夠適當圓滿地處理親人的身後事。以下是當天在電話中問答討論的過程：

慧開：「我收到你的簡訊了，有什麼事嗎？看起來好像很緊急的樣子。」

師姐：「是啊，開師父！家父今天一早不幸突然往生了，雖然走的非常安詳，沒有什麼痛苦，但是我心裡還是好難過，現在千頭萬緒的，有些問題不知道該怎麼辦？所以才急著打電話找您，我知道您南北奔波很忙，還要打擾您，實在覺得很過意不去，但是心中有很多疑惑，非得請教您不可。」

慧開：「不用客氣，你不必在意，有什麼問題，儘管講出來。」

師姐：「家父是虔誠的基督徒，而我是虔誠的佛弟子，又是佛光人，現在他往生了，那麼我到底該念什麼經？要怎麼回向來幫助他去一個好的地方？」

慧開：「原則上，以尊重令尊的宗教信仰為前提，你如果能為他念基督教的經文最好，然後再為他回向。」

師姐：「可是我不會念基督教的經文，也不知道要念些什麼？」

慧開：「那麼，誦念佛經也可以，令尊既然是基督徒，所以誦念《阿彌陀經》可能不那麼相應，你可以念其他的經典，然後回向他上天堂到耶穌基督那裡。」

師姐：「那麼我為他誦念《金剛經》可以嗎？還有，我要怎麼回向呢？」

慧開：「可以，誦念《金剛經》很好。你先誦完經，然後在回向的時候，就敦請耶穌基督來接引令尊上天堂。」

師姐：「這樣做，和佛教的信仰和教義有沒有違背？」

慧開：「怎麼會有違背呢？《觀世音菩薩普門品》講得很清楚——應以何身得度，即現何身而為說法。所以，你可以把耶穌基督就看作是觀世音菩薩的化身，令尊既然是基督徒，那麼佛菩薩為什麼不可以化身為耶穌基督來度化他呢？也正因為他是基督徒，當然不會想要去佛國淨土，那麼先去天堂也沒什麼不好啊！」

師姐：「聽您這麼開示，有一個具體方向可循，我心裡面就覺得踏實多了。但是我還有另外一個比較嚴重的問題，聽我母親講，家父生前有交代，希望他走了之後能夠幫他火化之後再海葬，家人也都沒什麼意見，可是我無法接受，我認為非常不妥，所以堅決反對，我現在還在家裡面到處找家父的遺囑，看看他是不是真的有這麼交代。」

慧開：「令尊希望要海葬，而且還是在生前就事先明白地交代了令堂，很好啊！我認為令尊的生死觀是相當先進、坦然、豁達的，實在是很難得的啊！我不懂你為什麼要反對呢？跟我剛剛告訴你回向的道理一樣，你要尊重令尊的遺願嘛！」

師姐：「可是海裡面很冷耶！我怎麼能忍心讓他在海裡面受寒受凍的呢？而且他的骨灰如果統統都灑到海裡面去了，將來我們連個上香祭拜的地方都沒有，那我們做子女的該怎麼盡孝道、盡孝思？那不是每年都還得出海去祭拜嗎？」

慧開：「首先，你的觀念不正確，自然和博物沒學好，海裡面可是恆溫的，而且有洋流的調節，臺灣的海域可是溫暖得很，又不是要去南極、北極的，沒你講得那麼冷。其次，我認為令尊有這樣的心願，表示他就是喜歡遨遊大海啊！如果能夠和鯨魚、海豚一起無拘無束地悠遊四海，心曠神怡，多瀟灑愜意啊！我還擔心萬一你真的違背他的心願，把他放到納骨塔裡面去，他一定會覺得像是被『關禁閉』一樣，多悶哪！」

師姐：「聽您這麼一說，還滿有道理的，那我就不再堅持了，可是將來要在哪裡祭拜的問題該怎麼辦？」

慧開：「那我先反過來問你，很多人往生之後封棺土葬，或者火化骨灰放納骨塔裡，可是兩三代之後，就不見有子孫去掃墓或上香了，那你怎麼說？」

師姐：「我了解您的意思，可是他如果去了大海，將來找不到地方祭拜他，我心裡還是很罣礙啊！」

慧開：「這也不是問題，你可以在家裡立個牌位為他上香祭拜啊！或者有個折衷的方式，就是找個有類似納骨塔設施的教堂，將令尊的一部分骨灰放在那裡，就不愁沒地方祭拜了。萬一找不到這樣的教堂也無妨，其實你要上香祭拜令尊以盡孝思，心意最重要，在家中立個牌位，或是有張遺照就足夠了，至於骨灰放哪——甚至灑到大海裡——都無妨。」

師姐：「聽您這麼說，我知道怎麼做了。但是還有一個令人很困擾的問題，是有關家母的部分，我們都不知道該怎麼樣才能幫她化解，還是要請您開示。」

慧開：「你儘管說，不用客氣。」

師姐：「因為家母也是虔誠的佛教徒，她就擔心將來她往生之後，如果去了和家父不一樣的地方，那麼兩人是不是就無法再相會了？那該怎麼辦？她非常擔心。父親教會的牧師就來跟家母說，她必須要改信基督教，只有這樣，將來才能夠在天堂裡和家父相聚。可是我母親她已經念佛念了一輩子了，現在才要她改信基督教，實在是強人所難，實際上也不太可能，但是聽那牧師這麼一講，她又害怕不改信基督將來見不到家父，左右為難，心裡面非常焦慮，我們也都不知道該怎麼跟她說？要怎麼化解她心中的疑惑？這還是要麻煩您開示。」

慧開：「唉！天下本來太平無事，卻被他吹皺一池春水。我覺得那位牧師這麼說，非常不應該，根本就是乘機作『置入性行銷』嘛！不但沒有解決問題，而且是製造問題，所以才害得令堂心裡面左右為難，七上八下的。」

師姐：「可是我要怎麼樣跟母親說，才能化解她的焦慮呢？」

慧開：「首先，你要讓令堂了解，她和令尊真心相愛就會相聚，所以不用擔心。請她認真回想一下，她和令尊本來就是各信各的教，各念各的經嘛，雖然彼此信仰不同，但是這輩子還不是照樣有緣來相會，彼此恩恩愛愛地白首偕老，一點都沒有因為宗教信仰的不同而受到影響，你說是不是？那為什麼來生就不能夠再續前緣呢？這跟他們倆的宗教信仰又有什麼關係呢？然後，你不妨跟令堂說，她可以念佛回向給令尊，兩人一同乘願再來，下輩子還是可以再續前緣的，根本就不用理會那位牧師，他亂講的。」

師姐：「非常謝謝您的開示，確實解決了我們心中不少的疑惑，我會照您的意思好好地向家母解說，將來還是可以和家父相聚，讓她放心。再一次感謝您！」

慧開：「其實令尊和令堂都是很有福報的人，你就多念佛回向給他們，人有誠心，佛有感應，他們將來會有很好的因緣際遇，你不用太擔心。如果還有什麼問題需要我提供意見，可以隨時聯繫，不用客氣。」

這位師姐是家中的大姊，所以在家族中說話很有分量。她原本堅決反對父親海葬，經過和我在電話中一番問答討論之後，她就不再堅持了，後來在他們全家人達成共識之後，很圓滿地為父親完成了海葬的心願。

# 談因說果
## ——生命中的因果探微

譚生：「記得上次向您請益有關『預知時至』的道理，很感謝您深入淺出的一席話，指點了我不少的新知，也解開了我很多的疑惑。」

慧開：「不客氣！」

譚生：「最近和朋友們談論起有關宗教與佛學的話題，講到有關三世因果的部分，對照現實生活中的一些事件，大夥兒心中有不少疑惑，談來談去，討論不出一個讓大家都能理解和滿意的結論，所以要請您開示、開示。」

慧開：「不敢當！我們互相研究。能不能先請問你和朋友們有哪方面的疑惑，可否舉個例子說明一下？」

譚生：「比如說上個星期剛剛過去的這個蘇拉颱風（按：二〇一二年七月二十六日至八月四日），就有位資深認真的警官，三峽分局圳頭派出所所長王明祥，在颱風天的凌晨主動加班執行勤務，卻因公而殉職，那天還剛好是他的五十歲生日（按：八月二日），生日成了忌日，除了不勝噓唏之外，我們也都深深覺得老天無眼，因果何在？」

慧開：「你的感受，我充分理解，也非常惋惜我們失去了一位優秀的人民保母。但是我們不能以此就遽然質疑因果何在啊！」

譚生：「可就如俗話所說：『好人不長壽，禍害遺千年』，現實社會中確實存在不少這樣善無善報、惡無惡報的現象，我們在耳聞目睹之餘，就覺得非常困惑，百思不得其解，要不質疑因果何在也難哪！」

慧開：「說得也是，然而人世間的諸多事務和現象，其中的來龍去脈有許多層面，不能夠只看表層就得到結論。」

譚生：「可是我們怎麼看，都覺得不合理啊！」

慧開：「的確，有許多事情乍看之下，確實不合情理，那是因為還有另外一層甚至好幾層的因緣條件和因果關係，我們沒有看到或沒有想到，或者雖然看到或想到，但一時之間還看不完整，所以就覺得不合情理了。」

譚生：「那麼我們該怎麼樣來看才能看出它的道理呢？」

慧開：「首先，我們不能只從一件事情的其中『一點』來看，而必須從一件事情變化的整個『脈絡』情境來分析。」

譚生：「您能不能說得更具體一點？」

慧開：「可以！就以這位殉職的警官王明祥所長來說吧！先講這個被媒體稱為像

是醉漢走路的『醉颱』蘇拉，還沒登陸前，中央氣象局就預報它來勢洶洶，要及早做好因應措施，不可大意。在颱風天執勤，本來就有一定程度的風險，雖然這不是導致王警官殉職的直接原因，但也是間接促使事件發生的脈絡情境。」

譚生：「那麼，什麼是直接的原因呢？」

慧開：「根據警方的說明，當日清晨王所長為巡視轄內被列為危險地區的住戶是否安全撤出，獨自開著巡邏車行經大埔路彎潭路段，因為路面積水深達八十公分而拋錨，他打電話回派出所請求支援，然後準備徒步涉水而過繼續執勤。當時剛好有一名記者和環保局人員正巧也開車經過那裡，看見走在路上的王警官突然倒在地上，他們趕緊將他拉起抬上車，剛好又有三峽消防分隊隊員巡視災情路過發現，隨即協助在車上進行 CPR，然後送恩主公醫院急救近兩小時，但仍然回天乏術，經過家屬同意後拔管。後來法醫調閱病歷得知王明祥所長有心臟病和中風的病史，並且在他的胸前發現一圈紅點，符合心因性休克產生的反應，因此認定他是在勤務期間『病故』，令人感慨萬分。」

譚生：「聽了您的分析，知道他殉職的直接原因是身體健康的因素，但是在感情上仍然無法接受，為什麼這樣的一個好人，偏偏會在這樣的一個時間點，就這樣子走了？老天爺有眼嗎？心中怎能不生起一連串的問號呢？」

慧開：「我很能體會你的傷感與疑惑，你的傷感與疑惑，其實也正是你參究生死奧祕的契機，而這些看似不合理的生死情境也就是生命中的現成公案哪！值得我們好好地參究！」

譚生：「您說得有點玄了，能不能講得更淺白一點？」

慧開：「可以！其實一點都不玄。淺白地說，生命中的『因果』——或者更確切地說——生命中的『因緣變化』，其實是非常錯綜複雜的，但是我們往往不自覺地將問題過度簡化了，只是看到事物的表象或者事物的一部分，就以偏概全而遽下結論。大多數人會以為，冥冥之中有一個主宰或者是既定的法則，來掌控或左右世間的所有事物和變化，所以也很習慣性地希望能套用一個公式就可以把所有問題或疑惑都解決了，比如說『善有善報，惡有惡報』。結果發現現實生活中的種種，並非如我們所預期的那樣，而是『善無善報，惡無惡報』，疑問不但沒有解決，反而覺得其中有更多矛盾、疑惑和不解。你是不是有這樣的困惑？」

譚生：「是啊！您說得太貼切了！我的感覺和困惑就是如您所說的，好像沒有什麼天理存在，這到底是怎麼回事啊？」

慧開：「其實佛陀早就開示我們了，這就是佛經裡面所說的『瞎子摸象』！這個世界就像是一頭大象，而我們每一個人就像是圍繞在大象週遭的一群盲人，每個人都確實摸到大象身體的一部分，也不能說每個人摸到的部分都不對，問題在於我們每個人都以為自己摸到的部分就是整頭大象，而且往往會執著、堅持己見，認為自己摸到的才是正確的，別人摸到的都不對。結果後來發覺大象的面貌、型態與行為舉動等等，並不是如自己所認知的那樣，就會陷入很深的困惑之中。」

譚生：「聽了您這樣分析和解說，我有點明白了，但是如何進一步解除疑惑呢？我們有可能把整頭大象都摸清楚、摸透澈嗎？」

慧開：「當然有可能，不過要一步一步來。唐代古文大家韓愈在他的〈馬說〉一文中有云：『千里馬常有，而伯樂不常有。』俗話不也說：『慧眼才能視英雄。』在《金剛經》裡，佛陀開示我們，眼界有五個層次：凡夫的肉眼、天人的天眼、羅漢的慧眼、菩薩的法眼、諸佛的佛眼，不同的眼界所看到的世界相貌和所觀照層次的廣狹深淺，當然也是不同的，因此，欲見真理，須先開慧眼。」

譚生：「看來，要開慧眼好像也不是那麼容易，而且還不知要等到什麼時候，所以就請您先以我凡夫肉眼的層次來開示一下，以解除我的疑惑。」

慧開：「禪宗祖師說：『大疑大悟，小疑小悟，不疑不悟。』你對生命產生了疑惑，想要探索出它的道理，其實是件好事。」

譚生：「但是我現在只有『疑』沒有『悟』啊！而且是一團大『迷霧』，可一點兒都看不出好在哪裡？」

慧開：「你先不要氣餒，自古以來，能夠『生而知之者』是非常少數的，能夠『學而知之者』其實也不多，很多人從學校畢業之後，就某種程度而言，幾乎都停止學習了，大多數人都是『困而知之』，也就是當他在生命歷程或是現實生活中遇到了瓶頸、疑惑、困境等等，才開始認真地思維、探索生命的奧義。」

譚生：「我覺得您對生死問題的理解似乎已經了然於胸，應該是『生而知之者』吧！」

慧開：「你誤會了！我自己絕對不是『生而知之者』，勉強說是『學而知之者』，其實是個『困而知之者』。年輕的時候，雖然讀了一些古聖先賢的智慧箴言和佛學經論，也背誦了一些文章，但都只是停留在文字和知識層面的理解，一旦遇到境界現前的時候，就破功了，這才警覺到自己學有不足，開始重新咀嚼過去所讀書中的微言大義，深刻地反省思維，修正改變待人處世的觀念與態度。人生中的很多道理，都是在經歷了挫折、困境的磨練之後，才逐漸領會到的。」

譚生：「謝謝您的鼓勵與開示，讓我在人生的迷霧中看到了一線希望的曙光。」

慧開：「人生的道路上雖然佈滿了荊棘，但是在荊棘之中同時也充滿了無限的希望，只是很多人劃地自限或者裹足不前，一時還領悟不到其中的奧祕。那麼我們再回到『生命中的因果』這個主題。」

譚生：「願聞其詳，請開示！」

慧開：「首先請問，你認為生命中有因果嗎？或者你相信有因果嗎？」

譚生：「嗯……我是認為生命中『應該』要有因果，不然就沒天理了，也『很願意』相信有因果，但……這人世間卻有很多事情讓人覺得很感慨，好像天理不彰，這又會讓我有時候不得不懷疑……這人世間究竟有沒有因果？」

慧開：「你是說……就像我們前面所談到的一些『善無善報，惡無惡報』的例子，是嗎？」

譚生：「是啊！這世間就是常常有很多這種『好人不長壽，禍害遺千年』的事情發生，我怎麼看也看不出其中有什麼『因果報應』的道理。」

慧開：「的確！這人世間有不少事情，表面上看起來就如你所說的，天理不彰。不過，『因果報應』其實是很深奧的道理，我們暫且先不談這個部分，留到後面再來討論。我先問你，你認為世間有哪一門學問或哪一個知識領域是不講因果的？」

譚生：「我不太明白您這個問題的意思是……？」

慧開：「那我就用舉例的方式來問吧！你認為數學、物理學、化學，講不講因果？」

譚生：「數學、物理學、化學，當然講因果啦！而且講究嚴謹的因果關係。」

慧開：「沒錯！數學、物理學、化學，不但講因果，而且要求精準的因果關係，不然的話，失之毫釐就差之千里，那太空人怎麼能夠登陸月球，再安然返回地球呢？你說是吧！」

譚生：「確實如此！科學如果不講因果，那現代的科技就不可能如此突飛猛進了。」

慧開：「很多年前，我曾經聽過一個傳聞，說是美國太空總署鬧過一個大烏龍，一顆價值五億美元的探測衛星升空以後，就神祕失蹤而不知去向，只在太空中，雲深不知處，怎麼追蹤都找不到，後來追查原因，居然因為只是有幾個數據忘了把英制單位的數值換算成公制單位的數值，就這樣子把那顆探測衛星給搞丟了，這就是不精準所產生的嚴重後果。由於實在太難堪了，太空總署都沒敢對外公布。」

譚生：「嗐！這還真是個超級大烏龍啊！看來科學的因果可真不是鬧著玩的。」

慧開：「是啊！失之毫釐，差之千里啊！那麼我們再換個題目來談，經濟學講不講因果？」

譚生：「當然講啊！經濟學哪能夠不講因果關係呢？不管是個體經濟學也好，還是總體經濟學也好，都得要講因果關係的嘛！不然這個世界就亂了套了。」

慧開：「的確！在經濟學裡面，因果關係可是個重大的核心課題，供應與需求之間的關係、生產與行銷之間的關係、成本與價格之間的關係、價格與消費之間的關係、投資與報酬之間的關係、貨幣與匯率之間的關係、賦稅與經濟成長之間的關係等等，在在都有密切的因果關係，而且還不僅是雙因素之間的關係，往往是三因素乃至多重因素之間、錯綜複雜的因果關係，牽一髮而動全身。你剛剛說得極好，如果經濟學不講因果關係的話，這個世界就亂了套了。然而非常不幸的是，這個世界確實已經開始亂了套了。」

譚生：「此話怎講？我倒是很害怕這個世界真的亂了套了！」

慧開：「你聽說過『金融風暴』、『金融海嘯』、『歐債危機』、『歐豬四國（PIGS）』，是吧？」（按：PIGS 指葡萄牙、義大利、希臘、西班牙等四國）

譚生：「不只是聽說過，這都已經成了全世界家喻戶曉的事了。即使像我這樣不是專門研究經濟學的升斗小民，也都從新聞報導上略知一二。唉！經您這麼一提，還真覺得這世界是有些亂了套了。」

慧開：「先別擔心，也不用太難過，這個世界發生金融危機已經不是第一次了，當然也不會是最後一次。遠的不說，一九二九年美國就曾經發生過經濟大蕭條，持續了一年才逐漸復甦，但是顯然人類並沒有記取歷史的教訓，以致於再次發生亞洲金融風暴乃至歐債危機。就是因為世界經濟亂了套了，這其中正好顯示人間世是有因果的。」

譚生：「怎麼會是亂了套了，正好顯示有因果呢？您剛才這句話，我有點聽不太明白。」

慧開：「先別急，我一步步為你分析。經濟學界有各家各派、各式各樣的理論，在分析過去的大蕭條和當今的金融風暴乃至歐債危機的原因，但是百家爭鳴、眾說紛紜、莫衷一是，不管他們怎麼說，往往都忽略了最根本的問題，或者說根本問題之所在。」

譚生：「那麼最根本的問題是什麼？什麼是根本問題之所在？」

慧開：「根本問題就是『人』，根本問題之所在，就是『人心』，更明確地說，就是人類的『貪婪之心』。」

譚生：「人會貪心也不足為奇嘛！凡人本來或多或少都有些貪心，世上人如果都不貪心的話，恐怕經濟也不會發展了，就某種程度而言，人類的貪心不正好也是經濟發展的動力，不是嗎？」

慧開：「說得極是！但這也是人間世的一種弔詭情境。說到經濟發展，那麼你認為近代世界經濟發展最根本的要素是什麼？」

譚生：「當然是生產與消費啦！哦！還有分配的問題。」

慧開：「沒錯！近代的工業革命改變了生產模式和形態，不斷地提高產能與產量，也不斷地刺激消費，生產刺激消費，消費促進生產，資本主義應運而生。為了奪取生產原料，也為了開拓消費市場，殖民主義、帝國主義也接著興起。歐美列強與日本帝國崛起，大肆對外侵略，中國、印度和南亞諸國飽受其害，我們就先不談這些近代史上的傷痛。你認為經濟發展，無論是世界經濟、區域經濟或是國家經濟，有沒有可能無限地發展？」

譚生：「嗯……這個世界上，有史以來，好像不曾有過什麼事情是可以『無限地』發展，反而是有興、有衰、有起、有落的循環才是常態吧！」

慧開：「沒錯！『物極必反』，古有明訓。古聖先賢主張『天人合一』，開導我們應該要和大自然共存共榮，同體共生。可是西方的工業革命與科技主義卻是要人定勝天，征服自然，不但對大自然予取予求，而且因為工業生產而不斷地汙染大自然，結果造成難以彌補的生態浩劫，現在反而在西方有很多有識之士，在覺醒之餘，回過頭來大力提倡環境和生態保護。」

譚生：「唉！這就是如您說的，弔詭啊，弔詭！」

慧開：「這當中還有更深一層弔詭，就是西方人對金融海嘯乃至歐債危機的覺醒，好像還不如對生態浩劫的覺醒。」

譚生：「此話怎麼講？」

慧開：「美國華爾街和銀行界搞了個自以為天才發明的『次級房貸』，大肆買空賣空，還推銷到了歐洲，根本就是世界金融風暴和歐債危機的始作俑者暨罪魁禍首，現在卻置身事外，作壁上觀。英國和歐洲各國的銀行，當初見到美國的『天才金融操作』，近於無本生意，有暴利可圖，就大舉跟進，成了幫凶，把北歐各國都拖下水，結果卻是作繭自縛、作法自斃，不知不覺地就集體住進了『超級大套房』，歐盟還差點兒解體。『歐豬四國』浮報幣值加入歐盟，迷戀享受又不事生產，結果金融泡沫破滅而瀕臨破產，等待歐盟的救援紓困。但是茲事體大，牽扯太廣，至今還無法解決。希臘雖是最大苦主，卻執迷不悟，靠祖產維生，不但不知反省、不思振作，還怨天尤人、怪東怪西，沒出息到了極點，所以我不得不說，這個世界確實已經亂了套了，但遺憾的是，世人好像還未充分覺醒，恐怕還要再亂上一陣子。」

譚生：「這個亂了套的現象我了解，但是如何能夠看出其中的前因後果呢？」

慧開：「箇中的因果，當然很複雜，就算是那些經濟學的諾貝爾獎得主可能也都講不清楚確切的原因，但是萬變不離其宗，以我個人的淺見，世間的一切事物或現象，必然有某種超越人為干預層次的自然法則，所以我認為人類如果想任憑一己的私欲來干預或操作金融，以從中獲取暴利，必然會產生預期不到的惡果。《尚書》有云：『天作孽，猶可違；自作孽，不可逭。』就是這個道理。」

譚生：「聽您這麼說，我有點兒領悟了，這個世界雖然是亂了套了，但是在冥冥之中還是有個天理的，人類如果因為私心作祟，任意而為，儘管自認為可以僥一時之倖，其實是埋下了禍根，當大禍臨頭時就後悔莫及了。」

慧開：「說得太好了！目前全世界所遭遇到的經濟困境，分析起來固然有很多因素，但是追根究底，仍然是一個『貪』字，再加上『不老實』，以為可以不勞而獲。後來這歐豬四國又加了一國愛爾蘭，成了『歐豬五國（PIIGS）』，就是自認為可以僥一時之幸，為了加入歐盟，自己打腫臉充胖子，浮報幣值，虛漲國力，結果卻是陷入空前的困境。」

譚生：「這我就有點納悶了，加入歐盟就加入歐盟嘛！為啥要浮報幣值呢？」

慧開：「這國際事務嘛，有它的遊戲規則，任何團體會員式的組織，特別是國際性的，都會設有一定的門檻，不是隨隨便便就可以加入的，有的門檻比較高，有的門檻比較低。歐盟是一個由主權國家組成的團體，為了調整各會員國之間國力的差異，因此各個會員國在入會前必須通過一個金融和貨幣的評估，才能定位各國在根基上的平等，這個機制就是為了避免齊頭式的平等。」

譚生：「喔！照您這麼說，在歐盟裡面，可是有大國、小國之分嘍？」

慧開：「沒錯！也可以這麼說。」

譚生：「那為什麼歐豬各國在申請加入時，要浮報幣值，虛漲國力呢？」

慧開：「這可就問到了關鍵點了，每一個國家都有自己的貨幣，而貨幣的發行有嚴格的機制，不是可以隨便發行的。如果國家沒有錢就用印鈔票的方式來應對，就會造成通貨膨漲，用俗話說，就是錢不值錢了。活生生的例子就是，國民政府在抗戰勝利後，不斷印鈔票來支應國家需要，造成貨幣不斷地貶值，結果一麻袋的鈔票還買不到一個雞蛋。」

譚生：「這段歷史我知道，我聽我爺爺說過。貨幣不能隨便發行，鈔票不能隨便亂印，這道理我也了解，不過這和加入歐盟有什麼關係呢？」

慧開：「這關係可密切啦！各個會員國一旦加入了歐盟，就必須放棄自己國家原本的貨幣，開始使用歐盟的統一貨幣——也就是『歐元』。問題就在於，各個會員國的經濟體質不一，有的體質好，例如德國；有的體質不好，例如希臘。體質不好的國家，在加入歐盟時就希望自己國家原本的貨幣能多兌換一些歐元，為了達到這個目的，就不惜傾全國之力弄虛作假，只是為了多兌換一些歐元，這不就是犯了一個『貪』字嘛！而且還不老實。」

譚生：「既然比原本應得的還多兌換了錢，不就等於平白無故就發了財，那麼應該從此以後就過著幸福快樂的日子了，怎麼還會產生『歐豬五國』的金融風暴呢？」

慧開：「這又問到另一個關鍵了，本來歐洲那些體質不好的國家，因為弄虛作假，得了便宜，如果能夠安居樂業，並且從此奮發圖強改變體質，也不會有太大的危機發生。但不幸的是，國家有了錢以後，為政者陷入爭權奪利，老百姓也好逸惡勞，不事生產，以希臘為例，有工作能力的人大部分是公務員，每天上午、下午加起來頂多工作四小時，卻坐領高薪。加入歐盟之後，因浮報幣值而多賺進來的歐元，沒多久就已經揮霍殆盡，坐吃山空，你說怎會不發生問題呢？」

譚生：「是啊！如果連坐吃山空都還不發生問題，那可就沒有天理啦！但是話又說回來，這可是他們咎由自取的下場，怨不得別人，那為什麼歐盟還要伸手紓困救援呢？乾脆就讓他們自生自滅不就結了？」

慧開：「問題就在於，歐盟是一個從經濟和財務層面結盟的團體機制，想不到現在有幾個會員國幾乎就要癱瘓了，而且眼看著會牽連到整個團體，當然，很多檢討的聲浪以及審查的機制就出來了。這一檢討審查才發現，弄虛作假的，還不是只有希臘一個國家，而是金融體質不好的國家都有這種既貪心又不老實的問題，只是彼此在程度上有差異罷了。這下子好了！如果對希臘見死不救，讓他退出歐盟而任其倒閉，很可能陸陸續續會有西班牙、葡萄牙、義大利甚至愛爾蘭，會一個接著一個的崩盤，到時候影響的層面就更大了。」

譚生：「聽了您的這些分析，我愈來愈了解到，世間的事不管大小，國事、家事、天下事，確確實實都是有前因後果的，而且因果之間似乎綿綿密密、環環相扣，還不是那麼容易就看得清楚的，如果不是聽了您深入淺出的分析，我對於這些天下事還真的是霧裡看花，理不出頭緒。」

慧開：「你能夠看出世間現象背後確實有因果的道理，已經很有領悟力，很難得了。人世間的問題還有更深的一個層面，為什麼事情會搞得那麼錯綜複雜，剪不斷、理還亂，其實就是人類的貪婪和愚癡，自以為可以憑一己的私欲，翻手為雲、覆手為雨，結果卻是作繭自縛，進退維谷。」

譚生：「是啊！問題都是人類自己搞出來的，自己卻收拾不了，真的是很矛盾。我們現在談論的歐盟、歐豬、歐債等等問題，到底嚴重到什麼程度呢？我還是不太清楚。」

慧開：「如果全面來觀察，凡是工作機會比較多、就業率比較高的國家，例如德國、法國、北歐、亞洲各國等等，短時間內大概還不會受到太大波及，或者影響程度比較小。但是如果那些失業率一直高居不下，卻靠印鈔票來支應的國家，不只歐豬各國，連美國都會受到嚴重的影響，到時候還會產生骨牌效應，擴大牽連到其他原本沒有問題的國家。因此，為了避免問題繼續惡化，歐盟不得不考慮援救紓困希臘等國。」

譚生：「可是俗話說：『救急不救窮』啊！如果平白無故地援救希臘和歐豬各國，不是縱容他們不知檢討悔改，讓他們繼續向下沉淪嗎？」

慧開：「說得沒錯！所以嘛，歐盟想要挽救希臘，就提出種種要求與規範，重點就是希望希臘必須要了解到，『天助』的先決條件就是『自助』，因此，希臘必須提出各種撙節支出的措施，而歐盟所核撥的各種紓困款項也都必須用在創造就業機會上，讓老百姓開始工作，從事生產，才能步上正軌坦途。」

譚生：「奇怪耶！希臘這個國家，歐盟居然把要求希臘撙節支出和創造工作就業機會，當作挽救希臘的最重要先決條件，不是很沒面子嗎？」

慧開：「是啊！治國和齊家其實是同一個道理，齊家就必須經營家計，如果一個家庭遭逢巨變，在財務上遇到入不敷出的窘境，這時候只有二個方法，一是開源，二是節流；開源就是家庭成員中有工作能力的人，都必須出去工作，節流就是撙節支出，減少開銷用度。」

譚生：「照您這麼說，那麼以美國為例，失業率不見改善，還一次又一次的大印鈔票，之前就已經印了兩次了，現在還要印第三次，這就讓人納悶了，這不是大大地違反了開源節流的道理嗎？」

慧開：「問得好！問題就在於『由儉入奢易，由奢入儉難』哪！美國作為一個經濟大國已經有相當長的一段時日，各種經濟策略與金融措施，都是由金融機構在操作，這種情況由來久已，積弊已深，因此，往往想藉由金融槓桿的操作手法，讓貨幣快速流動，以產生最大的報酬，自以為聰明，其實是大錯特錯，聰明反被聰明誤啊！」

譚生：「這我就有點兒聽不明白了，為什麼貨幣快速流動，可以產生最大的報酬？」

慧開：「其實要能真正『產生最大的報酬』，必須有一個前提，就是製造業或生產的實質能量足夠，如果製造業萎縮或生產停滯，只是炒作貨幣快速流動，所謂『產生最大的報酬』說穿了只是一種假象，或者是泡沫現象，這也是經濟學上的一個理論，可能不太好懂，不過我可以用一個淺白的比喻來說明。如果有一個人，在窮途潦倒的時候獲得別人的資助，如果他將別人的資助用來實質創業或就業，那就對了；但是如果他把別人的資助拿去賭博，想藉由輸贏這樣快速的資金流動而致富，你認為可能嗎？」

譚生：「當然不可能！就是一時僥倖致富，也是虛假的，很快就會像泡沫一樣破滅的。」

慧開：「沒錯！我再舉一個比喻，如果有一個村落集體陷入困境，正確的方法應該是全體村民努力投入生產或者外出找工作，實質增加收入才是挽救全村經濟危機的正途。但是如果村民都不事生產也不去找工作，而是集體開賭場設賭局找人來打麻將等等，表面上金錢的確是快速的流動，有的人贏錢，有的人輸錢。贏錢的人一下子財富就增加了，看起來好像真的很有錢的樣子，但是真正的問題解決了嗎？」

譚生：「我看，不但根本就沒有解決，而且還繼續陷在困境當中，恐怕愈陷愈深，就像吸毒一樣，無法自拔。」

慧開：「你說得沒錯！所有的輸贏都只是賭局中的籌碼在各人手中快速流動和增減，好了！萬一輸光了怎麼辦？沒關係，就打個借條到櫃檯再領些籌碼出來玩。但是籌碼不等於生產或工作收入，一旦牌局結束了，就要清算籌碼，贏的人雖然持有的籌碼增加了，可是拿不到錢，因為輸的人根本就沒有能力用現金償還在牌局中所賒欠的借條。在牌局當中會產生很多假象，譬如：籌碼的流動似乎就等於金錢在流動，而且相當活絡快速，但仔細深入觀察分析就知道，籌碼的流動並沒有讓金錢增加，反而不斷減少，因為在牌局的進行當中，還是有成本的支出或消費，例如：水費、電費、餐費、服務費、管理費等等，其中有相當的比例都是固定支出，因此這個村落只會愈來愈窮，怎麼可能會致富呢？」

譚生：「嗯！我明白了，籌碼只不過是一個代替性的錢，是假的，拿到外面也不能購買任何東西，最後還是要回到現實的世界。不過，贏了很多籌碼不是可以換錢嗎？只要拿到櫃檯去兌換現金不就結了！」

慧開：「就常理而言，沒錯！櫃檯要負責兌換，但問題是——輸錢的人在打借條時，虛張聲勢借到了籌碼，但是到結算時卻雙手一攤，無力償還，櫃檯又不是銀行，也沒有現金可供贏家兌換，當然不可能無條件地放過無力償還的輸家，因此各種逼債的手段就層出不窮了，最後弄得輸家妻離子散、家破人亡。」

譚生：「唉！真是淒慘。但是我還是有點兒納悶，如果逼死了輸家還是拿不到錢，最後賭場會拿什麼付給贏家呢？」

慧開：「唉！這個問題問得好。就像是歐、美等國家，現在國庫日漸空虛，已經淪落到快沒有現金支付政府必要開支的地步，因此美國就厚著臉皮、昧著良心帶頭開始印鈔票來解決目前的窘境，後來歐盟看到美國連續印了兩次都沒事，最近也想用這個辦法來解決歐豬五國的財務及債務問題。佛教的經論中有云：『因地不真，果招紆曲。』就是說眾生在造因的時候，如果動機不正或存心不良，其後果不堪設想。國庫空虛卻大印鈔票，原本也是不得已的下策，歐、美等國的政府或許希望能藉此創造工商繁榮、加速各項投資、增加百姓的就業機會。」

譚生：「這個辦法真的管用嗎？沒錢就印鈔票，這我就好奇了！」

慧開：「倘若是為了暫時度過難關，有限度地應一時之急，或許勉強還可以說是情猶可原，卻絕對不是正途。但是……如果變本加厲，繼續不斷地大印鈔票，這就有如殺雞取卵了，當年國民政府經濟崩盤，就是前車之鑑啊！然而不幸的是，卻有不少財團對投資各項建設、增加百姓的就業機會等等這些緩而慢的務實措施根本就不屑一顧，仍然想運用金融操作手段去炒作股票、期貨、金融商品，買空賣空，大玩金錢數字遊戲，獲取暴利。唉！一方面，財團貪得而無厭，另一方面，百姓又疏懶成性、貪圖享受，注定了歐、美國家積弊難返，恐怕就從此沈淪下去了！」

譚生：「唉！聽起來，真是悲哀！他們不是有很多經濟學家嗎？難道他們都拿不出辦法嗎？那些有識之士怎麼都不吭氣呢？」

慧開：「辦法是有的，而且道理大家也都心知肚明，根本就不需要什麼經濟學家或有識之士來說。前面不是講過了嗎？一方面，節約用度、減少浪費、停止炒作；另一方面，加速各項投資、增加百姓的就業機會、創造工商繁榮，這些都是正途辦法。就以韓國為例，在一九九八年亞洲金融風暴的時候，韓幣狂貶了百分之三十六，經濟幾乎崩盤，但是老百姓不但不怪政府，反而把存在家裡面的金銀珠寶細軟都捐出來救國，全國上下共體時艱、百姓同心齊力，政府獎勵研發，企業努力生產，貿易加強外銷，結果十年以後超英趕美，甚至還有不少產業追過了日本，成為世界第一，這就是最好的例子。」

譚生：「嘿！這高麗棒子還真是要得！讓人不得不佩服，那些歐豬國家實在應該好好學習，咱們也應該好好看齊。」

慧開：「是啊！可不要小看了韓國，挺厲害的，人家能夠從困境中崛起是有道理的，這也是一種因果啊！再回過來看看這幾個歐豬國家，人家歐盟都已經準備伸出援手了，只是要求他們撙節一下，不要因為浪費而辜負了人家的好意，沒想到他們居然還不領情，希臘、西班牙、葡萄牙都有幾十萬老百姓上街示威，抗議政府，反對撙節措施。你說，這樣的國家還有救嗎？」

譚生：「唉！我看，希望好像很渺茫，大概是沒救了，而且我認為根本也不值得救。他們怎麼就不會看看人家韓國，也沒有誰伸援手給他紓困，人家就努力自己站起來了，歐豬這幾國的上上下下怎麼就不會覺得慚愧呢？我還真是想不透。」

慧開：「對照韓國和歐豬各國的興衰發展，這就十足應驗了『禍福無門，惟人自召』這句古話，『如是因，如是果』，因果不爽啊！當然……現在可能還沒有到最後的緊要關頭，他們還心存僥倖。歐盟和歐豬各國的前途未來究竟會如何演變，現在也沒人說得準，如果他們能夠即時覺悟，情勢不管再怎麼惡劣，還是有轉機的，就怕他們仍然執迷不悟，後果就不堪設想啦！」

譚生：「是啊！希望他們早一點覺醒，回頭是岸啊！萬一他們真的垮了，難免要拖累歐盟，又要再影響到世界其他地區呀！聽了您的這一番深入淺出的解說，特別是透過經濟活動和國際現勢的整體分析，讓我對因果的道理有了更深一層的理解和體會，非常感謝！」

慧開：「不客氣！我也想聽聽你的心得。」

譚生：「回想起過去，我對因果的思維模式非常狹隘，現在才知道，以前我對因果的理解是很片面的，可以說是停留在一種單向直線式和機械式的因果關係，所以會覺得世間有很多事情或現象，看起來好像沒有什麼因果道理，現在才了解因果之間是有很多轉折、有很多層面的，不是一下子就可以看清楚，甚至於大家分析了老半天，還是見仁見智，各說各話。而且，因果關係就像是一張網，是全面整體而互相牽動的，俗話說『牽一髮而動全身』，可說是整體因果關係的最好寫照。」

慧開：「說得極好！可見你已經開始進入了解因果道理的堂奧了。的確！人世間事物的運行就像是一張綿綿密密、環環相扣的天羅地網，而且不是靜止不動的，而是隨時都在變動的。如果我們勉強用數學概念來描述的話，因果關係好像是一組無限多元聯立方程式，不是只有幾個簡單的變數，而是有極多的變數，甚至其中有很多是隱藏著的、我們不注意或察覺不到的變數。但是我們往往會把事情過度地簡化了，以為只有單一或幾個因素，也以為掌握了這幾個因素，就可以了解事情來龍去脈的真相或原委。」

譚生：「是啊！以前我的觀念就是像您說的，把事情過度簡化成只有單一或幾個因素，以為這樣子就可以弄清楚事情的因果關係和來龍去脈，也以為這樣子就可以把問題給解決了，沒想到事情往往卻愈弄愈糟，愈加無法收拾。到現在我還很納悶，為什麼會是這樣子呢？」

慧開：「這就像是《左傳》裡的一句成語『治絲益棼』，文字表面的意思是說，理絲找不到頭緒，結果愈理愈亂。就像是小時候放風箏，收線的時候收得太急了，結果糾纏在一起，愈解愈糟糕。這句成語更深一層的意涵是，本來想要理出頭緒、解決問題，但是因為方法不對頭，反而使問題更加複雜，更加難解。」

譚生：「這也是一種因果嗎？還是說……因果道理的另一種關聯？」

慧開：「也可以這麼說，但更明確地說，這是因果關係的另一個層面，或者說因果關係整體的一環，這也是因果關係的微妙之處。」

譚生：「這……我就有點不解了！本來想要解決問題，結果卻把事情搞砸了，怎麼會是因果關係的微妙之處呢？」

慧開：「我舉個例子，廚房失火了，本來想要趕快救火、把火撲滅，結果愈救，火卻愈燒愈旺，你說，有沒有這種事情？」

譚生：「有啊！而且還層出不窮呢！」

慧開：「好啦……為什麼會這樣子呢？」

譚生：「方法不對啊！救火，可不是鬧著玩的！不能隨便亂救一通的，還要看是什麼樣的火啊！在某些情況下，是不能用水去救的，愈救火愈旺，可能要用乾粉滅火器或其他的方法來救的。」

慧開：「這就是啦！處理方法正確的話，有它的因果後續反應，處理方法錯誤的話，也有它不可預期的因果後續反應，這就是我說的因果關係的微妙之處。」

譚生：「哦！我明白了！要如實地看待因果關係，不能只是一廂情願地從單一角度、單一層面來看，而要從多層次、多角度的觀點，甚至於同時從正、反兩方面來看因果的變化。」

慧開：「不錯！看來你已經逐漸步入因果道理的堂奧了。我還要再強調一點，因果關係、或者說因果網絡，是一種動態的連續函數，而且隨時可能有新的因素加入運作，這是因果關係更深一層的玄機。」

譚生：「唷！還有更深一層的玄機？願聞其詳！」

慧開：「就如你之前提到過的，我們往往會誤以為因果關係是單向直線式和機械式的過程，在這種思維模式下所理解的因果關係，是一種封閉性的因果過程，也就是說，『過去』的因，全然決定了『現在』和『未來』的果。宿命論就是在這樣的思維模式下產生的，就連多數佛教徒也都往往不自覺地陷入『業障深重』這種近似宿命論的窠臼。」

譚生：「的確！我所知道的大部分人都是抱持著這種想法，那麼應該如何思維才是正確的理解呢？」

慧開：「其實呢……因果關係是一種開放性的發展系統，這也是佛教所說『緣起性空，性空緣起』的道理，不過現在我們先不討論這個部分，留待以後有機會再談。我剛才所說因果關係的開放性，淺白地說，就是在因果的演變過程中，可以不斷地有新的因素加入運作，至於新的因素加入運作之後的演變過程或後果如何，仍然必須遵循因果法則，而不是人為的主觀意念所能任意掌控或左右的。」

譚生：「等一等！您這個說法倒是聞所未聞，我可是頭一遭聽到，我得好好想一想。不過呢……聽起來感覺很有現代感，不像過去聽人談因果，總是覺得陳腔濫調的，八股得很。但是，我還是有些疑惑和不解之處，要向您討教。」

慧開：「我這個理論說法，雖然在心中已經醞釀了好久，但是過去還不曾跟別人說過，這回跟你談起還是頭一遭，也是剛好有這個機緣和你談因論果才提出來討論。你有什麼問題，不妨直說，不用客氣。」

譚生：「能夠聽到您這種未曾有的說法，覺得非常榮幸。您說『因果關係是一種開放性的發展系統』，又說『在因果的演變過程中，可以不斷地有新的因素加入運作』，這幾句話確實讓我突破了以往的思維模式，有種跳出窠臼的感覺，讓因果關係似乎有了新的意涵和更深一層的道理；但您接著又說『至於新的因素加入運作之後的演變過程或後果如何，仍然必須遵循因果法則，而不是人為的主觀意念所能任意掌控或左右的。』這當中似乎有兩個面向，一方面，因果關係是一種開放性的發展系統，另一方面，又必須遵循因果法則，感覺好像有一點矛盾。」

慧開：「我了解你為什麼會有這種矛盾的感覺，其實呢……一點都不矛盾。不過，看起來好像有些矛盾，那是因為眾生長久以來習焉不察的『邊見』在作祟，而我說一點都不矛盾，這正是因果道理的玄妙之處。」

譚生：「嘿！您這就愈說愈玄了，我可聽得有點兒糊塗，可否再講清楚一點？」

慧開：「先別著急！一般人往往會不知不覺墮入兩種『邊見』之一，或者在這兩種邊見之間游移不定。所謂『兩種邊見』，就是兩種極端偏頗之見，要嘛……就墮入『宿命論』，要嘛……就墮入『無因果論』。前面第一種邊見，就是認為一切都是命中注定的，其背後的思維模式，也就是之前我們已經說過的『單向直線式和機械式的封閉性因果過程』；後面第二種邊見呢，是因為看到世間有很多『善無善報、惡無惡報』的現象和事例，就認為善惡無報，而可以為所欲為。而佛法所講的因果關係的道理是『中道』，既不墮入『宿命論』也不墮入『無因果論』這兩種邊見之中。」

譚生：「這和我們前面所談的有什麼關聯嗎？」

慧開：「當然有關聯啦！而且是密切的關聯。正因為因果關係是一種開放性的發展系統，所以容許新的因素不斷加入因果關係的運作，因此『未來』不但不可能完全被『過去』所決定，而且因為『現在』和『未來』都可以不斷有新的因素加入運作，所以『未來』的狀態是不斷在變動的，有如量子力學的『測不準原理』，因此『宿命論』是不可能成立的。另一方面，也正因為因果關係的變化有其法則，即使不斷地有新的因素加入運作，也仍然受到因果法則的規範，我們不可能為所欲為而不受因果法則的制約，所以

『無因果論』也不可能成立。」

譚生：「哦！我了解了！之前我會覺得這當中有些矛盾，的確是因為有些盲點還沒有解開，而這些盲點也確實是自己過去習焉不察的邊見，隱藏在錯誤認知中作祟。一般社會大眾多半還是停留在兩種邊見的框架中來思維或看問題，所以會覺得有矛盾，如果跳出那個框架，矛盾就化解了。不過您剛剛提到了量子力學的『測不準原理』，這和我們所談的因果道理，有什麼關連性嗎？」

慧開：「從表面上來看的話，兩者之間似乎沒什麼直接關聯，但仔細深入地分析，量子力學的『測不準原理』所蘊含的哲理，對我們理解因果關係的奧祕，可是有很深的啟發，可以幫助我們更加了解因果關係的玄妙之處。」

譚生：「嘿……這我就好奇了！量子力學不是屬於物理學的領域嗎？怎麼它的『測不準原理』還會有玄妙的『哲理』意涵呢？」

慧開：「你說得不錯，量子力學的確是屬於物理學的領域，其實推而廣之，物有『物理』，數有『數理』，天有『天理』，地有『地理』，人際有『倫理』，身有『生理』，心有『心理』，病變有『病理』，醫病有『醫理』，用藥有『藥理』等等，還有貫穿其間的，就是『哲理』啦！即使不談佛法，就世間法而言，貫穿宇宙人生、上下古今中外的就是哲理。」

譚生：「您這麼分析，我雖然還不十分理解，但可以接受，不過……我還是很好奇，量子力學裡面的『測不準原理』究竟有什麼哲理意涵？還是要請您解惑，但我要事先聲明我對於量子力學所知很有限，您不要講得太深奧複雜，我怕愈聽愈糊塗。」

慧開：「你放心，我會用很淺白的話來分析、解釋，保證你一聽就懂。早在古希臘時代，有關宇宙和物質的本質，以及事物的變與不變，就引起眾多哲學家之間熱烈的辯論，赫拉克利特（Heraclitus）認為宇宙中的所有事物都是處於不斷地變化的狀態，而且沒有例外，即使不是全部都變，也總是有一部分在變。相反地，巴門尼德（Parmenides）則認為宇宙中的任何事物都有它的自性，不可能變成另外一件東西，因此改變是不可能的。後來德謨克利特（Democritus）提出了『原子論』，認為宇宙和物質是由極小而不可分割的『原子』所組成的，在『原子』的層次，是永恆不變的，而由『原子』所組成的物質和宇宙則是不斷變化的，如此一來，『原子論』似乎可以折中、化解以上兩派的對立觀點，是不？」

譚生：「是啊！這已經是普通常識了嘛！就像我們的身體是由原子、分子所組成，原子、分子是不變的，但所組成的器官和整個身體則是不斷在變化的。」

慧開：「沒錯！『原子論』已經成了普通常識了，而且已經不新鮮了。到了一六八七年，牛頓出版了他的經典之作《自然哲學的數學原理》（拉丁文：*"Philosophiæ Naturalis Principia Mathematica"*），在書中發表了著名的牛頓運動定律與慣性定律，之後，『牛頓力學』幾乎主宰了普世的宇宙觀與物質觀長達三百年之久，不但促發了後來的工業革命，還一直影響到現代。」

譚生：「我想起來了，在高中時期學過牛頓三大運動定律，還記得『靜者恆靜，動者恆動』的慣性定律，不過，這和我們所討論的因果道理有什麼關係嗎？」

慧開：「當然有關係，你先別急，聽我逐步分析。在牛頓的那個時代，世界上最複雜的機械裝置就是時鐘，而在牛頓的心目中，宇宙和大自然的運行就像是一座精緻複雜的時鐘，時鐘標誌著『秩序、和諧以及數學式的精準』。古希臘時代認為宇宙是一個充滿神祕目的且具有生命的有機體，但是這樣的宇宙觀被牛頓給打破了，牛頓運用他所發現的運動定律和萬有引力定律，可以精確地描述月球的運動週期，以及行星和彗星的運行軌道，可以精準地計算、預測日蝕及月蝕發生的方位與時間。牛頓力學為物質界建立了一個明確的因果關聯，在這個系統之中，所有物質的運行都是依據嚴格精準的數學定律。」

譚生：「如果這個世界真的像牛頓所講的那麼有秩序、那麼和諧、那麼精準的話，就不該有動亂和天災人禍了嘛！」

慧開：「說得沒錯！從另一個角度來看，這個世界遠遠不是牛頓所想得那麼和諧、有秩序。我們再回過頭來看，牛頓可以說很成功地把這整個世界給『機械化』了，當然，這也可能是牛頓所始料未及的。不過，影響所及，連生物學甚至於心理學都給『機械化』了。有不少生物學家認為人類和其他生物就像是『基因機器』，連行為主義學派（Behaviorism）的心理學家也以一種牛頓式的動力系統來解釋人類所有的行為，而認為心智所扮演的角色，只是慣性地反應外界的刺激而已。」

譚生：「哇！這聽起來滿可怕的！如果我們都成了機器人，或者說『人』和『機器人』之間沒什麼差別的話，那麼做人的意義和人的尊嚴到底何在？」

慧開：「你這個問題，問得透澈！無可諱言，牛頓物理學的確——直接與間接地——促進了近代科技長足的進步，但同時也造成了人類在現代化與科技化的過程中，愈來愈疏離了我們賴以為生的『大自然』本身。而且，還不只是『人』給『機器化』了，就連政治、社會、經濟等領域也都給『機械化』或『機制化』了，導致現代社會中一種無形的『去道德化』與『去人性化』，不但做人的意義和尊嚴面臨到極大的挑戰，就連人的自由意志與創造力也都給抹煞了！」

譚生：「是啊！我深深覺得，在所謂『國家』或『社會』這個『大機器』裡面，我們每個人都好像……只不過是一個個大小不等的『齒輪』或者『螺絲釘』而已，有時候我會感到很無奈，但是……要如何才能夠突破這種困境呢？」

慧開：「你也不要那麼悲觀，困境終究是可以突破的。牛頓物理學到底是有它的發展極限，在二十世紀初，科學界開始對牛頓物理學的普遍性與有效性產生很大的質疑，因而有了新的契機與轉機。當愛因斯坦提出了他的『廣義相對論』，就打破了牛頓機械式的宇宙時空觀，在相對論裡面，時間與空間並不是絕對的客觀事實，而是會隨著物體間相對速度的大小而改變。」

譚生：「您這麼說，我覺得抽象了點，能不能講得更淺白一些。」

慧開：「可以！從牛頓的宇宙時空觀來看，一秒鐘就是一秒鐘，一分鐘就是一分鐘，一公分就是一公分，一公尺就是一公尺，這是不容質疑的客觀事實，放諸四海皆準。但是從愛因斯坦的宇宙時空觀來看，可就不是這樣啦！一秒鐘可長可短，一公分也可長可短。」

譚生：「一秒鐘可長可短，這我能理解，比如說快樂的時候覺得時間短，痛苦的時候覺得時間長，至於一公分也可長可短，這我就不理解了，怎麼可能呢？」

慧開：「這可不是純粹心理感受上的可長可短，而是可以用數值計算的可長可短，我用一個例子來說明，譬如說……如果你乘坐一艘太空船，以接近光速的高速在宇宙星際之間航行，那麼在你的太空船上，時間就會膨脹，而空間長度則會收縮，太空船上的一秒鐘就比地球上的一秒鐘來得長，而太空船上的一公尺就比地球上的一公尺來得短。」

譚生：「嘿！這聽起來滿玄的，這可有實驗證明嗎？還是……這只是純粹理論假設而已？」

慧開：「其實也沒那麼玄，從愛因斯坦的相對論來看，這是在光速不變的原理下，宇宙時空結構的本來性質，在高能物理的領域裡頭，這已經是證實過的物理事實。乍聽之下會覺得很玄，是因為我們無法親身經驗以接近光速的高速度移動，而在相對速度遠低於光速的情況下，牛頓力學還是有效的。但是在大宇宙層級的星際運動，以及小宇宙……也就是在原子、電子層級的質點運動，牛頓力學就無效了。」

譚生：「嗯！我有點了解了。換句話說，在大宇宙層級的星際運動，以及小宇宙層級的質點運動，就無法用牛頓的『機械鐘錶式』宇宙觀來理解與描述了。」

慧開：「你說對了！牛頓的『機械鐘錶式』宇宙觀由愛因斯坦給打破了，後來又有『量子力學』的提出，又更進一步轉變了我們的『物質觀』。」

譚生：「這是怎麼說呢？」

慧開：「傳統的『物質觀』認為物質是實際存在的客觀事實，就連原子的微觀世界也是如此，原子就像是個微型的太陽系，實質的電子繞著實質的原子核運行，而且有實質的軌道或軌跡可循。但是從量子力學的觀點來看，物質並不是像我們所以為的那麼『實在』，在原子層級的質點，不論是質子、中子還是電子，都兼具『質點』與『波動』的雙重性質，你很難說它究竟是『質點』還是『波動』？而且它的運動行為，你也無法確切地描述和預測。」

譚生：「這就是您之前所說的『測不準原理』嗎？能不能講得再淺白一點？」

慧開：「沒問題！我會用連一般不懂物理學的人都能理解的方式來解說『測不準原理』。舉一個日常生活的例子，如果在黑暗中或光線不明的情況下，我們想要看清楚一樣東西，或者想明確知道它的位置在哪，該怎麼辦？」

譚生：「簡單嘛！打燈啊！或者用手電筒等等什麼的，不是就可以看清楚了嘛！」

慧開：「好！那麼，再舉一個範圍大一點的例子，如果想要探測在空中飛行物體的位置和動向，或者探測在海裡航行物體的位置和動向，該用什麼方法？」

譚生：「這也不難，在空中的，就用雷達來搜尋；在海裡的，就用聲納來探測，這是大家都知道的嘛！」

慧開：「很好！那麼，同樣的道理，在原子的世界裡，物理學家想要探測及確定電子的位置和動向究竟如何變化，該怎麼辦？」

譚生：「嗯……我想如果用一般的顯微鏡肯定是沒有辦法的，應該要用極高倍數的電子顯微鏡，或者用更先進的精密電子儀器什麼的，才有辦法。」

慧開：「好！不管是用如何先進、精密、高檔的電子儀器，都需要有一個探測的媒介，就是電波或光波，就像是用雷達或聲納一樣，要先發射出電波或聲波打到目標物上，然後反射回來，接收之後透過儀器分析和電腦計算，就可以明確知道目標物的位置和動向。」

譚生：「這個道理我了解，但是這和『測不準原理』有什麼關聯呢？」

慧開：「問得好！我們現在進入問題的核心了。同理，想要探測原子結構裡電子的位置和動向，我們要先發出一束電波或光波到電子身上，然後反射回來，電子顯微鏡或儀器就根據反射回來的電波或光波，來計算電子的位置或動向。好啦……現在問題來了，因為電子的質量只有質子的一千八百三十六分之一，是非常非常微小的質點，當有光波或電波打在它身上的時候，等於是一種外來的干擾，就迫使它離開了『原來』的位置，同時也改變了它運動的方向，換句話說，我們所能知道的，只是經過『探測』（或者說『干擾』行為）之後的位置或動向。」

譚生：「等等……您為什麼說計算電子的位置『或』動向，而不是電子的位置『和』動向，這中間有什麼差別嗎？」

慧開：「不錯！問得好！你還聽得真是仔細，這當中確實是有差別的，如果打在電子身上的光波，波長短、頻率高，那就容易算出電子的位置，但不是它的動量（運動方向加上速度），如果打出的光波，波長長、頻率低，就容易算出電子的動量，而不是它的位置，在同一時間探測，二者只能擇一，無法兩全。」

譚生：「哦……我懂了！因此，電子『原本』的狀態，我們是無法知道的，或者說，電子『原本』的位置或動向，是無法同時探測得到的。」

慧開：「沒錯！說對了！對於原子、電子這樣的微觀系統而言，『探測』就等於是『干擾』，再精確地說，『探測』行為的本身，就是對『被探測』的目標系統的一種『干擾』，因此，我們所得到的所有探測數據，都是所欲探測的目標系統在『被干擾後』的情況下所反映的狀態，而不是系統在尚未被干擾前的『原本』面貌。」

譚生：「哦……我了解了！怪不得叫做『測不準原理』，照您這麼說，電子的『原本』狀態是怎麼測……都不可能會準的嘛！」

慧開：「是啊！其實不只是電子而已，世間任何事物的『本來面目』，從佛法的立場來看，都是無法藉由『探測』的行為或方式得知的。」

譚生：「這是怎麼說呢？從『電子』一下子跳到『世間任何事物』，我又聽得糊塗了，這是不是之前您曾提到的，『測不準原理』的哲理意涵？」

慧開：「你說得沒錯！的確，我是從『物理』意涵談到『哲理』意涵，從『電子』一下子談到『世間任何事物』，表面上看起來，好像是很『跳躍』式的思維，沒什麼關聯性，其實是有共通的道理的。」

譚生：「這當中還有什麼微言大義？請您開示。」

慧開：「從『物理學』和『生物學』的觀點來看這個物質和自然世界，任何物理或生態系統——不論有機的動植物或是無機的礦物等等——都有它自己原本的演化過程或狀態，當我們想要去了解某個物理或生態系統時，必然要採取一些觀察、探索乃至測量的方法和措施，而這些探測的措施和舉動，就形成了一種從系統外部『介入』到系統內部的『干擾』行為。」

譚生：「『干擾』？嗯……這兩個字，讓我聯想到古人詩詞中的一句話——『吹皺一池春水』，聽起來似乎有點負面的感覺，您用『干擾』這個詞，是否有這種意涵呢？」

慧開：「負面的意涵嘛……倒是沒有，不過你這一問，問得仔細，我這裡用『干擾』二字，是中性的用語，只是用來說明我們的觀測行為和措施等等所扮演的角色，意思是要指出，這是一種由系統外部『介入』到系統內部的活動，無關乎『正面』還是『負面』，當然它也可能有『正面』或者是『負面』的影響。其實呢……觀測行為對被觀測的系統所產生的影響，究竟是『正面』的或者是『負面』的？這當中還牽涉到觀測者個人的認知立場和解釋觀點，往往是『仁者見仁，知者見知』，並沒有絕對客觀的標準和定論，甚至於是眾說紛紜，彼此之間其實是有很大的歧異。」

譚生：「聽您這麼一分析和講解，我一方面覺得很新鮮，因為以往從來沒有聽人這麼說過；另一方面也覺得滿震撼的，我可就從來都沒想過，在了解這個世間現象的過程當中，居然還有這麼多微妙的玄機呀！」

慧開：「的確如此！這真是個很微妙的過程，我們往往自以為透過深入的探索、觀察和測量，我們就能夠了解、掌握事物或現象的『原本』或『真實』面貌或狀態，其實不然，事物或現象原本的系統已經被我們的探測行為給干擾了，我們所能夠得知的，其實是系統被干擾後的狀態和面貌，至於真正原本的面貌如何？我們永遠無法得知，充其量只能根據觀測所得的資料及數據來推論或者是猜測而已。」

譚生：「這麼說來，『測不準原理』已經不限於物理世界和物理現象了，是不是？」

慧開：「說得沒錯！『測不準原理』還可以用在人類世界中的種種社會現象、經濟現象、政治現象等等。更進一步地說，對於以上所舉的這些現象，即使我們透過觀測、調查所得，有了足夠的資料及數據，但是每個人的解讀、分析與判斷又有所不同，最後的結論仍然莫衷一是。所以我們要有一種覺悟，就是說，我們對於世界的認知，頂多只是『近似』而已，絕非完全地『真實』。」

譚生：「您這麼一說，讓我又想起您之前提到的，佛經裡面『瞎子摸象』的譬喻，現在覺得又有更深一層的理解了。怪不得《金剛經》云：『凡所有相，皆是虛妄』，以前我總覺得，佛經講得太誇張了吧！『世間相』當中還是有很多很真實的啊！怎麼會『皆是虛妄』呢？不過，現在聽您這麼一解說，確實佛言不虛，終於有點領悟了。」

慧開：「能有這樣的領悟，表示你的確有用心深入思維，誠屬稀有難得！」

譚生：「謝謝您的誇獎！不過，雖然我自覺有點領悟了，但是心中仍然有些深層的疑惑，也可以說是一種深層的憂慮，還不知道要怎麼化解。」

慧開：「哦！深層的疑惑加上深層的憂慮？很好啊！大疑才能大悟！你到底疑惑些什麼？又憂慮些什麼？說來聽聽！」

譚生：「如果世間相都是『測不準』的話，換句話說，都是無法確定的話，還有，如《金剛經》中所云『皆是虛妄』的話，那麼，我們生命的依靠到底在哪裡呢？感覺好像很沒有安全感，您知道我心中想要表達的意思嗎？另外，還有一層疑惑，在這個宇宙人生當中，難道就如此地『皆是虛妄』了嗎？那麼，這個世間究竟有沒有『真實』存在呢？如果有的話，又如何能夠知道或見到『真實』呢？」

慧開：「這幾個問題可都是『大哉問』哪！你可是問得格外深刻，也格外關鍵，不過先別憂慮！我很清楚你心中想要表達的意思。其實呢……這也是大多數人的疑惑和憂慮，四十年前也曾經困擾過我很長一段時間，後來我花了二十年的歲月，才逐漸化解了這些疑惑和憂慮，現在已經沒有這樣的問題了。」

譚生：「那我可是問對人了！您是如何化解的呢？請開示！」

慧開：「不用客氣，我很樂於分享個人的一愚之得。基本上，你所提出的這些疑惑和憂慮，其實也是絕大多數人都有的，這也反映出眾生的一種『法執』，也就是對於世間相的一種執著。絕大多數人都會認為，世間所有事物都應該具備某種定相或本質，而且我們能夠加以觀察、探測，甚至能夠操縱、掌握，至少是在我們可控制的範圍內，這樣我們才會覺得有所依靠，才有安全感。而『測不準原理』卻無形中徹底打破了——至少是嚴重地動搖了——這種有所依靠和安全感的基礎，有些人就會覺得滿可怕的。」

譚生：「是啊！我就是有這種感覺，要如何化解這種不安和恐懼感呢？」

慧開：「這種不安和恐懼感，其實是源自於眾生的『法執』，也就是執著於諸法（事物和現象）的『實在性』或者是『實體性』，所以要化解這種不安和恐懼感，就要先破除這種『法執』。」

譚生：「那麼我們要如何才能破除這種『法執』呢？感覺好像很困難的樣子！」

慧開：「眾生的執著都是根深柢固的，要一下子破除或扭轉過來，當然不容易，但是也沒有大家認為的那麼困難。想要破除任何『法執』的第一步，就是換一個角度看待問題，或是換一個觀點思考問題。」

譚生：「嗯！經您這麼一提點——換個角度思考問題，我覺得很有啟發性，能不能再舉個實例來說明就更清楚了。」

慧開：「好！那麼我就講一段往事，一九九七年十月份，我代表家師星雲大師到義大利威尼斯出席『世界宗教和平大會』，會期前後共有四天，會議的場所都是在威尼斯市區，但是與會人員都掛單在郊外山上的一座天主教修道院裡面，每天早晚乘坐巴士往返會場。在會議那幾天搭車的時候，認識了一位來自瑞典的神父，第一次在車上見面彼此寒暄介紹之後，我就跟這位神父說，在我個人以臺灣人的眼光來看，瑞典這個國家風景如畫，社會福利完善，社會風氣開放，而且治安良好，犯罪率很低，像是一個天堂般的國度，接著我就問他：『你們的老百姓應該都是過著幸福快樂的日子，是吧？』他居然回答我說：『Not exactly!』然後有點無奈地透露說，他們的國民自殺率其實是很高的！我聽了，直覺得不可思議。你聽了……有什麼感想？想不到吧！」

譚生：「是啊！這怎麼可能呢？像瑞典這樣一個高度發展進步的國家，老百姓的自殺率反而出奇的高，這真的是太奇怪了！」

慧開：「是嘛！起初我也很納悶，覺得太不合乎常理了，後來我想通了，發覺這就是人生弔詭的地方。」

譚生：「您好像滿喜歡講『弔詭』的，之前就聽您說過，在您的文章裡也常看到這個用語。」

慧開：「哈哈！你倒是成了我的知音了！不過呢……其實不是我喜歡講『弔詭』，而是人生本來就很『弔詭』的呀！」

譚生：「是嗎？那要請教您，人生究竟是如何地『弔詭』法呢？」

慧開：「你不是說了，在面對『測不準』而無法確定的人生，有一種『沒有依靠』和『不安全』的恐懼感嗎？」

譚生：「是啊！我確實是這麼覺得！」

慧開：「好！那麼我們再換個角度，反過來思考，如果你的一生都已經被安排得

『好好』的，不但不會『測不準』，而且就像是袁了凡的前半生一樣，被那位孔先生算命算得『死死』的，一絲一毫都動彈不得，想逃呢……也逃不得，想改呢……也改不了，像這樣的人生，你喜歡嗎？你願意嗎？你接受嗎？」

譚生：「哇！這太可怕了！您這麼一問，真是一語驚醒夢中人哪！如果真的是像您說的那樣子，我們生命中的一切都已經被安排好了——不管是被誰安排，而且又完全無法改變，我覺得這種僵化生命的『窒息感』，比起『無依靠感』和『不安全感』，真的還要恐怖好幾倍呀！話說回來，即使是『測不準』的人生，最起碼，還讓我有改變的機會吧！」

慧開：「是啊！你應該讀過《了凡四訓》，當年袁了凡到了棲霞山拜會雲谷法會禪師，在佛堂中他和禪師對坐，『凡三晝夜不瞑目』，心中沒有一點妄念，這是一般人很難做得到的，結果他卻被雲谷法會禪師奚落了一番，笑說原以為他是個豪傑，原來只是個凡夫。你說，為什麼禪師這麼說？」

譚生：「哦！袁了凡當時的心境雖然是沒有妄念，但已經是『萬念俱灰』了嘛！怪不得禪師要奚落他一下。」

慧開：「其實，雲谷法會禪師是要藉此點出袁了凡的『槁木死灰、了無生趣』，並不是真的要取笑他。」

譚生：「以前我讀過《了凡四訓》，但只不過是當作一般坊間的善書來看，並沒有很認真地思考，剛才聽您這麼一舉例、一分析，嗯！好像還有些更深層的生命哲理，我還沒想到，現在經您這麼一提點，我就更清楚明白了。」

慧開：「的確，很多人都看輕了《了凡四訓》，也忽略了其中所蘊含的深層生命哲理，我們現在先不談這部分，以後有機會再討論。回到前面的問題，有一次在生死學研究所碩士班的課堂上，我問學生，如果你出生在一個高度社會福利的理想國家，從生到死，政府都為你規畫安排得好好的，你只要循規蹈矩、奉公守法、按部就班，就可以無憂無慮、平平安安、順順利利地過完幸福快樂的一生，你們會喜歡嗎？要不要過這樣的人生？」

譚生：「學生們怎麼說呢？」

慧開：「果然不出我所料，學生們就開始七嘴八舌地說了：『那我的人生豈不是要任憑政府擺布了？這樣子的人生實在太無趣了，我可不要！一點創造性、挑戰性都沒有，這樣子過一輩子豈不悶死人啦！不要說是政府規畫的，就是自己爸媽安排的，也不見得是我喜歡的，再怎麼說，也得自己作主啊！哇！太可怕了！我好像變成政府的寵物了！或者像是同一個模子鑄造出來的機器人一樣！我的存在還有意義嗎？』我聽了以後，哈哈大笑！」

譚生：「是啊！聽了這些學生的反應，我也覺得很有趣，一方面怕生命無常，沒有依靠，另一方面更怕生命固定，一成不變，被綁得死死的。聽了您這麼一番開示，我愈來愈覺得人生真的是充滿了弔詭啊！不過您的『弔詭』開示，真的很有啟發性。」

慧開：「哦！你得到了哪些啟發呢？」

譚生：「您講『測不準原理』，從物理講到哲理再講到人生，一開始我覺得，如果人生當中什麼都『測不準』的話，那不是很可怕嗎？一點安全感都沒有。後來您又舉了袁了凡的例子，才讓我了解到『被注定』的人生更加可怕，現在我倒是覺得『測不準』破除了束縛生命的固定框架，反而給人生帶來了一種自由、一種希望。我原本的那種『沒有依靠』和『不安全』的恐懼感，無形中已經被您『弔詭』的開示給化解了，哈哈……真的非常感謝！」

慧開：「不客氣！你說得極好，其實『測不準』不只是破除了束縛生命的固定框架，也是宇宙人生的一種解套，而且讓生命充滿了生機與轉機。佛教講『世間無常、人生無常』，很多人聽到了『無常』就覺得害怕、反感、排斥，還因此誤認為佛教就是『悲觀、消極、厭世』的，殊不知生命的『生機』與『轉機』就蘊藏在『無常』和『測不準』當中。」

譚生：「的確！佛教講無常，很多人的理解是滿負面的；不過您卻說：『無常』和『測不準』當中蘊含了生命的『生機』與『轉機』，聽起來不但沒有消極、負面的意涵，反而有一種積極、正面的哲理，這一層道理我覺得很有啟發性，請您再說得明白一些。」

慧開：「大多數人一聽到『無常』兩個字，就直覺地認定它要表達的『一定』都是負面的，其實這是一種誤解與成見。當然，無常『通常』是用來指涉負面的事物或現象，比方說，當聽到親朋好友發生意外或遭遇不幸，我們多半會不自覺地感嘆：『啊！人生無常！』但反過來講，如果有人中了彩券或樂透的巨額獎金，等於是得到一件『從天上掉下來的禮物』，這種難得的事情，你有遇到過嗎？你所知道的親朋好友當中又有哪個人遇到過呢？如果真的有這種事情，你會怎麼說呢？」

譚生：「哦！我懂您的意思了，您一定會說：『哇！人生無常！』您這個說法真是透澈！中了巨額彩券或樂透，這種可遇不可求的事，的確也是人生的一種無常啊！聽您這麼一說，如果我的了解不錯的話，『無常』也同時可以指涉正面的事物或現象。更廣義地來說，『無常』就是『測不準』，所以跟事情的好壞無關，既可以包含負面、也可以包含正面的事物或現象。」

慧開：「說得好極了！『無常』即是『測不準』，『測不準』即是『無常』。如果宇宙人生不是『無常』而是『恆常』的話，那麼世間的一切就沒有變化了，或者說，雖然看起來好像有變化，而其實只是一種機械式的運轉，就像是鐘錶一般固定模式的循環，有變等於沒變。」

譚生：「我了解您的意思了，那就像是您之前說的牛頓宇宙觀，宇宙雖然不斷地在運行，但只是週而復始、一成不變地運行，整個世界就像是個巨大的機器，而我們每個人只是其中一個小螺絲釘或小零件，雖然整部機器——裡裡外外、上上下下——都不停地在運行轉動，但是模式千篇一律，如果我們的人生就像是這樣子，那太可怕了，我會覺得一點意義都沒有。」

慧開：「沒錯！在那樣子的世界裡面，既不存在『落伍』，也不存在『進步』。沒有破壞和毀滅，當然也就沒有創造和發明；既不能汰舊，也不能更新，你能夠想像，在這樣的意味下，那會是怎麼樣的一個世界呢？」

譚生：「如果真的是那樣子，那可不是普通的可怕，而是極度恐怖的世界，我的感覺是『毫無生機、了無生趣、一片死寂』。」

慧開：「是啊！如果這個世界是『恆常』的，而沒有『無常』的話，那麼整個宇宙人生就一點『轉機』都沒有了，當然也就沒有什麼『生機』可言了。」

譚生：「經您這麼一分析，我現在可是徹底了解您說的，『無常』和『測不準』當中蘊含了生命的『生機』與『轉機』這個道理了。」

慧開：「所以我推測，你現在不但不再害怕『無常』和『測不準原理』，反而慶幸、甚至開始喜歡『無常』和『測不準』了，是不？」

譚生：「還真的都讓您給說中了，小時候我一聽到『無常』兩個字，就會聯想到民間傳說陰曹地府裡的『黑白無常』什麼的，怪可怕的。現在呢……不但不怕，還要張開雙臂歡迎、擁抱生命中的無常。謝謝您的提點和啟發，我終於了解到無常的奧義了，開始覺得生命中充滿了無限的『生機』與『轉機』，即使未來可能會遇到很多困難、挫折甚至於失敗，我也會懷抱著希望來面對問題。」

慧開：「說得太好了！所以你現在一定不會認為佛教講『無常』是一種『消極、悲觀、厭世』的說法，是不？」

譚生：「那當然，我對『無常』的理解已經徹底更新了，我現在認為佛法講『無常』，不但不『消極』而且很『積極』，不但不『悲觀』而且很『樂觀』，不但不『厭世』而且很『入世』。」

慧開：「的確如此！更明確地說，『無常』既不偏於『悲觀』，也不偏於『樂觀』，而是一種『實觀』。世間相本來就是無常，本身並沒有『悲觀』、『樂觀』之分，而是芸芸眾生誤把自己主觀對『無常』的成見投射到世間相上，才產生了觀點上的正反面差別。」

譚生：「哦！我了解了，換句話說，我們應該超越正反兩邊，而『如實地觀照』世間的一切。」

慧開：「說得極是！但是更為核心的問題來了，我們要如何才能『如實地觀照』世間的一切呢？之前我們所談的大部分是屬於『世間因果』的層次，接下來的功課就是如何從實踐的層次來提升我們的知見，轉化我們的身心，確實達到『如實觀照世間』的境界，如此我們才能『化煩惱為菩提』，這就從『世間因果』超越到『出世間因果』的層次。」

譚生：「嗯……這的確是個關鍵的問題和功課了！不瞞您說，我雖然用心研讀過一些佛學書籍，也涉獵過一些經典，但是多半停留在文字的理解和道理的思辯層次上，對於實踐的功夫這一方面，其實還談不上，特別是有關佛法的修持，雖然心嚮往之，卻尚未真正用心。坦白地說，就好像還在門外徘徊，很想入門一窺究竟，卻又有點猶豫、害怕，真的需要請您不吝開示指點。」

慧開：「不客氣！我們相互研究。其實呢，佛法不管講得如何地高深玄妙，終究還是要回歸到實踐的層次，否則都成了空談。」

譚生：「這個道理我也了解，但是現代人——特別是生活在都會區的人——幾乎都是『人在江湖，身不由己』，您說是不是？要談修行，感覺好像有點遙遠，不管是想學習打坐參禪，或是念佛禮拜，總覺得不是抽不出時間，就是靜不下心來。請問您修行有沒有甚麼要領可以掌握？而不至於覺得很玄。」

慧開：「問得好！修行其實不拘於打坐參禪，或是念佛禮拜等等，修持佛法的綱領，總括地說，就是『聞、思、修』三慧和『戒、定、慧』三學，掌握了這兩項綱領，就不至於盲修瞎練。至於『三慧』和『三學』的內涵，需要多花一點時間說明，改日有機會我們再詳談。」

譚生：「那好！我們先不談那部分，留到以後再說。不過，還是要先請教您，有沒有什麼契合現代人的入門功夫或修行祕訣呢？」

慧開：「有的！修持佛法的入門基本功夫，其實是不分『古代』還是『現代』的。簡單地說，修行的下手處就是『身、口、意』三業，『眼、耳、鼻、舌、身、意』六根和『色、聲、香、味、觸、法』六塵。」

譚生：「真的？就這麼簡單！」

慧開：「真的！就是這麼簡單！再講得清楚一點，修行的基本功夫就是星雲大師所提倡的『三好運動』——『做好事，說好話，存好心』聽起來簡單，做起來可不簡單哪！」

譚生：「聽您這麼一說，我愈想愈覺得事情好像沒那麼簡單，一打開電視或者一翻開報紙，『做壞事，說壞話，存壞心』的新聞層出不窮，相形之下『做好事，說好話，存好心』的新聞倒成了稀有，令人感慨。」

慧開：「你不須感慨，也不要氣餒，我們先從自己做起，把自己的三業、六根管好，諸惡不作，眾善奉行，然後再推己及人，久久功夫純熟，自然煩惱消除，智慧增長。」

譚生：「謝謝您的開示和勉勵，我會努力自我要求，自我策勵。不過我還有個疑問，這個基本功夫能不能夠讓我們達到『如實觀照世間』的境界？」

慧開：「可以的！你不是讀過《金剛經》嗎？佛告須菩提：『是故須菩提，諸菩薩摩訶薩應如是生清淨心，不應住色生心，不應住聲、香、味、觸、法生心，應無所住而生其心。』這就是基本功夫的延伸，最後達到『如實觀照世間』的境界。切記！修行不離三業、六根和六塵，你可以仔細慢慢體會。」

譚生：「經您這麼一提點，我有點領會箇中的奧妙了，過去我把修行想得太玄了，怪不得會覺得遙遠，現在才了解，原來就是要先照顧好自己的身口意嘛！」

慧開：「恭喜你！《六祖壇經》中，惠能大師有云：『與汝說者，即非密也，汝若反照，密在汝邊！』」

譚生：「和您這一番談話，感覺就像是尋幽訪勝，可說是『步步堂奧，處處玄機，在在驚奇』，化解了我多年來的疑惑，不亦快哉！真的是『與君一席話，勝讀十年書。』」

慧開：「過獎了！也感謝你的提問，讓我有機會從不同的角度來分析及討論生命的問題，我也有很多收穫，下次有機緣我們再相互研究。」

# 生命的終極關懷

# 《佛說阿彌陀經》的現代解讀與釋疑

## 前言

一九七二年，我以第一志願進入臺大數學系，在全校新生訓練的第一天，被一面一公尺見方的看板——上面寫著一個大大的「佛」字——所吸引而加入「晨曦學社」，這是全臺灣各大專校院中第一個學生佛學社團。我最早讀到《阿彌陀經》是在剛進入晨曦學社後不久，當時讀過之後的第一印象是「太神話」啦！什麼「黃金為地、七寶的亭臺樓閣……」啦等等！以我學數理科學的邏輯思維來看，簡直比「天方夜譚」還要「天方夜譚」，令人難以置信。反而是《六祖壇經》、《虛雲老和尚禪七開示錄》、《來果禪師語錄》等等，比較能讓我信服。

大一升大二的暑假，我到南投水里蓮因寺參加「大專青年齋戒學會」，在懺雲法師的講解下，研讀蕅益大師著、靜修法師註解的《教觀綱宗科釋》一書，初步有系統地接觸到天臺止觀的教學義理，對於佛法修學歷程與修證次第的整體架構，才算有了基本的了解，同時對於聲聞、緣覺、菩薩、諸佛的境界差別，也有了進一步的認知。

有了天臺教義的奠基，我再回過頭來讀《阿彌陀經》，就不再覺得是神話了，但仍停留在「依文解義」層次的理解，對於阿彌陀佛以智慧方便力攝受十方眾生的「慈悲本懷、深重願力與功德莊嚴」，還沒有真正的契入。

在學時的寒暑假期間，我參加過幾次煮雲老法師主持的「大專青年精進佛七」，解行並重，深有啟發，《阿彌陀經》讀得滾瓜爛熟，已經能夠信受奉行。但是如果想要講給他人聽，讓他人也能信受，就覺得力有未逮，因為「信者恆信，不信者恆不信」。

臺大畢業之後，我應邀到佛光山普門中學任教，在課堂教學以及生活輔導的過程中，親身體察到「眾生難度」，「春風化雨、作育英才」之大不易。我為了教好數學，還認真地研讀心理學。此外，我深深體會到，除了「言教、身教」之外，還亟需有「境教」的規畫、設計與建置，言教與身教才得以充分發揮其功能。

星雲大師有感於阿彌陀佛淨土法門的方便教化，特別在佛光山建置了一座「淨土洞窟」，模仿《阿彌陀經》及《觀無量壽經》中所描述的境教場景，讓一般社會大眾能夠隨緣薰習。三十多年前，我曾經讀過一篇文章，是一位基督徒在參觀過「淨土洞窟」之後所寫的，十分讚歎大師的睿智與佛光山弘法方式的現代化。

有了教學場域上的實際困頓經驗與自我突破的努力，這時候我再回過頭來讀《阿彌陀經》，才深深體會到阿彌陀佛淨土法門所蘊含的慈悲、智慧與方便教化，佩服得五體投地。阿彌陀佛的淨土世界猶如一所大學，其校園中的整體教學設計是超現代的，而《阿彌陀經》則是釋迦牟尼佛主動為阿彌陀佛的極樂國土所做的「校園導覽」。

如今我以一個現代教育暨弘法工作者的觀點及視野來重新解讀《阿彌陀經》，一點心得不揣淺陋與各位讀者分享，希望大家也能從受持讀誦《阿彌陀經》獲得福慧增長與生死自在的利益。以下我先分別引述一段經文，接著再作解讀與分析。

## 六成就——與會大眾介紹

如是我聞，一時，佛在舍衛國祇樹給孤獨園，與大比丘僧，千二百五十人俱，皆是大阿羅漢，眾所知識：長老舍利弗、摩訶目犍連、摩訶迦葉、摩訶迦旃延、摩訶俱絺羅、離婆多、周利槃陀伽、難陀、阿難陀、羅睺羅、憍梵波提、賓頭盧頗羅墮、迦留陀夷、摩訶劫賓那、薄拘羅、阿那樓馱，如是等諸大弟子。並諸菩薩摩訶薩：文殊師利法王子、阿逸多菩薩、乾陀訶提菩薩、常精進菩薩，與如是等諸大菩薩，及釋提桓因等，無量諸天大眾俱。

第一段經文的內容是開場白，就如同現代社會的重要會議或講座一樣，一開始會先介紹與會的大眾以及貴賓有哪些人。

傳統的解經方式是以「六成就」——也就是成就法會的六大要素「信、聞、時、地、主、眾」來作說明。「六成就」的意涵，請讀者自行查閱《佛光大辭典》，在此不作細述。

所有的大乘經典都有一個共通點，就是在釋迦牟尼佛每一次說法的法會一開始，都由一位大弟子代表與會大眾——稱之為「發起眾」——先發問請法，然後佛陀就針對弟子請法的主題開示大眾，並且在開示的過程中，由「發起眾」代表大眾與佛陀問答對話。

而《阿彌陀經》是唯一的例外，弟子無問，佛陀自說，也就是釋迦佛陀主動開講，向大眾介紹阿彌陀佛極樂國土的種種功德莊嚴，並且鼓勵大眾發願往生。用現代的概念來說，《阿彌陀經》就是釋迦佛陀主動為阿彌陀佛的極樂國土所做的「校園導覽」。

## 極樂國土的方位及自然環境介紹

釋迦佛陀的開場白，首先是介紹極樂國土的方位與自然環境，經文如下：

爾時，佛告長老舍利弗：從是西方，過十萬億佛土，有世界名曰「極樂」，其土有佛號「阿彌陀」，今現在說法。舍利弗，彼土何故名為極樂？其國眾生，無有眾苦，但受諸樂，故名極樂。又舍利弗，極樂國土，七重欄楯，七重羅網，七重行樹，皆是四寶周匝圍繞，是故彼國名為極樂。又舍利弗，極樂國土有七寶池，八功德水充滿其中，池底純以金沙布地。四邊階道，金、銀、琉璃、玻璃合成。上有樓閣，亦以金、銀、琉璃、玻璃、硨磲、赤珠、瑪瑙而嚴飾之。池中蓮花大如車輪，青色青光、黃色黃光、赤色赤光、白色白光，微妙香潔。舍利弗，極樂國土，成就如是功德莊嚴。

這一段經文首先介紹「極樂國土」的方位、名稱，以及教化主——即是「阿彌陀佛」，現今正在說法。

很多人會問：為什麼極樂國土是在「西方」？而不是在其他方位？我的理解是：在浩瀚的宇宙中，方位本來就是相對的，佛陀只是在說法的當時，隨順世間而說出極樂國土的相對方位。如果當時佛陀說極樂國土是在「東方」，一定會有人問：為什麼是在「東方」？而不是在其他方位？所以這根本就是一個「不成問題的問題」。

佛陀接著介紹極樂國土自然環境的種種功德莊嚴，七寶的水池、亭臺樓閣、黃金鋪地等等。很多人初讀這一段經文，就像我四十多年前讀的印象一樣，會覺得：「太神話了，怎麼可能？」

以我現在的理解，則會反問：「為什麼不可能？」當今世界上就有一個類似的實例，阿拉伯聯合大公國的杜拜（Dubai）有一座號稱「七星級」的帆船飯店，根據媒體報導，其室內設計金碧輝煌，歎為觀止，為了展現其富貴之氣，飯店裡的壁紙真的是用「金箔」鋪的，代表什麼意義？「高檔、氣派」啊！所以我要反問：「為什麼世間的七星級飯店可以用黃金鋪壁紙，極樂國土就不能用黃金鋪地呢？」

歷史上也有一個黃金為地的實例，當年舍衛國首富給孤獨長者，想建一座精舍供養佛陀，作為講經說法之用。他到處探訪，最後看中了祇陀太子的私人林園，就親自登門拜訪太子，表明來意。

起初，祇陀太子根本就不願出售心愛的林園，但是因給孤獨長者是國之大老，德高望重，又曾經擔任過父王波斯匿王的大臣，太子不好直接拒絕，就拐彎抹角想辦法讓長者知難而退。於是太子提出一個條件，如果長者能用黃金鋪滿整座林園，就同意割愛出售。沒想到給孤獨長者聞言，喜出望外，二話不說，立即差人用金箔鋪滿了整座林園。太子一言既出，駟馬難追，不得不履行諾言，忍痛出售林園。

但是太子不想讓供養佛陀的功德由長者一人獨占，就說雖然林園讓售予長者，但是園中的所有樹木並未貼上金箔，所以不賣，並不是太子要留著，而是他本人也要供養佛陀。於是，由祇陀太子供養林園中的所有樹木，由給孤獨長者供養林園，並且在園中建設了莊嚴的「祇園精舍」，這就是「祇樹給孤獨園」的由來。

以我現在的理解，其實這段經文的重點，根本就不在於「黃金」或「七寶」，而是在於極樂淨土整體環境的「規畫與設計」，以及阿彌陀佛對於極樂淨土「教學設計」的獨到「創意」，至於「黃金」與「七寶」等等，只是設計所運用的「元素」而已。

所有的佛國淨土，都有一個共同的教化目標與課題，就是「莊嚴佛土，成熟眾生」，簡稱為「嚴土熟生」。針對此一教化眾生的目標，其關鍵的課題在於：十方諸佛要設計出什麼樣的教化環境，才能夠如實彰顯及成就諸佛「嚴土熟生」的心願呢？

我再換一個方式來問：如果是由讀者您來規畫設計一座能夠淨化眾生「身、口、意」與「身、心、靈」的校園環境，您會規畫設計出什麼樣的境教設施呢？而能夠全面有效地薰陶提升所有學生的「身、口、意」與「身、心、靈」層次。

當我在普門中學任教的頭幾年，被學生「訓練」與「磨練」得身心有些疲憊，非常深刻地體會到「言教、身教」之不足，還亟需有「境教」的配合。所謂「境教」的內涵，包括了「生活環境」與「教學環境」，且「境教」的種種設施，並非任意設計的，而必須針對眾生的「身、口、意」與「身、心、靈」所需。有了高明的境教設施，教師的言教與身教才得以充分發揮其功能。

我們可以看到一些世界級的名校，除了擁有悠久的學術傳統，傑出的大師級教授學者，他們的校園環境和校園文化也都是很有特色的，能夠讓學生浸淫其中，自然而然就有一種薰習陶冶的功能，所謂「鳴琴垂拱，不言而化」，就是這樣的意境。

有了這些「困而知之」的教學經驗和心得，我再回過頭來讀《阿彌陀經》，就對阿彌陀佛的境教設計與創意，佩服的五體投地。

## 極樂國土生活環境介紹

釋迦佛陀接著介紹極樂國土的生活環境，經文如下：

又舍利弗，彼佛國土，常作天樂，黃金為地，晝夜六時，雨天曼陀羅華。其土眾生，常以清旦，各以衣裓盛眾妙華，供養他方十萬億佛。即以食時，還到本國，飯食經行。

舍利弗，極樂國土，成就如是功德莊嚴。

這一段經文是說：極樂國土的眾生，經常在清晨以衣裓盛滿各種妙華，出國到他方世界參學，以眾妙華供養他方世界十萬億諸佛，然後又在早齋前回到極樂國土，用齋之後繞佛跑香。

大家第一次讀了之後的感覺如何？多半會是「太神話了吧！哪有可能？」我的理解是：所謂「可能」與「不可能」二者之間的差異是相對的，而不是絕對的。

二〇一二年四月下旬，我應邀到牛津大學佛學研究中心講學，也在佛光山倫敦道場演講生死學，承蒙駐英國大使沈呂巡博士及夫人的接待，在牛津劍橋俱樂部晚宴，席間沈大使談起民國早年老一輩的外交官，他們回憶出使歐美的經歷，光是坐輪船就要三個月的時間，好像度假一樣，而且在整個旅途當中根本就無法通訊。以民國二、三十年代的當時，哪裡能夠想像現在二十四小時之內就幾乎可到達世界各地任何一個角落，而且手機或是電腦一開，就可全球即時影音通訊。現代人的家常便飯，在古早的年代根本就是一種不可能的想像。

我們現在可以理解，上述這種「可能」與「不可能」之間的差異與關鍵點，就在於現代人發展出古人所沒有的「交通、飛航與通訊平臺」，使得整個世界的時空距離大幅地縮短，就古人來說，這簡直就是不可思議的神奇世界。

這一段經文，其實是呼應「阿彌陀佛四十八大願」的第二十三願，其內容為：

「設我得佛，國中菩薩，承佛神力，供養諸佛，一食之頃，不能遍至無數無量億那由他諸佛國者，不取正覺。」

我的理解是，阿彌陀佛以他的圓滿智慧、無量功德以及神通力，為眾生提供了一個平臺，讓眾生能夠「承佛神力」遊歷不同的佛國世界；否則以娑婆世界眾生的微薄能力，如何能夠「於一念頃」跨越「十萬億佛土」而往生到彌陀淨土？

有關「頃刻之間，遊行他方佛國世界」的可能性，大家一定會懷疑，甚至覺得不可置信，所以我必須要針對這一點作些補充說明以釋疑。其實，不只是大乘經典，就連《阿含經》中都有許多佛陀或弟子遊行他方世界，以及無量諸天來世間聽佛說法，讓大家覺得「不可思議」的描述。就我的理解，「不可思議」乃是諸佛、菩薩與凡夫眾生的「境界差別」所致，絕非表示「不可能」，只是因為我們凡夫的認知與理解能力有限，「思議」之不可及罷了。

就如《金剛經》中所開示的「五眼」境界差別：天人「天眼」所見的十方三世世界，就凡夫的「肉眼」而言是不可思議的；羅漢「慧眼」所見的空性世界，就天人的「天眼」而言也是不可思議的；菩薩「法眼」所見的妙有世界，就羅漢的「慧眼」而言仍是不可思議的；諸佛「佛眼」所見的諸法實相，對其餘眾生而言都是不可思議的。

我再從科學——特別是從物理學發展的觀點來說明，從牛頓物理學的觀點來看，這個世界就像鐘錶的結構一樣，看起來好像很精準，但是無法解釋世間諸多的無常事件與現象。牛頓物理學之中最大的問題就在於將整個宇宙時空結構視為是絕對的、固定的、僵化的，因而無法解決銀河系等大宇宙以及原子、分子等小宇宙的高能物理問題。後來愛因斯坦提出時空連續結構，發表了相對論，發現「物質」與「能量」可以互相轉換，才打破了牛頓物理學的框架與限制。

從相對論的觀點來看，當兩個座標系統的相對速度接近光速時，時空結構會產生重大的改變與彎曲，時間、空間與質量的度量也隨著彼此相對速度的增加，而產生不同程度的增減變化。不過，愛因斯坦的相對論只講到四度（4D）的時空連續結構，而繼愛因斯坦之後量子力學的發展，已經將時空的維度擴展到了十一度（11D），遠遠超過我們的想像與思議範圍，所以有不少科學家認為外星人跨越時空的星際之旅是極有可能的。古典章回小說裡所傳言的「山中方七日，世上已千年」，從量子力學多維度時空結構的觀點來看，也是極有可能的。

## 極樂國土教學環境介紹

釋迦佛陀接著介紹極樂國土的教學環境，經文如下：

復次，舍利弗，彼國常有種種奇妙雜色之鳥：白鶴、孔雀、鸚鵡、舍利、迦陵頻伽、共命之鳥。是諸眾鳥，晝夜六時，出和雅音。其音演暢：五根、五力、七菩提分、八聖道分，如是等法。

這一段經文主要介紹阿彌陀佛對於境教環境的絕佳創意設計，還包括教學的內容。經文中所提到的「五根、五力、七菩提分、八聖道分」如是等法，就是「三十七道品」的內容。其中略過了「四念處、四正勤、四如意足」這三科，主要是因為極樂國土的眾生，都是蓮華化生，清淨莊嚴，所以不必再「觀身不淨」；因為「無有眾苦，但受諸樂」，所以也不必再「觀受是苦」。又因為「與諸上善人俱會一處」，無有諸惡，所求如意，皆可圓證「位不退、行不退、念不退」等「三不退」，所以也不必再聽聞「四正勤」和「四如意足」了。

很多學佛的人以為「三十七道品」是「小乘佛法」，而非「大乘佛法」，這是極大的誤會。大家可不要小看「三十七道品」，用一句現代的教學概念來說，這可是「菩薩道」的「核心課程」。

我要特別引述《大智度論》中龍樹菩薩針對「三十七道品」的一些開示來作證明：「佛以大慈故，說『三十七品』涅槃道，隨眾生願，隨眾生因緣，各得其道。」「『三十七品』是趣涅槃道，行是道已，得到涅槃城。」「『三十七品』及『六波羅蜜』是『菩薩道』，菩薩應了了知是諸道。」可見在「菩薩道」的修學當中，「三十七道品」及「六波羅蜜」是等量齊觀的，絕對不是所謂的「小乘佛法」，所以連阿彌陀佛都非常重視，列為極樂國土常設的「必修課程」。

## 極樂國土後現代、超現代的進階教學設計

極樂國土的整體教學環境及其軟硬體的教學設計，我認為都要比當今的「後現代、超現代」還要來得更為先進，不但充滿了創意，而且將境教的教學功能發揮得淋漓盡致，經文如下：

其土眾生，聞是音已，皆悉念佛、念法、念僧。舍利弗，汝勿謂此鳥實是罪報所生，所以者何？彼佛國土無三惡道。舍利弗，其佛國土尚無惡道之名，何況有實？是諸眾鳥，皆是阿彌陀佛，欲令法音宣流，變化所作。舍利弗，彼佛國土，

微風吹動諸寶行樹及寶羅網，出微妙音，譬如百千種樂同時俱作。聞是音者，自然皆生念佛、念法、念僧之心。舍利弗，其佛國土，成就如是功德莊嚴。

在極樂國土，不是只有佛、菩薩在說法，就連山河大地中的一草一木、是諸眾鳥、行樹羅網……都在說法。如果是由「人」來說法，不是在講堂，就是要集會，顯得很公式化，我們總不能整天從早到晚都在集會聽講吧？

由「池水蓮花、草木眾鳥、微風羅網」來說法，既不需要講堂，也不需要集會，生活即是聞法，聞法者沐浴在大自然中，即可成就「聞、思、修」的薰習效果，身心與環境融為一體，有如蘇東坡的廬山詩偈〈宿東林寺〉所云：「溪聲盡是廣長舌，山色無非清淨身。」

回憶五十多年前我在讀小學的時候，當時的中、小學生都有個夢想——「假如教室像電影院」，在我們當時的幼小心目中，如果在學校裡能夠有那麼一間像「電影院」一般的教室，「學習」會是多麼有趣而引人入勝的事啊！

沒想到五十多年後的今天，傳統的「電影院」早就已經「不夠看」了，現在大學裡的教室幾乎全部都已經配備了「單槍投影機」，而且還可以「上網」，甚至於有「多媒體影音設備」的教室，可以同步「遠距教學」，先進的程度，已經遠遠超越了我們當年的夢想。

但是這些世間的現代設備，我認為都遠遠比不上極樂國土教學環境與設施的先進、創意與高妙，我非常驚歎阿彌陀佛居然可以設計出「微風吹動諸寶行樹及寶羅網，出微妙音，譬如百千種樂同時俱作」這種超現實的「大自然多媒體效應」。各位讀者！您知道「譬如百千種樂同時俱作」是什麼意思嗎？這是大自然的「交響樂（symphony）」啊！令人歎為觀止，奇妙高明得無與倫比。

接著這句「聞是音者，自然皆生念佛、念法、念僧之心」，這是何等高明的教學成效啊！讓聞法者的身心自然而然地完全沐浴浸淫在法音宣流之中，我認為這是「境教」的極致表現與最高境界，這也是我對阿彌陀佛最為佩服的地方，讓我非常神往，所以在三十多年前我就發願未來要往生到阿彌陀佛的極樂國土，跟隨他學習。

## 極樂國土教化主介紹

接著釋迦佛陀介紹極樂國土的教化主，經文如下：

> 舍利弗，於汝意云何？彼佛何故號「阿彌陀」？舍利弗，彼佛光明無量，照十方國，無所障礙，是故號為「阿彌陀」。又舍利弗，彼佛壽命及其人民，無量無邊阿僧祇劫，故名「阿彌陀」。

釋迦佛陀簡要地說明了極樂國土教化主——「阿彌陀佛」此一名號的意義，「阿彌陀」一詞，梵文作 Amitābha，它的字根 amita 意為「無量、無可測量」，後綴

ābha 是「光」的意思，意譯為「無量光」。阿彌陀佛另一個梵文名稱 Amitāyus，後綴 āyus 是「壽命」的意思，意譯為「無量壽」，所以「阿彌陀」就是「無量光」與「無量壽」的意思。

記得三十多年前我在普門中學擔任校長的時候，有一次途經鳳山，進入一家文具店買文具，當我剛步入店門口時，迎面走出來一個大約二、三歲左右的小娃兒，看起來還在蹣跚學步，步履還不穩，看到我和同行的幾位師兄弟，立即興奮地用臺語喊著：「阿彌陀佛！阿彌陀佛！」當下就讓我對阿彌陀佛的威德有一種深深的感動，直覺得這就是經中所言「彼佛光明無量，照十方國，無所障礙」的一種具體顯現，諸佛誠不虛言。

## 極樂國土眾生介紹

接著釋迦佛陀介紹極樂國土的眾生，經文如下：

舍利弗，阿彌陀佛成佛已來，於今十劫。又舍利弗，彼佛有無量無邊聲聞弟子，皆阿羅漢，非是算數之所能知，諸菩薩眾，亦復如是。舍利弗，彼佛國土，成就如是功德莊嚴。

又舍利弗，極樂國土，眾生生者，皆是阿鞞跋致，其中多有一生補處，其數甚多，非是算數所能知之，但可以無量無邊阿僧祇說。

阿彌陀佛的極樂淨土猶如一座學府，十方的眾生發願往生到彌陀淨土，就是為了見佛聞法，進修佛道，未來修學完成之後，還要迴入十方的娑婆世界，廣度眾生。那些已經往生到淨土佛國的眾生，都是阿彌陀佛的學生，而且至少都是「阿羅漢」的境界，同時也有很多到達「菩薩」的境界。對於已發願、今發願、當發願——但是尚未往生的我們而言，那些阿羅漢和菩薩們都是我們未來在佛道上的學長師兄與先進前輩。

往生到極樂國土的眾生，都是「阿鞞跋致」，也就是「不退轉」的意思。對於大多數的凡夫而言，娑婆世界的汙染、誘惑、陷阱、障礙……，無處不有，既使有心修行，在修行的路上也往往跌跌撞撞，進兩步退三步，或者進三步退兩步，要能「不退轉」，是非常困難而稀有的。不退轉有三種含義：一、位不退；二、行不退；三、念不退，合稱「三不退」，這就是在淨土佛國進修學習的殊勝之處，只會進步，不會退步。

此外，在所有的「阿鞞跋致」當中，有很多是「一生補處」的菩薩，「一生」是指在時間上不必等到來生，這一生當中就能成就；「補處」是「等覺菩薩」的別號，也就是已經圓證三不退的境界，接著就能進補佛位。換言之，「一生補處」就是說在一生當中後補佛位，借用世間的概念來說，就是「佛陀候選人」的意思，就像彌勒菩薩，當來下生人間成佛。

在世間，我們要認識或介紹一個國家的國情，一定會談到人口。同樣地，釋迦佛陀介紹極樂國土的眾生時，也特別說到，那些阿羅漢、諸菩薩眾、一生補處等等，「其數甚多，非是算數所能知之，但可以無量無邊阿僧祇說」。

其中「非是算數所能知之」一句，有什麼特別意涵嗎？有的！大家都知道無量無邊就是無限大、無窮多的意思，但是大家可能不知道「無限大是有等級的」。從數學的觀點而論，「無限大」有「可數的」（countable）無限大——比如說「自然數系」或「有理數系」的集合，以及「不可數的」（uncountable）無限大——比如說「實數系」的集合。「非是算數所能知之」，就是用算數的方法數都數不清楚，是屬於「不可數的」無限大。

讀者可能會懷疑：極樂國土的人口，怎麼可能是無量無邊呢？依我的理解，這是有可能的。從佛教的宇宙觀來看，十方三世的法界，本來就有無量無邊的世界，前面已經說明了「彼佛光明無量，照十方國，無所障礙」，因此，不是只有我們這個娑婆世界，而是十方每一個世界都有很多眾生，發願往生到阿彌陀佛的極樂淨土。

就連《華嚴經》中的普賢菩薩，在他宣說「十大願王」時，於最後的第十大願「普皆回向」中，回向十方眾生「皆得往生阿彌陀佛極樂世界」。借用世間的說法，阿彌陀佛在十方世界中的「知名度」極高，「人氣」極旺，「粉絲」極多啊！

所以廣從十方世界發願往生到極樂淨土的眾生，累積起來，自然就無量無邊了！

## 發願往生極樂國土的入學理由

接著釋迦佛陀說明發願往生極樂國土的入學理由，經文如下：

舍利弗，眾生聞者應當發願，願生彼國，所以者何？得與如是諸上善人俱會一處。

就世間法而言，為什麼優秀的學生要申請進入世界級的名校，因為那些名校的師資好，有大師級的教授，教學環境與設備好，有優良的學術傳統和校園文化。同樣的道理，為什麼要發願往生極樂國土，為的就是「得與如是諸上善人俱會一處」啊！

在世間，各國都有很多優秀的學生申請到世界級的名校留學進修，為的就是能夠有機會向世界級的學者、大師級的教授親近學習，也能夠和來自世界各國一流的菁英人才同窗共學、切磋砥礪，同時沐浴在優質的校園文化和出類拔萃的學術傳統之中，培養世界級的學識見地和眼界胸襟，以期未來更有能力回饋社會，造福大眾。

同樣的道理，十方的眾生發願往生到了阿彌陀佛的極樂淨土，可以見佛聞法，直接向西方三聖親近學習，也可以和來自十方世界的諸菩薩、阿羅漢做同學、法侶，又可以周遊十方的佛國淨土，培養「心懷法界、回向十方」的慈悲與智慧，以期未來修道圓滿，更有能力廣度眾生，這是何等殊勝的修學情境啊！

## 發願往生極樂國土的入學申請須知

接著釋迦佛陀說明發願往生極樂國土的入學申請須知，經文如下：

舍利弗，不可以少善根福德因緣，得生彼國。舍利弗，若有善男子善女人，聞說阿彌陀佛，執持名號，若一日、若二日、若三日、若四日、若五日、若六日、若七日，一心不亂，其人臨命終時，阿彌陀佛與諸聖眾，現在其前。是人終時，心不顛倒，即得往生阿彌陀佛極樂國土。舍利弗，我見是利，故說此言。若有眾生，聞是說者，應當發願，生彼國土。

這一段經文說明發願往生極樂國土的入學申請須知，也可以說就是往生淨土佛國的基本要件，其實並不複雜，重點有三：一、要有足夠的善根福德因緣；二、要執持阿彌陀佛名號，而且一心不亂；三、命終之時，心不顛倒。

我借用世間的說法來作個比方，發願往生阿彌陀佛極樂國土，報名申請絕對沒有任何資格限制，但錄取可是有最低標準。任何人發願往生阿彌陀佛極樂國土，如果具足前二項條件，在他臨命終時，阿彌陀佛與諸菩薩眾，就會前來接引，現身在他面前。但是這時候還不必然保證一定能夠往生，所以需要具備第三項條件，就是在命終之時，心不顛倒，如此即得往生阿彌陀佛極樂國土。

為了幫助大家確實了解這第三項條件的重要性，在此跟大家講述一個我親耳聽聞的真實案例，有一位老居士臨終之前，在眾親友的圍繞助念之下，已經看到了阿彌陀佛和諸菩薩眾現身，從前面遠方的空中緩緩前來相迎，他就將自己看到的瑞相告訴了大家。就在這個時候，老居士心想，佛菩薩從遠方來到面前，還需要一點時間，就動了個念頭，要一一和隨侍在側的家人親友珍重道別。

好了，經過這麼一圈一一道別下來，老居士再回過神來往前方一看，糟糕！佛菩薩怎麼都不見了？頓時心慌意亂、氣急敗壞，要想再提起正念大聲念佛，已經力不從心了。這時老居士的心情思緒已經大亂，即使身旁大眾再努力大聲助念，也無濟於事，後來拖了一個多星期，在痛苦悔恨之中，抱憾而終。

就我的理解，十方的諸佛菩薩絕對都是不捨眾生的，其實前來接引的佛菩薩仍然還在老居士的面前，但是因為他的意念已亂，所以無法感應得到。箇中的道理其實很簡單，原本老居士一心正念的時候，他和佛菩薩已經 on-line（連線）了，所以親見佛菩薩現身前來接引，但是後來他動了雜念，就好像切換了頻道，因此和佛菩薩 off-line（斷訊）了，所以就看不到了，並不是佛菩薩真的消失了。因為這時心念已經大亂，要想再重新連上線，難上加難，幾乎不可能了。

這真是個慘痛的教訓，原本往生的機緣明明就已經現前了，親蒙佛菩薩前來接引，卻因為一念之差而錯過，一「失念」成千古恨，再「回神」已百年身。我要鄭重地提醒大家，值此關鍵時刻，千萬不可以婆婆媽媽、兒女情長，壞了已經現前的往生機緣，而萬劫不復；一定要萬緣放下，一心正念，與佛相應，隨佛接引，直取西方淨土佛國。

總而言之，要能夠真正如願往生佛國淨土，最核心的關鍵因素就是要能夠「一心不亂」以及「正念現前」，而要能夠「正念現前」的先決條件，就是在「臨命終時」能夠保留足夠的精神及體力，作為往生佛國淨土的動能。屆時如果精神及體力都已經耗盡或者不濟，那就很難「正念現前」了，也就談不上「如願往生」，只能隨波逐流，六道輪迴了。

我要再一次強調，在最後的關鍵時刻，除了信念堅固之外，一定要放下萬緣，一心一意隨佛接引，千萬不可以牽腸掛肚，兒女情長……，壞了已經現前的往生契機。

## 極樂國土的（佛國）國際教學聯盟

接著釋迦佛陀進一步說明，除了阿彌陀佛的極樂淨土之外，還有六方世界諸佛的極樂國土，經文如下：

舍利弗，如我今者讚歎阿彌陀佛不可思議功德之利，東方亦有阿閦鞞佛、須彌相佛、大須彌佛、須彌光佛、妙音佛，如是等恆河沙數諸佛，各於其國，出廣長舌相，遍覆三千大千世界，說誠實言。汝等眾生，當信是稱讚，不可思議功德，一切諸佛所護念經。（按：在此只引述介紹東方世界各佛國的經文，接下來介紹「南、西、北、上、下」各方世界佛國的經文，就略過以省篇幅。）

釋迦佛陀除了讚歎阿彌陀佛的種種不可思議功德之外，還特別介紹了在東、南、西、北、上、下等六方世界，都有如是等恆河沙數諸佛，各自在自己的佛國淨土，出廣長舌相，宣說微妙法音，而且傳播的範圍，能夠遍覆三千大千世界。

由此可知，整個法界不是只有阿彌陀佛的極樂國土，還包括「東、南、西、北、上、下」等六方世界，都有無量無邊的佛國淨土。借用現代的教育概念來說，所有這些諸佛國土，彼此都有聯繫，有如形成一個（佛國）國際教學聯盟。所以，阿彌陀佛極樂國土的眾生才能夠在每天清晨盛著香花周遊十方國土，供養諸佛。

經文中所說的「廣長舌相」，就是諸佛的三十二相之一，原意是指諸佛之舌相廣而長，伸出來能夠覆蓋面部乃至髮際。凡是具足此相的聖者，有兩種表徵：一、所說的言語必定是真實不虛的；二、辯才無礙，說法無窮。

蘇東坡的廬山詩偈第三首〈宿東林寺〉中的第一句「溪聲盡是廣長舌」，就是引用「廣長舌」來譬喻佛陀的微妙法音，詩文的意思是說，溪水的聲音就像是佛陀在對眾生說法。

釋迦佛陀還特別強調，當我們聽聞了他的介紹說明後，應當信受稱讚諸佛不可思議功德，以及一切諸佛所護念經。

## 一切諸佛所護念經

接著釋迦佛陀進一步解釋，「一切諸佛所護念經」的意涵，經文如下：

舍利弗，於汝意云何？何故名為「一切諸佛所護念經」？舍利弗，若有善男子、善女人，聞是經受持者，及聞諸佛名者，是諸善男子、善女人，皆為一切諸佛之所護念，皆得不退轉於阿耨多羅三藐三菩提。是故，舍利弗，汝等皆當信受我語，及諸佛所說。

所謂「一切諸佛所護念經」指的就是這一部《阿彌陀經》，為什麼這麼說呢？因為凡是聽聞《阿彌陀經》而發心受持，以及聽聞諸佛名號的所有善男子、善女人，都會得到一切諸佛的護念，都能夠不退轉於阿耨多羅三藐三菩提。這句「一切諸佛所護念經」是極有深意的，所以釋迦佛陀還特別對舍利弗強調，我們都應當信受他所說的，以及諸佛所說的話。

我們可以用很淺白的方式來理解誦經、念佛的道理，簡單明瞭地說，我們眾生並不只是單向地持誦經文、稱念佛號而已，而是在我們誦經、念佛的同時，能夠得到十方諸佛的護念，這是一種「雙向溝通」的「感應道交」。換句話說，當我們誦經、念佛的時候，不只是我們在自己心中念佛、念法而已，諸佛也在他們的心中護念著我們。

很多人在誦經、念佛的時候，並沒有這樣深刻的體會與信念，甚至於有些人只是有口無心傻傻的念，這是很可惜的，不過只要轉一個念頭，我們就可以深入體會這種感應道交的奧祕與奧妙。

為了幫助有心修持淨土法門的讀者建立正確的認知，並且能培養深切的自信心，然後能夠確實依教奉行，我要特別引述《楞嚴經》中的〈大勢至菩薩念佛圓通章〉，來進一步解說念佛法門的道理與其中的奧祕——也就是「念佛三昧」。

在〈念佛圓通章〉中，大勢至菩薩首先闡明一個「二憶念深」的道理：「譬如有人，一專為憶，一人專忘，如是二人，若逢不逢，或見非見。二人相憶，二憶念深，如是乃至從生至生，同於形影，不相乖異。」意思就是說，譬如有兩個人，其中有一個人一直憶念對方，而另一個人卻一直遺忘對方，如此一來，這二個人即使相逢，也是見面而不相識。但是如果二人彼此互相深切憶念，就會生生世世相聚不離。

基於這個道理，大勢至菩薩接著說：「十方如來，憐念眾生，如母憶子；若子逃逝，雖憶何為？子若憶母，如母憶時，母子歷生，不相違遠。」意思就是說，十方諸佛如來憐愍垂念眾生，就像慈母憶念出門在外的遊子一樣，但是如果遊子躲得遠遠的，慈母雖然憶念深切，有什麼用呢？反過來說，如果遊子也同時憶念母親，而且就像慈母憶念遊子一樣深切，那麼母子二人，生生世世都不會分離。所以大家要知道，不是我們單方面地在念佛而已，其實，十方的諸佛菩薩更是一直慈悲地護念著我們啊！但是我們都忘了，甚至於根本就不知道。

大勢至菩薩接著又說：「若眾生心，憶佛、念佛，現前當來，必定見佛，去佛不遠，不假方便，自得心開。」意思就是說，如果眾生在心中不斷地憶佛、念佛，從現前直到未來，一定會親見佛陀，不會遠離佛陀，而且不需要藉助什麼特別的方法或技巧，自然而然就得以心開意解。這就是「念佛三昧」的感應道交：「我念佛，佛也念我；佛念我，我也念佛。佛在我心中，我也在佛心中；我心佛心，心心相印。」

各位讀者！當您已經知道阿彌陀佛乃至十方的諸佛菩薩都一直慈悲護念著我們眾生的時候，您還會對自己生命的未來以及未來的生命覺得徬徨無助而茫茫然嗎？

## 加強眾生信念　鼓勵發願往生

接著釋迦佛陀再次鼓勵大家發願往生阿彌陀佛極樂國土，經文如下：

舍利弗，若有人已發願、今發願、當發願，欲生阿彌陀佛國者，是諸人等，皆得不退轉於阿耨多羅三藐三菩提，於彼國土，若已生、若今生、若當生。是故舍利弗，諸善男子、善女人，若有信者，應當發願，生彼國土。

這段經文的重點，就在最後一句：「諸善男子、善女人，若有信者，應當發願，生彼國土。」對於淨土法門，單單只有信心是不夠的，一定要「發願」往生，而且要願力深切，同時必須「依教奉行」，才能感應道交，蒙佛接引，如願往生。

念佛行者，若欲往生佛國淨土，必須「信、願、行」三種資糧具足，缺一不可。「信、願、行」，就是所謂的「淨土三要」——淨土法門的三項根本要素。

有人問我：「老師！如果我沒有發願要往生阿彌陀佛極樂世界，將來會不會往生到那裡去？」我回答道：「當然不會嘛！」道理很簡單，就以世間法為例，請問各位讀者：如果您根本就沒有申請要去讀哈佛大學，哈佛大學會不會無緣無故就發一張入學通知給您呢？世間法和出世間法的道理都是一樣的，必然要有「如是因、如是緣」，才會有「如是果、如是報」。

然後，又有人問：「那麼，如果有人真的想要去阿彌陀佛極樂世界，要如何發願呢？有什麼祕訣或要領嗎？」我回答道：「其實『發願』往生的道理和方法都不難懂，簡單明瞭地說，就是要一心一意『嚮往』佛國淨土！世間法也是同樣的道理啊！不論你是想要讀萬卷書，還是想要行萬里路，首先都要全心全意地『嚮往』你的目標，然後還必須『採取行動』，一步一腳印地向前邁進，如此才能真正實現你的願望，二者缺一不可。」

## 結語

最後釋迦佛陀特別說明，他在此娑婆國土，五濁惡世，宣說這一部《阿彌陀經》，對於世間的眾生來說，其實是很難信受的法門，經文如下：

舍利弗，如我今者，稱讚諸佛不可思議功德，彼諸佛等，亦稱讚我不可思議功德，而作是言：「釋迦牟尼佛能為甚難希有之事，能於娑婆國土，五濁惡世，劫濁、見濁、煩惱濁、眾生濁、命濁中，得阿耨多羅三藐三菩提，為諸眾生，說是一切世間難信之法。」

舍利弗，當知我於五濁惡世，行此難事，得阿耨多羅三藐三菩提，為一切世間說此難信之法，是為甚難。佛說此經已，舍利弗及諸比丘，一切世間天人阿修羅等，聞佛所說，歡喜信受，作禮而去。

最後這段經文主要是說，對於釋迦佛陀在此五濁惡世，宣說《阿彌陀經》這一部難信之法，是非常不容易的，十方諸佛都非常讚歎。我也要再強調一下，就是因為此一「往生淨土法門」之殊勝難信，而釋迦佛陀卻苦口婆心不請自說，所以十方諸佛讚歎不已。

## 「五濁惡世」的警惕

經文中所說的「五濁惡世」，就是指我們這個娑婆世界，「濁」就是「汙染、混濁」

的意思，而「五濁」：「劫濁、見濁、煩惱濁、眾生濁、命濁」是指芸芸眾生所處的五種汙染的狀態與混濁的處境。

「劫濁」原本的意涵是指：娑婆世界現在正處於「減劫」，世風日下，人心不古，人壽的天年漸減，未來將會經歷「饑饉災」、「疾疫災」、「刀兵災」等「小三災」。我們環視當今全世界各地，風不調、雨不順、國不泰、民不安、水火肆虐、疾疫頻傳、戰爭威脅、流血衝突、色情毒品暴力氾濫等天災人禍不斷，具體地反映了「劫濁」的景象。

「見濁」是指眾生的思想與見解汙染，我們檢視當今的社會，不難發現：謬見瀰漫，邪說橫行，價值混淆，意義喪失，是非顛倒，善惡不分，而且像病毒一樣蔓延傳染。「煩惱濁」是指眾生貪欲熾盛，煩惱深重，鬥爭不斷，心神惱亂。「眾生濁」是指眾生的素質下降，行為偏頗，造惡積極，行善消極，君子道消，小人道長。「命濁」是指眾生壽命短促，而且老年時往往久病不癒，惡疾纏身，求生不得，求死不能，難得善終。

有人可能會認為，釋迦佛陀這麼說，會不會太悲觀、消極、厭世了些？不，一點都不！這可是釋迦佛陀出於「實觀、積極與入世」的苦口婆心之言。大家只要想一想，為什麼現代整個世界的「幸福指數」不斷下降，「痛苦指數」持續上升，即可思過半矣！

回顧從二十世紀以來，二次世界大戰、韓戰、越戰、中東戰爭、兩伊戰爭、阿富汗戰爭、911恐怖暴力攻擊、波斯灣戰爭、美國校園槍擊濫殺、全世界毒品氾濫、大地震、南亞及日本海嘯、日本核能電廠爆炸、多氯聯苯、三聚氰氨、毒奶粉、塑化劑、口蹄疫、禽流感、狂牛症、SARS、狂犬病、從H1N1到H7N9等天災、人禍及疫情，這些都是「五濁惡世」的真實寫照啊！

「五濁惡世」的最大問題，還不在於其現況，而是在於其強大的汙染性，以及不斷惡性循環的持續狀態，然而究其根源，其實就是眾生的「貪、瞋、癡」無明煩惱。佛陀特別點出「五濁惡世」的問題，是對眾生的警惕。對於絕大多數芸芸眾生而言，要想在「五濁惡世」中斷除煩惱、證得菩提，乃至廣度有情，如果自身沒有足夠的智慧定力以及福德因緣的話，就猶如俗諺所云：「泥菩薩過江，自身難保。」

就是因為眾生面對如此嚴重汙染的處境而力有未逮，所以我佛慈悲，苦口婆心地勸導我們發願往生彌陀淨土，目的就是鼓勵大家先發願往生到阿彌陀佛的淨土世界進修道業、斷惑證真，等到菩提成就、修道圓滿之後，再乘願迴入娑婆世界或他方世界，屆時是「金身菩薩過江」，才能真正普度眾生。

# 「往生」的現代理解與釋疑

生、老、病、死——本是有情生命週期中的自然現象與必經歷程，然而在認知上，絕大多數的現代人無法接受生命週期中的自然死亡事件；同時，在情感上，也存在著難以割捨的生離死別情結，以至於在心態上，無法坦然地面對自我與親人的自然與必然死亡現象，這是生命中的一種深層弔詭。

現代醫學未能正視生命週期中「自然且必然」的死亡現象，而一律將「死亡」事件當成「疾病」來處理，冀求不斷地「救治」或極力「延緩」死亡的來臨。在這樣的思維與操作模式下，絕大多數的現代人很難從容、自主而保有尊嚴地自然死；理想的「善終」，無論就主觀或客觀的條件而言，都有其現實上的困難。

多數人在不得不面對自己或親人的生死大事或臨終情境時，往往顯得恐懼、茫然、慌亂而又不知所措。其實，從佛教的觀點來看待死亡，我們可以有更自然而圓滿的處理方式。

## 「死亡品質」與「死亡的尊嚴」

攸關生死大事，傅偉勳教授在其《死亡的尊嚴與生命的尊嚴》一書中引介了兩個重要概念：「死亡品質」與「死亡的尊嚴」，不但深具哲理啟發性，而且富含生死教育與社會倫理意義，值得我們積極全面推廣。他在該書的引論中說道：「現代人天天講求所謂『生活品質』，卻常忘記『生活品質』必須包含『死亡（的尊嚴）品質』在內。或不如說，『生活品質』與『死亡品質』是一體兩面，不可分離。」

其實，長久以來「死亡品質」與「死亡的尊嚴」就一直被忽視──或者不如說是──早就因眾人的避諱而被刻意遺忘的問題。

在佛教（特別是淨土思想）傳入中土以前，雖然還沒有「往生」的概念，但是在中華文化的固有傳統思想裡，早已有了「善終」之說，可見古人原本就十分重視「死亡的品質」；雖然古哲是從社會倫常的角度來思考這個問題，而不是基於宗教解脫的觀點來立論。

《尚書．洪範》中說人生有「五福」：「一曰壽，二曰富，三曰康寧，四曰攸好德，五曰考終命。」（這就是「五福臨門」這個成語的出處）。最後一福「考終命」就是「善終」，也就是俗話所說的「好死」；反之，咒人「不得好死」是詛咒之極。古哲將「善終」列為人生五福之一，而且是五福之終極，可見其對人生具有莫大的意義。就《尚書》五福的觀點而言，一個人即使長壽且富貴，但是不得善終，這樣的人生究竟不夠圓滿。

然而，善終並不是一個孤立的事件，而是作為總結人生最後圓滿的一個終極目標，所以還需要有「康寧」（意即「身體健康、心理安寧」）與「攸好德」作為生命的實質內涵與善終的前提，人生才能真正圓滿無憾。

## 善終與往生淨土：有情個體一期生命的圓滿句點

民國以來，由於印光（一八六一—一九四〇年）、弘一（一八八〇—一九四二年）兩位大師極力倡導「念佛往生阿彌陀佛極樂淨土」，在臺灣又有李炳南居士（一八九〇—一九八六年）、淨空法師（一九二七年—）專弘彌陀淨土法門，影響所及，許多佛教徒以彌陀淨土為依歸，其人生的「終極目標」就是「往生」西方彌陀淨土；換句話說，他們的「終極關懷」就是「能否往生（西方彌陀淨土）」。

淨土行者重視「能否往生」的程度遠遠超過「是否善終」，因為往生淨土能夠包含（身心解脫上的）善終，而（肉體上的）善終卻不一定能夠保證往生淨土。

就生命的歷程與切身經驗而言，不論是否善終，「死亡」來臨之時都不是孤立的事件，而是整體生命的一部分，而且往往與「老、病」相伴。再從淨土法門的實踐觀點來看，其實肉體上所衍生的病痛，往往會促使我們看破、進而放下對於自我色身的執著，對於往生正念的提起，反而有積極且正面的意義。

因此，佛教徒——特別是淨土行者，並不特別企盼單純的「肉體善終」，而是希望自己在臨終之際的關鍵時刻，能夠「正念分明，一心不亂，蒙佛接引」。屆時如果又有家屬、親友以及念佛的蓮友在身旁助念，那是最理想而圓滿的臨終與往生場景。

## 佛教的臨終關懷法門——臨終（往生）助念

現代醫療團隊與機構，對於生命與死亡，由於在認知上的限制與不足，在面對絕症重病時，多半還是著眼於病人肉體生命的不斷救治與延長，而往往忽略末期病患在心理上、精神上乃至靈性層次上的尊嚴與需求，遑論病人還可能有更上一層樓的善終自主考量與宗教解脫需求。

相較於佛教徒對於「念佛往生」的重視，絕大多數的社會大眾則是「平時不燒香」，臨時即便想要「抱佛腳」，卻不知道如何抱法、從何抱起？

其實，「如何面對死亡的來臨」以及「如何處理臨終以及初終的過程」這二項重大課題，是病人與家屬最需要事先就「坦然面對與準備」的。然而，往往在病人臨終之際，甚至於已經意識不清，身上又插滿了管子，家屬迫於情勢才猛然開始思考，坦白地說，已經來不及了。

所幸「安寧緩和醫療條例」於二〇〇〇年通過立法以及健保給付，加上近年來安寧照顧的不斷推廣，許多公、私立醫院都設置了安寧病房，包括提供居家安寧照顧服務，末期病人的臨終與死亡情境已經大幅地改善。

然而，病人即使住進了安寧病房，在面臨死亡之際，自己親身所可能經歷的種種身心痛苦與煎熬，仍然是每一個病人所必須獨自面對的主體性生命課題與挑戰，畢竟只能「自我承擔」，即使是最親近的家人也無法代勞、遑論解決其在病體和精神上的問題。

如此說來，當有親人罹患絕症且面對死亡之際，我們豈非就完完全全地束手無策？當然不是，佛教中有一獨特的臨終關懷法門，就是「臨終（往生）助念」，意即我們可以從旁協助及引導臨終病人或初終亡者的意念，放下執著，一心念佛，積極並且正向地面對死亡的來臨，為下一期即將開展的新生命準備。同時，也可藉由念佛法門，協助及引導家屬積極參與針對病人的終極靈性關懷。

助念可以在病人捨報之前、臨終之際就開始；在語意上，「臨終助念」是針對臨終者所做的開導與念佛，為了協助其在「臨終之際」與「命終之當下」能夠「正念現前」，而「往生助念」則包含了對捨報之後的初終亡者所做的助念。

## 「往生」一詞的意涵與演變

按佛教經論中的「往生」一詞，意謂有情個體命終之時，依其業報而轉生於他方世界，在諸多經論中的應用極為廣泛。其實，「往生」通指有情命終時，受生三界、六道或諸佛淨土，例如：《分別善惡報應經》中有「往生十方淨土見佛」、「往生諸天」等語，《起世經》中有「閻浮洲人以於他邊受十善業，是故命終即得往生欝單越界」、「身壞命終，隨願往生日天宮殿」等語。

在彌陀淨土法門盛行中土之後，「往生」一詞的語意受到社會風氣的影響而逐漸轉變為主要是指受生極樂世界。其實，廣義而言，「往生」的本意是指有情個體這一期生命告一段落，同時也是轉換到下一期生命的開始；這當中包括了「往生佛國淨土」、「上升天界」或是「轉生人道」等等各種可能趣向，並非專指往生彌陀淨土。由於「往生」一詞蘊含了佛教三世生命觀的永續經營視野，因而具有非常積極且正面的意義。此外，在一般日常語言的用法上，「往生」的語意內涵也比「過世」及「死亡」更為豐富與正面。影響所及，近年來「往生」一詞在民間已經廣為流傳而不再僅是佛門專用的術語，其意義與用法都已經一般化而家喻戶曉，特別是殯葬業者，甚至是非佛教徒，時下都一律使用「往生」一詞以取代「逝世」、「過世」、「亡故」與「死亡」等語詞。

如前所述，由於印光、弘一兩位大師以及李炳南居士、淨空法師極力倡導念佛往生，臨終與往生助念其實在臺灣佛教界早就行之有年，幾乎各個寺廟道場都有為所屬信眾作臨終關懷及往生助念的服務，而且民間也有不少佛教團體專門義務為臨終病人或初終的亡者提供助念服務。

## 「往生」一詞的世俗認知、誤解與辯正

表面上看起來，似乎社會大眾已經普遍接受了佛教的「往生」用語，而且在某種程度上，似乎也認同了佛教的「往生」概念，其實不然，這當中存在著相當大的認知差距與理解誤謬。

絕大多數人在認知上，只是單純而直接地將「往生」和「死亡」畫上等號；換句話說，對他們而言，「往生」一詞——只不過是「死亡」的代名詞罷了；或者充其量而言，「往生」一詞的最大好處，是可以當作「死亡」的「婉辭（euphemism）」，既可以委婉地表達了「死亡」的意思，又可以避諱「死亡」的禁忌，何樂而不用？於是乎，「往生」一詞隨著大眾媒體的傳播報導而廣為流行開來，然而它的真正語意及內涵，社會大眾既毫不在意，也從未探究。

其實，就連多數佛教徒本身，對於「往生」的認知也存有相當大的曲解或誤解；也因為見解不清或偏差，所以念佛用功的觀念及方法都有所不足或不當，也因此正念無法提起或者念力有所不足而無法聚焦，以致於很多佛教徒枉費心力而錯失真正

能夠「如願往生」的契機，不但可惜，而且也很冤枉！

## ·真正的「往生」絕對不是「死掉了以後」才往生的

首先要辯正的誤解是，真正的「往生」，絕對不是「死了以後」才往生的，而是「活著」就往生了。精確地說，真正的「往生」，是行者在「往生時刻」的「當下」，仍然保有相當好的精神與體力，與佛相應，「捨報」而往生的，有如「金蟬脫殼」一般，也可以用道家所嚮往的「羽化而登仙」來比喻，雖不中亦不遠矣。

此外，《金剛經》云：「發阿耨多羅三藐三菩提心者，於法不說斷滅相。」生命本來就是連續函數，當一期生命結束時，不論能否往生佛國淨土或天界，一切眾生的心識之流，從來就「不曾斷滅」。只是，芸芸眾生在一期生命結束之後的死生過渡階段，絕大多數人都無法立即展開下一期生命的旅程，而必須先經歷過「中陰身」的緩衝時期——也就是等待進入下一期生命的種種機緣成熟——才能去受生。

至於真正能夠如願即時往生佛國淨土的行者，他的心識不需要經歷「中陰身」的過渡階段，因而沒有「隔陰之迷」的問題，直接到達佛國淨土，立即展開下一階段的生命之旅與進修課程。套用一句現代的用語，真正的「往生者」，他的生命在「前一期」與「後一期」之間是「無縫接軌」的；因此，「往生」不是「死亡」，而是生命的「轉換」與「永續」。

## ·真正的「往生者」絕對不是「病死」的

接著要辯正的誤解是，真正的「往生者」，絕對不是「病死」的，更不可能拖到「多重器官衰竭」。最理想的往生情境與身心狀態是：行者「所作皆辦」而且「預知時至」，最後「蒙佛接引」而「捨報往生」，換句話說，高竿的往生者是「無疾而終」的。

當然，要完全「無疾而終」並不容易，人生在世，尤其到了老年，難免有宿疾或病痛，但是合格的淨土行者，即使邁入老病，也絕對不會拖到「病得奄奄一息」，甚至於「多重器官衰竭」，萬一不幸陷入這樣的情境，如願往生是有高度困難的。真正能夠如願往生佛國淨土的行者，一定是「蒙佛接引」，屆時佛、菩薩要來「接引」，行者也一定要有「足夠的精神與體力」，才能夠「與佛相應」，也才能夠「被接引」啊！如果病到「奄奄一息」，乃至「多重器官衰竭、體力精神耗盡、陷入深度昏迷」等等困境，如何能夠「與佛相應」呢？

根據我多年的觀察，以及透過到各地弘法、講學的機會，還有與佛教信眾互動的實地經驗，多數的佛教徒，包括那些自許為淨土行者，對於自己能否「往生」，絕大多數都沒有十足的把握。問題的關鍵就在於他們對於「往生」的認知與態度，都過於消極而不夠積極進取，多半都還停留在消極、被動地等待「往生」時刻的降臨，而不是積極、主動地促成「往生」契機的實現。換句話說，在他們的認知中，「往生」

這件事，好像只能夠「等著它發生」（wait it happen），而從來就不曾、也不敢奢想要「促成它發生」（make it happen）。

**真正的「往生」，絕非避諱死亡的「婉辭」，而是具有實質意義與內涵的「動詞」**

就如同「死亡」一詞可以有三種意涵的用法，可以用作「名詞」，如英文的“death”；可以用作「動詞」，如英文的“to die”；也可以用作「動名詞」，如英文的“be dying”。「往生」一詞亦然。

除了如前文所述之外，在此我還要再鄭重地強調，「往生」的真正意涵，絕對不是避諱死亡的「婉辭」，或者是空洞的「抽象名詞」。當淨土行者真正要「捨報往生」的時刻，「往生」是行者身心脫落與意識轉化的一項具體「行動」，此時此刻，「往生」是具有實質意義與內涵的「動詞」。

就是因為真正的「往生」是一種身心脫落與蛻化的「行動」，所以在此一關鍵時刻的當下，行者的身心不但需要有「動能」，而且要有「足夠」的動能，行者才能夠實質地「與佛相應」，也才能夠真正的「被接引」。也就是因為真正的「往生」，需要有身心的「動能」才能實現，所以我一再強調，行者到了其人生的最後階段，「絕對」不能拖過其人生的「賞味期」（按：中國大陸稱「保質期」），「一定」

要「保留」足夠的精神和體力，以作為往生之用。

我再用一個比喻來說明，大家就很容易了解：真正的「往生」，特別是往生到彌陀淨土，需要跨越「十萬億佛土」，等於是一項超遠程的「星際旅行」，行者沒有足夠的體力和精神是絕對不行的。

且不說「往生」時候的「星際旅行」，就如同活在世間，我們想要行萬里路「壯遊山河」，例如：登泰山而小天下、朝禮四大名山、絲路巡禮、遨遊西藏等等，如果沒有足夠的體力和精神，想要“have a nice trip”或是“enjoy the journey”，如何可能？

## 「往生」是行者一期生命最後的「必修功課」與「當務之急」

在公餘及課餘從事臨終關懷二十多年來，我一直覺得很難過的是，我看到了很多佛教徒，不管之前對佛法如何的虔誠，作功德如何的發心，參加法會以及共修如何的精進，但是對於「往生」的功課，卻沒有正確的認知，更沒有起碼的準備，到後來還是不幸拖過了他生命的「賞味期」，變成生命的「延畢生」，最後落得老年癡呆、體力精神耗盡、多重器官衰竭，甚至於做了氣切，或是身上插滿了管子，靠著醫療維生設備苟延殘喘、奄奄一息，平白錯失真正能夠「往生」的機緣，可不惜哉！可不慟哉！

由於學生和信眾的介紹或推薦，我經常會接到電話，要我到安寧病房或加護病房去探望末期的病患或重病的老人等等，有不少病人早就已經拖到意識不清，甚至多重器官衰竭，回生乏術了，這時想要真正「往生」，早就已經過了時機，只能念佛回向，作為未來的得度因緣，祈求他的來生不要淪落惡道。

也有一些病人，雖然其病況已臻末期，而且已經沒有治癒及康復的可能了，但是還有精神和體力，意識也很清楚。在這個關鍵時刻，病人的當務之急，就是充分把握最後的精神和體力，「一心念佛求往生」；而家屬的當務之急，就是陪伴、鼓勵及旁助病人「一心念佛求往生」，絕對不能一味求生，而不斷急救，嚴重地干擾阻礙及破壞病人「念佛求往生」的念頭。

然而，讓我感到很遺憾的，大多數的情況是，我明明看到病人最後還有真正能夠「往生」的機會，卻由於種種主觀與客觀的因素而致使病人平白地錯失往生的良機，令人不勝噓唏！主觀的因素，就是病人自己還沒有作好往生的準備；客觀的因素，就是家屬基於「對孝道的誤解及愚昧」，一味地想要為病人「求生」，以至於讓他的生命曲線不斷下滑，逼近其極限，最後嚴重拖過他人生的「賞味期」，屆時想要往生，等於是緣木求魚。

總而言之，絕大多數人無法往生的問題關鍵在於，「求往生」不是病人和家屬「最重大」的「首要抉擇」與「當務之急」，而是最後「不得已」的「備用選項」，甚至於根本就從未列入考慮之內。殊不知，「往生」是何等的大事啊！大家卻如此「等閒視之」！令人嗟嘆！令人扼腕！

## 「求往生」不但無礙於「好好活著」，而且有助於「善終」

真正的「往生」，其實是一項具體的「行動」，因此密切涉及「求往生」的實踐功夫，包括「求往生」的正確認知與準備功課。然而，這部分卻也是一般社會大眾幾乎毫無知悉，也毫無準備的一環，甚至於連不少佛教徒也都存有嚴重的誤解，以至於十之八九都不幸錯失「真正能夠往生」的契機。

在此舉一個具體的事例，以幫助讀者具體了解問題之所在。有位老居士高齡九十，原本身體還頗硬朗，有一次應邀外出參加宴會活動，回到家後就感覺身體不適。老居士原本還不願就醫，後來身體情況持續惡化，才讓家人送醫檢查。醫生發覺狀況不妙，讓老居士住進了加護病房，這時雖然身體症狀不樂觀，老居士意識還很清晰。有人善意地提議是否考慮轉安寧病房，老居士聽了很不高興，說他還沒有準備要死，旁人不敢再提。結果身體情況不斷惡化，最後老居士做了氣切、插了管子，陷入深度昏迷，再也沒有清醒過來，連遺言都來不及交代，就這樣子走了。當然，老居士的身後事家人辦得非常風光，備極哀榮，人們看到的只是「死後哀榮」，而沒有看到病人臨終時的痛苦折磨與家人的無助與無奈，更看不到靈性生命的未來出路與歸宿。

我再用個比喻來說明，大家一聽就懂，天下沒有不散的筵席，沒有不落幕的舞臺，也沒有不畢業的學校。當我們人生的修業年限將屆滿時，就要很認真的準備人生的畢業考，不但要風光、快樂地畢業，而且要早早做好畢業之後的「生涯規畫」，設定好畢業之後的出路，做好一切應有的準備，才能夠鵬程萬里，繼續開展未來的人生。

但是很不幸的，絕大多數人不但不打算畢業，而且還想要一直「延畢」，結果很痛苦地被「當掉」、「退學」，可能連補考或重修的機會都十分渺茫，下一階段究竟何去何從？心中一片茫然。

在我們一期生命的最後階段，最重要的功課，就是充分做好「求往生」的準備，然後瀟灑、快樂地畢業，展翅高飛，邁向下一期生命的航程，千萬不要「歹戲拖棚」，甚至於「悲劇收場」。到了這個時候，如果還想要一味地「求生」，這就等於是不斷地想要「延畢」，後果很可能就是「死當」、「退學」，至於能否有機會重新入學考，再來一回人間世，還要看個人的福德因緣夠不夠。

如果是一心一意地「求往生」，就等於是盡全力準備人生的「畢業考」以及佛國淨土的「入學申請」。這門功課愈早準備愈好，愈早準備的人，到了考前就愈不會緊張，而且成績會愈好，升學的機會愈大，錄取的志願愈前面。希望大家將來不但都能風光地畢業，而且是瀟灑、快樂地畢業，這樣才能如願地升學前往佛國淨土或天國樂園。

我要再一次鄭重地強調，「求往生」絕不是大多數人誤以為的「對生命的絕望」而「放棄醫療救治」，反而是很清楚地認知到「肉體生命的極限」以及「靈性生命的無限」，所作出「繼續開展未來生命」的高層次抉擇。所以懇請大家務必要確實了解，「求往生」這項功課，不但無礙於「好好地活著」，而且有助於「善終」，對病人及家屬而言，是「雙贏」的局面。

反倒是絕大多數人，因為「看不到」生命未來的希望與出路，所以就一味地「求生」，最後的結局是，病人被醫療科技整得七暈八素、死去活來，耗盡精神與體力，不但「無法好好地活著」，而且「不得善終」，對病人及家屬而言，是「雙輸」的局面。

在我們這一期生命最後階段的「畢業考」與「升學申請」期間，「求生」與「求往生」之間的利弊得失，請各位讀者務必認真地思考，最好能與家人一同認真地討論，而且最好能夠達成共識，當家中有人要準備「人生畢業考」及「往生升學申請」時，家人都能同心協力地關懷護持，以成就他能夠瀟灑愉快而且風光地畢業，同時順利地往生到佛國淨土或天國樂園。

## 真正的「往生」絕對不是「死亡」，而是「生命的永續經營」

大地有情的「生命」有不同的層次，有「肉體的生命」，是屬於生理及物質層次的，其中有「生、老、病、死」的歷程。在肉體之內有「意念的生命」，是屬於心理及認知層次的，其中有「生、住、異、滅」的流轉。比意念還更深一層的，有「心識的生命」，是屬於精神、靈性、心性以及修道層次的，其中有「迷、悟」、「覺、不覺」、「煩惱、菩提」的境界差別。

從大乘佛法的中觀義理來看，有情的生命是「不生不滅、不垢不淨、不增不減、不來不去」的，其實，這就是「生命的究竟奧祕」之所在。但是對一般大眾而言，這個道理太高深玄妙了，不但令人無法理解，而且讓人望而生畏、退避三舍，所以我就退而求其次，換個說法──「生命是永續的」。然而，如果只說「生命是永續的」還不夠，所以還要補充說明──我們對於「生命的經營」也要「永續」。因為有這樣的體認，我最早在二〇〇五年五月就提出「生命的永續經營」這個概念，然後於二〇〇九年五月在臺中光大社區大學提出「生命的永續經營理念」此一概念，於二〇〇九年六月在南華大學正式公開提倡「生命的永續經營觀」這個理念。

其實，生命本來就是永續的，但是很弔詭的，在世間絕大多數人對於自我生命的「經營」卻沒有永續。因為大家都誤認為，「肉體的死亡」就是「生命的終結」，所以根本就不知道，要對自我的生命做永續的經營。

我在上一節文中說到，「求往生」不但無礙於「好好活著」，而且有助於「善終」，這還只是隨順世俗的概念與認知而說的。其實，就佛教的觀點而言，「往生」以及「求往生」還有更深一層的意涵。

嚴格地說，真正的「往生」，絕對不是「生命」的「死亡」與「終結」，而是「生命」的「永續」及「開展」；因此，真正的「求往生」，也絕對不是「放棄生命」——讓生命就此終結，而是具體地實踐「生命的永續」——而且是讓生命繼續「向上」開展。

從佛教的觀點來看，有情的內在心性生命是「不可能終結的」，但是往往會因為個人的無明與執著而「誤入歧途」，或者因主、客觀的因緣條件而「陷入困境」。更具體一點地說，有情肉體的生命會經歷「分段生死」，也就是「生了又死、死了又生、生生死死、死死生生」，而有「前世、今生、來世」的三世生命，如此經歷「一段又一段」或者「一期又一期」的生命，輾轉輪迴不已，因而「生死疲勞」。

而有情個體意念的生命，其實是持續不斷的，並不會像肉體一樣，死亡之後就腐朽消逝而不再，但是會隨著個體的輪迴轉世，而有「隔陰之迷」，也就是個人前世的所有記憶，會在其入胎與出胎之際被完全遺忘。其實，前世的記憶只是「被遺忘」而已，並未「被清除」，而是「儲藏在」其第八意識（阿賴耶識）之中，因此，我們也可能透過禪定或催眠而喚起前世的記憶。在此，我要特別點出，「遺忘前世」

其實是一項非常重要的「身心健康保護機制」，就是因為有此機制，我們的每一期生命都得以避免受到過去世所累積的「恩怨情仇」之明顯干擾而重新開始。

至於有情心識的生命，則是絕對不會間斷的，而且就像瀑布一樣地奔流湧動不停，如《唯識三十論頌》所云「恆轉如瀑流」，只有證到阿羅漢的果位時，才可能斷除而不再受到輪迴的束縛——但絕不是斷除生命，而是斷除煩惱。

生命的永續，就構成「三世」的「時間場域」，而一切眾生所活動的舞臺，就構成「十方世界」的「空間場域」；佛教所主張之「十方三世」的宇宙觀、生命觀與輪迴觀，其實是非常先進的系統概念，也是對「生命的永續」最貼切的一種現象描述與解說。

從系統概念的整體觀點來看，不論是「輪迴」或是「往生」，都是銜接及跨越三世生命的機制，「輪迴」是針對絕大多數芸芸眾生——親身處在「生命永續」的場域以及「生死疲勞」的歷程中而不自覺——的現象描述，有如「不識廬山真面目，只緣身在此山中」。而「往生」與「求往生」則是行者欲超越死亡，力行「生命永續經營」的具體實踐。

「輪迴」是跨越三世的「生態系統」，「死亡」是生命的「轉換機制」，「求往生」則是「生命的永續經營」與「生死自在」的具體

## 展現

回憶小的時候，四、五十年前臺灣民間的喪禮習俗，大家會在鄉間治喪的場合看到「十殿閻羅」的掛圖，很具象地描繪著，人死了以後到了陰曹地府所經歷的恐怖景象，中間會經歷「上刀山、下油鍋、鋸腰、炮烙、剝皮、拔舌……」的酷刑，從「一殿秦廣王」輾轉到「五殿閻羅王」接受審判，再依序到「十殿轉輪王」，最後由轉輪王發配「六道輪迴」，亡魂接著就分別前往六道各處去投胎轉世或者打入地獄等等，這就是傳統民俗帶給一般大眾關於「死後世界」和「輪迴」的刻板印象。

長久以來，「輪迴」的概念，由於民間信仰的附會與渲染，對於一般大眾而言，一直帶有一種宗教迷信的色彩；尤其是對於非佛教徒的知識分子而言，更是被判定為非理性知識可解；即使是對於佛教徒而言，也多半還停留在傳統刻板勸善懲惡層次的道德說教印象，並不具有很強的理性說服力，也因此造成大多數人對「輪迴」的誤會及曲解。

「善惡是法，法非善惡。」就像是地心引力、春夏秋冬四時循環或者天體運行等等，其實，這些自然現象都是「非善非惡」的。同理，「輪迴」是生命「法爾如是」、「非善非惡」的「自然法則」與「流轉現象」，原本就不是「道德說教」的系統，雖然我們也可以賦予其倫理道德的詮釋與意涵，但其本身並不必然具有倫理道德的強制規範。

從「諸法緣起緣滅」的觀點而言，「輪迴」或「生死流轉」（梵文：Saṃsāra）是法界有情生命流轉於十方三世的「生態系統」，換句話說，從生命流轉的客觀現象立場來作「整體」的觀察，「輪迴」是宇宙整體（包含有情眾生、山河大地、日月星辰）運轉的「生態系統」，而「生、老、病、死」則是有情生命歷程中的「轉換機制」。

芸芸眾生不瞭解輪迴的真實相貌，是因為「不識廬山真面目，只緣身在此山中」，一方面由於「當局者迷」，一方面由於「視野的侷限」。如果我們只是「局部」或「片段」地擷取一段或者一期的生命，就想要以此了解生命的整體，甚至想要以此探究生命的實相與生死的奧祕，那就有如「以管窺天」或「盲人摸象」一樣，愈看愈迷糊，愈看愈疑惑，當然是無法解讀生命的奧祕，遑論探究生死的玄機，只有從「輪迴」的整體「系統觀點」來看，才有可能解開生命的奧祕與生死的玄機。

此外，我還要特別強調一點，生命的「輪迴」並不是「等到」我們「死了」以後「才去輪迴」的，而是在我們現實生命的當下，每一分、每一秒，「無時不刻」都是「親身」處於「輪迴系統」的洪流之中而不自覺。同樣的道理，如果有人想要超越輪迴，或者從輪迴之中解脫出來，也不能等到「死了以後」，而是在現生就要先「自覺」問題之所在，然後透過「聞、思、修」三慧和「戒、定、慧」三學的修持力量，一步一步超克突破輪迴的束縛。

基於以上對於「輪迴」意涵的整體了解，「往生」就有了更為積極與更上一層樓的意義。「輪迴」是有情跨越三世生命的「生態系統」，「死亡」是生命「轉換機制」的一環，「求往生」則是我們「永續經營」自我生命與「生死自在」的具體展現。

我們落在生死交替的「輪迴系統」中，到了一期生命的最後階段，如果沒有「求往生」的認知與準備，則在面臨「死亡」時，猶如即將墮入生命的黑洞與斷層，絕大多數人都會因為恐慌、茫然、無助而抗拒，最後在毫無準備的情況下，痛苦而無奈地步入死亡，再次糊里糊塗地落入無止境的輪迴系統中輾轉受生。

反之，如果早就有「求往生」的認知與準備，而且精進修持，則在面臨「死亡」之時，猶如即將展開生命的下一段航程，不但不必恐慌、茫然與無助，而且可以很從容地迎接「死亡」時刻的來臨，無憾地告別今生，歡喜地邁向來生，前往自己嚮往的佛國淨土或天國樂園，展現「生死自在」的瀟灑。

## 任何人都能夠往生嗎？如何才能夠真正「如願往生」？

各位讀者對於「往生」及「求往生」有了正確的理解之後，接下來的功課就是：個人在最後要告別這一世人生舞臺之時，如何能夠「瀟灑走一回」且「如願地往生」？

我再一次強調，「往生」不是佛教徒的專利，任何人都可以依照他個人的宗教信仰和個別心願，「往生」到他個人信仰上或心目中的歸宿。任何人如果真的有心「求往生」，首先要作的預備功課，就是及早確立個人未來生命的永續規畫，可以依照個人平日的宗教信仰及個別心願，確立「往生」的方向和目標。

每個人都可以有他自己的「往生」理想、方向與目標，在此我舉出三個大方向為例：（一）如果欲發願往生佛國淨土，可以選擇：彌陀淨土、藥師淨土、兜率淨土等等；（二）如果欲祈求上升天界，可以選擇：凌虛天界、基督天國、真主天堂等等；（三）如果欲乘願再來，迴入娑婆世界行菩薩道，可以選擇到不同的國家：臺灣、中國大陸、美國、亞洲、歐洲、美洲、澳洲、非洲各國等等。

行者可以依照自己的信仰及心願作抉擇，但是必須要確定一個方向和目標，一門深入，精進修持，切不可三心兩意，今天想要往生西方，明天又想要往生東方，後天又想要乘願再來，猶豫不決，舉棋不定，變來變去的結果是，東方和西方都往生不了，最後只好業力牽引，六道輪迴去了。

有人問：如果想要往生佛國淨土或天國樂園，會不會很難？如何才能夠成功地往生？實際的功夫要怎麼做？

答：往生的道理和實修法門，其實都不難懂，難在行者是否真正能夠「信願堅固」、「依教奉行」且「與法相應」。往生的道理和「心法祕笈」，簡單地說，就是「淨土三要」——「信、願、行」資糧具足。「信」者，堅信佛言不虛，深信法門殊勝，自信己力可及；「願」者，深心發願，一心嚮往，求生淨土；「行」者，福慧雙修，一心念佛，歡喜信受，依教奉行。「信、願、行」三要，如鼎之三足，缺一不可。堅固的信心與信念是根本，深重的願力是定向及導航，如法的行持是啟動力及續航動能。

之前我就說過，「往生」不是佛教與佛教徒的專利，基督徒想要「上升天國」，也可以運用「信、願、行」的道理和法門：「信」者，堅信「基督之言」不虛，深信「福音」殊勝，自信己力可及；「願」者，深心發願，「求升天國」；「行」者，福慧雙修，一心「祈禱」，歡喜信受，依教奉行。同理，不論是道教徒、回教徒，或者是其他宗教徒，每個人都可以運用「信、願、行」的道理和法門在他們自己的信仰和修持上，以求往生到個人信仰上和心目中的歸宿。

此外，要能真正的「如願往生」，還有一些關鍵要領，大家「一定要謹記」而不可輕忽，大家「一定要確實認清」，我們的色身本來就有其相應的使用年限（也就是「賞味期」），終究有衰老報廢的一天，因此「一定要避免」拖到身體機能衰敗，病魔纏身，乃至多重器官衰竭，切記「一定要及早準備」，「見好就收」——也就是「不要拖過生命賞味期，不要變成生命延畢生」，才有把握能如願往生！

當個人的世壽即將圓滿前，要能「從容且歡喜地迎接」往生時辰的到來，透過平日的精進修持與深重願力，絕對能夠「預知時至」，從容地準備。屆時切不可浪費精神與體力在對抗病魔和死亡上面，一定要「保留足夠的精神與體力」，以確保「正念現前，身心康寧」。最理想的情況是，身無病苦，心無罣礙，無有恐怖，沒有遺憾怨懟。

最後，當個人的世緣將盡時，要能「心懷感恩」，所作皆辦——也就是該作的事都辦完了，該盡的責任都盡到了，沒有遺憾牽掛，萬緣放下，告別今生，邁向來生。當時辰已至，色身將命終時，正念現前，無有恐懼，心不貪戀，意不顛倒，如入禪定，感應道交，蒙佛接引（基督徒則是蒙主恩召），捨報往生，瀟灑走一回。

## 「往生助念」的必要性

嚴格地說，如果行者希望將來能夠「蒙佛接引」而真正「如願地」往生佛國淨土，除了「信心堅固，願力深重」之外，在平常時日，養成「持久而綿密」的念佛功夫是不可或缺的。然而，對絕大多數人而言，就應了俗話所說的：「平時不燒香，臨時抱佛腳」，這可是非常真實的寫照。

不過話說回來，就是因為絕大多數人求往生的願力不強，平時念佛的功夫不夠，甚至於根本就不知道要念佛求往生（或者禱告求升天國），所以在臨命終時，更是需要「緊抱佛腳」，這可是很重要的「補救措施」，即使不能往生佛國淨土，也希望能轉生善道，而不致於淪落惡道。

如果行者已經發願往生，平日也非常精進修持，臨命終時更是需要「確保」往生的情境「不會受到」任何不利於往生的干擾、障礙與破壞，以免功虧一簣。因此，大家需要確實了解「往生助念」的道理、實際作法以及一些相關的準備措施。

再者，「往生助念」的對象不限於初終的亡者，還包括臨終的病人，在病人住院的末期，或者已經接回家中，就可以開始為病人開導、誦經、念佛、回向，而在病人捨報命終（斷氣）之後，更要密集地為他助念。

## 有關「往生助念」的流行說法及其所衍生的問題

在臺灣社會流行的說法及作法是：在病人斷氣之後，至少要為他念佛八小時，而且在這段時間之內不得搬動遺體，因為亡者的心識尚未完全脫離肉體，可能還有知覺。為了避免亡者因其遺體被觸動而心生不悅，嚴重影響其往生正念之提起，所以要等命終之後八小時，才可以為亡者沐浴、化妝、換壽衣，再讓親友來瞻仰遺容。

關於命終之後「八小時」內，「不得移動」亡者遺體的說法，其實並非出自於佛教的經論，而是源自弘一大師於一九三二年應邀在廈門妙釋寺念佛會的開示，而後制定為〈人生之最後〉一文，收錄在《弘一大師全集》卷八。在文中第四章「命終後一日」第一段說道：「既已命終，最切要者，不可急忙移動。雖身染便穢，亦勿即為洗滌。必須經過八小時後，乃能浴身更衣。常人皆不注意此事，而最要緊。惟望廣勸同人，依此謹慎行之。」

儘管當年弘一大師並未在文中交代「八小時」的出處與依據，亦未說明為什麼亡者遺體要經歷八小時才能處置的理由，但時至今日多數臺灣社會大眾（不論是佛教徒或非佛教徒）卻將之奉為金科玉律，深恐有所違犯而致使亡者無法順利往生。

然而，根據《佛說觀無量壽佛經》所述，真正往生西方淨土世界所需的時間非常短，「譬如壯士，屈伸臂頃，即生西方極樂世界」，根本就不需要八小時。其實不只是往生淨土佛國，根據散見於諸多經典中的敘述，從人間上生天界，或墮於地獄，也都是有如「屈伸臂頃」，剎那間即得往生。

那麼弘一大師為什麼要特別設定「八小時」呢？我合理地推測，理由可能有三：

其一，弘一大師在世之時，正信佛教並不普及，淨土法門在社會上也不彰顯，設定八小時能讓一般人有機會為亡者念佛，不失為一種善巧方便的法門。

其二，亡者不論是在家過往或是在醫院病逝，在當時對遺體的處理過程都是非常粗暴而不如法的，因此弘一大師設定八小時，能讓亡者得以在剛斷氣後，不至於受到無謂的干擾及無禮的對待，確實是一大功德。

其三，因為大多數人平時都欠缺念佛及定慧的功夫，臨時抱佛腳，力有未逮，因此設定一段較為充裕的時間，而以八小時為「安全值」，讓亡者的神識得以有機會平靜地脫離肉體。

長久以來，一般民眾對於生死大事的處理多不如法，八十二年前的當時，安寧照顧更是尚未興起，所以相較於傳統習俗對於初終亡者的遺體大動干戈式的處置，一動遠不如一靜，弘一大師的主張的確是用心良苦。然而時至今日，社會環境與醫療情況已經大為改觀，如果弘一大師親身處在現代臺灣，我堅信他一定會修正他在八十二年之前的說法，而將安寧照顧的實務融入往生助念以及初終亡者的遺體處理之中。

## 有關弘一大師《人生之最後》一文以及「八小時」的補充說明

在今日的臺灣，「往生助念」在形式上儼然已經成為佛教界與佛教徒處理臨終及往生事件的「標準作業程序（SOP, Standard Operating Procedure）」；而且在民間傳統宗教態度「有燒香就有保庇」的影響與附和下，愈來愈多的非佛教徒也開始在形式上以及程序上比照辦理。然而，即使是佛教徒，對於「往生助念」的道理和實務，其實也多半是知其然而不知其所以然，至於大多數非佛教徒更是一知半解，甚至摻雜了許多道聽塗說、以訛傳訛的成見或誤解。

舉一個實際的例子，有家屬以為臨終關懷「只要」為病人誦經念佛就好，以至於不顧病人的疼痛感受，而堅持不讓醫護人員協助翻動臨終病人的身體，或不願意甚至於拒絕配合醫護人員應該要為臨終病人施作的減輕疼痛或症狀控制等護理措施，所持的理由居然就是弘一大師所講的「不可移動」。

然而，很弔詭的是，絕大多數人既不知道、也從未讀過弘一大師在八十多年前所撰述的〈人生之最後〉一文，所以根本就不知道「八小時」的真正出處，還以為是佛經裡面所規定的，就這樣子輾轉聽說，而奉為金科玉律。

各位讀者可以自行上網搜尋〈人生之最後〉一文。綜觀全文，篇幅不長，僅二千二百餘字，文字精簡洗練，但是內容十分詳盡，從重病、臨終時、命終後一日到薦亡等等事宜，都有明確的開示，而且非常具體實際，即使應用在今日的臨終關懷場域，依然相當切要。讀者如果仔細閱讀全文，就可以深深體會到，弘一大師確實是苦口婆心，耳提面命，殷重開解世人對於臨終關懷的迷惘。

的確，弘一大師在文中明示：「既已命終，最切要者，不可急忙移動。雖身染便穢，亦勿即為洗滌。必須經過八小時後，乃能浴身更衣。」此外，他還特別強調，在親人「命終前後，家人萬不可哭」，而要盡力為他助念佛號。如今我們重新省思弘一大師所提出的主張，可以了解其重點在於「千萬不要干擾」初終亡者，以免嚴重地妨礙（甚至於破壞）親人能夠順利往生的機緣。

這個原則不但非常正確，而且十分切要，文中所言：「雖身染便穢，亦勿即為洗滌」，就是基於此一原則。在八十多年前，全世界都還沒有「安寧照顧」，遑論當時的中國，如果要為亡者淨身洗滌，難免大動干戈，也勢必嚴重干擾初終亡者的往生正念，所以一動不如一靜。時至今日的臺灣，由於安寧照顧的理念與實務逐漸推廣與普及，這種會讓亡者「身染便穢」的難堪情況，已經大幅地改善了，所以不至於會構成嚴重的問題。

從以上的說明，各位讀者可以了解「命終之後八小時」此一說法的出處與時空背景，我認為弘一大師「八小時」的主張，確實是菩薩心腸，但因為是基於其個人的經驗，而不是出自於經論，所以不必視為定數。如果客觀條件或環境許可，能為亡者助念八小時當然很好，甚至可以助念到十二小時乃至二十小時以上；萬一客觀條件及環境皆不許可，也可以依實際情況做一些彈性的調整。

其實「命終之後八小時」一說，真正問題的關鍵——或者說，真正會構成嚴重的問題——根本就不在於「助念」，而是在於「器官移植」與「器官捐贈」。如果只是為初終亡者「助念」，究竟要念幾個小時？當然時間愈長愈好，怎麼會是個問題呢？就是因為涉及「器官移植」與「器官捐贈」，這才是個嚴重的問題。因為如果往生者要捐贈器官，就要在命終之後「立即」動手術摘取他的器官，如此一來，是否會干擾、甚至破壞他的往生正念？如果要等到「八小時之後」，再動手術摘取他的器官，那麼屆時器官都已經壞死而不堪使用，如何能夠再作捐贈？就是因為這樣的矛盾及衝突，「八小時」才會成為嚴重的關鍵問題。有關此一「器官移植」與「器官捐贈」的問題，我會另外專文討論，於此不再詳述。

## 「往生助念」的現代意義解析——為什麼要「助念」？「往生助念」是亡者心念意識「星際之旅」的「生命導航」

雖然「往生助念」在臺灣社會已經普遍成為臨終關懷的SOP（標準作業程序），但是，為什麼要為「臨終」與「初終」的病人「助念」？「有念」跟「沒念」對於臨終與往生者會有什麼差別嗎？「助念」真的有實質的功效和意義嗎？還是只是一種慰藉病人與家屬的表面形式而已？長久以來，這些問題仍然是許多人心中的疑惑與疑慮。

在解析上述這幾個問題之前，我要先鄭重聲明，對於平日就早已精進念佛，往生願力堅固，甚至於能夠「預知時至」的行者，「有」助念或「沒有」助念，差異不大。但是對於絕大多數的一般大眾，「有念」跟「沒念」，真的是「差很大」；不只如此，「至誠懇切地念」跟「虛應故事地念」也會「差很大」。

對於臨終病人捨報往生之際的「死生之旅」，我將之比擬作往生者的心識即將跨越時空的「星際之旅」。由於絕大多數人，終其一生，在生死大事這方面都沒有足夠的認知與充分的準備，因此，對於他自己生命未來的方向多半都不知道何去何從，也因而會有「迷航」的危機與恐慌，所以臨終病人在這個關鍵時刻，最需要的就是有人為他作心念及意識上的「導航」。就像是飛機在起降時刻，需要有塔臺的導航，才能安全地起降，甚至於飛機飛在天空中，也需要有飛航管制中心透過衛星的導航，才不會迷航。

基於同樣的道理，「往生助念」可以看作是——對於臨終病人及初終亡者的心念意識即將展開的「星際之旅」所作的「生命導航」。此外，我還要再強調一次，「往生助念」不是佛教的專利，任何宗教皆可依其教義進行相應的「往生助念」。

「往生助念」可由家人或延請宗教師藉由誦經、念佛（或祈禱）及回向，親切地開導病人放下俗緣的牽絆與執著，帶領他一心念佛（或其日常信仰對象之聖名）以及發願往生佛國淨土（或者祈禱及發願上升天國），引導他能順利地脫離肉體軀體的桎梏，迎接並開展他未來的生命。「往生助念」同時也可以協助家屬與親友，藉由稱念各佛、菩薩（或各個宗教）之聖號，以轉移及抒發其哀傷之情緒。

各位讀者明瞭了「生命導航」的道理之後，就可以充分理解到：為什麼家屬「千萬不可」在臨終病人或初終亡者的身旁哭泣以及發出牽腸掛肚或者兒女情長之類的不當言語？因為那樣一來，不但沒有為亡者「導航」，而且還嚴重地「干擾」他的「往生正念」，進而「破壞」其心念意識的「星際之旅」，嚴重的話，可能導致亡者沉淪六道，甚至於因心生雜念或瞋恨而墮入惡道。就像是飛機在起降之際，不但沒有得到正確的導航，還遭受到不當電波雜訊的「嚴重干擾」，很可能就此墜機了。

往生助念及開導，在病人臨終之際、彌留之時即可開始，如果主、客觀情況許可，最好能夠持續到病人斷氣之後八至十二小時。至於往生助念的具體作法並不難，以佛教為例，大眾在助念佛號的時候，應請西方三聖或阿彌陀佛的接引聖像，供奉懸掛於臥室（或病房）中病人的對面，讓他能夠隨時瞻仰。

能夠延請到法師帶領助念固然很好，若一時無法找到法師帶領，自己家人及親友為病人至誠助念及開導，功效並無減損。參與助念的人數，不拘多少，如果人多，可以輪班助念，持續不斷。至於要念六字佛號（南無阿彌陀佛），還是念四字佛號（阿彌陀佛），節奏速度或快或慢，最好能事先詢問病人本身，（如果病人無法言語，就詢問其家屬至親），依照其平日的習慣或喜好的方式來念，如此病人才容易跟隨默念。

如果病人平日並無念佛的日課或特定的念佛習慣，我就鄭重推薦採用心定和尚所錄製的念佛機中的六字佛號，節奏速度適中，不疾不徐，唱誦聲韻鏗鏘有力，對於提起往生正念，極有助益，家屬可以跟隨著虔誠誦念。

## 有關使用念佛機助念的一些省思

我過去一向不鼓勵使用念佛機，尤其不鼓勵只是放一臺念佛機在病人身邊，而沒有任何親人在旁陪伴助念，主要有二個理由：第一、一般說來，念佛機的音質與音效大都不佳，對臨終的病人或初終的亡者而言，會感覺到十分刺耳。第二、機器所發出的聲波，既沒有感情，也沒有意念，其實是無法直接讓臨終的病人或初終的亡者生起心性上的共鳴。雖然近年來念佛機的製作有所改進，不過我仍然認為：念佛機只能作為輔助之用，不能完全取代親人的實際助念。

如果病人平時就有念佛的日常功課或習慣，播放念佛機才會有「助念」的效果；反之，如果病人平日根本就不念佛，而在沒有任何親人陪伴助念的情況下，只是單純地播放念佛機，其實效果是微乎其微的。道理很簡單，譬如有人愛好古典音樂，而且經常聆聽欣賞，當他一聽到古典音樂，心中就會生起共鳴。但是對於根本就不聽古典音樂或者對古典音樂毫無興趣的人，當我們只是單純地播放古典音樂給他聽的時候，而又沒有人在旁邊解說古典音樂的內涵，就有如「對牛彈琴」一般，不能期待他一定會有正面的反應，甚至於他在心理上還可能會產生一種排斥感。

同樣的道理，除非病人主觀上不排斥、願意、甚至於喜歡念佛，這時為他播放念佛機才有意義，也才會有效果；否則對於根本就不念佛的病人，如果只是單純地播放念佛機，而無人在旁解說、引導及助念，機器的佛號聲很可能會變成一種干擾。因此，我才特別強調一定要「有人」——不論是法師還是家人——在病人耳邊用柔軟、溫馨的語言為他「開導、提示」念佛的道理與利益，再親身「引導、帶領」病人一同念佛，這樣的作法才是真正的「助念」，也才會有實質的效果。所以，千萬不能只是放一臺念佛機在病人耳邊，而沒有任何親人在他身旁陪著一起念佛。

真正的「助念」必須要發自於我們虔誠的心念，祈求佛、菩薩的慈悲加持，再透過我們的聲音傳達、回向給臨終的病人或初終的亡者，如此才能感應道交、引起共鳴，實質產生「助念」的功效。

## 「往生助念」中誦經與稱念聖號的現代意義與功能

我經常遇到這樣的問題：「誦經、持咒、念佛、回向……，是真的有效嗎？還是只是一種安慰在生者的儀式或者表面形式而已？」一般大眾往往會懷疑宗教行持及其儀式的有效性，這樣的疑惑其實是帶有濃厚的功利性思維色彩，似乎是說，如果實際上真的有效，做了才有意義。

其實，在「誦經、持咒、念佛、懺悔、發願、回向……」等宗教行持裡面，「儀式」是一種非常重要而且必要的「介面」及「平臺」；然而，單靠儀式本身，並不必然保證宗教行持的有效性。雖然儀式是宗教行持不可或缺的一環，但是必須要「如法」地實踐與施行，換句話說，宗教行持的真正效力，其實是繫於「宗教實踐的行者」——也就是「念佛的人」或是「祈禱的人」。

具體地說，「往生助念」的真正效力乃是繫於助念者「至誠懇切」的心念與思維，「助念者」誦經及稱念聖號的聲調及音韻，可以藉由其「至誠的心念」穿透初終亡者的分別智，直入亡者的深層意識中，令其提起正念。

從佛教的觀點而言，以「往生助念」為主軸的相關宗教行持，其真正的意義與價值，並不在於其外表儀式對亡者有無效果的功利性問題，而是為了開導亡者「能放下以往的牽絆與執著，提起正念，迎接未來的生命」的一種「終極靈性關懷」。念佛行者的至誠心念透過法會儀式的介面與平臺，可以感發佛菩薩的慈悲加持，而能與亡者的心念溝通，進而協助並引導亡者在茫茫的生死大海之中找到方向與出路，這是在「聖者、行者與亡者」之間，形成一種「心、佛、眾生」相互感通的網路連結，進而產生一種「心性生命不生不滅」的感應道交。

真正的「往生助念」並不是單純地念佛，而是具體表達了生者對亡者的終極關懷，讓彼此的心意相通，不僅可以引導亡者開展其未來的生命，還可以協助亡者之家屬與親友，轉化並撫慰其喪親的失落感與悲傷情緒。

## 「往生」概念與認知的一般化及普及化

三界六道有情的生命是在「十方三世」的「生死輪迴」系統中流轉不息，這些年來我在世界各地推廣的「生命的永續經營觀」，就是建立在「十方三世」的廣大宇宙觀與生命觀的基礎上面。

其實，「生死輪迴」的道理與現象，並不是釋迦牟尼佛「發明」或「規定」的，而是「法爾如是」，由佛陀智慧觀照、發現、覺悟而親身體證到的。再者，「地心引力」並不是牛頓發明的，而是他發現的，也是「法爾如是」。同樣的道理，「質能不滅定律」以及「質能轉換公式」（$E=mc^2$——能量等於質量乘以光速的平方）也不是愛因斯坦發明的，而是他發現並且證明的。

再進一步分析，生命的「永續經營觀」是一種理念與思想建設，至於生命的「永續經營」就不只是抽象的理念，而是具體的作為；同理，「往生觀」是一種理念與思想建設，至於「求往生」就不只是抽象的理念，而是「實踐」生命「永續經營」的具體作為與終極行動。

我要再強調一次，「生命的永續經營」與「往生」的認知理念，以及「求往生」的具體實踐……，都不是佛教徒的專利，任何人都可以透過他個人的心願與修持，「實質地」往生到他信仰上或心目中的歸宿。不論行者的終極目標是「佛國淨土」或是「天國樂園」，「往生」的道理和「求往生」所需要準備的核心功課都是彼此共通的——也就是「信、願、行」資量具足，其內容之前已經說明過了，於此不再贅述。

有人問：「如果我沒有任何宗教信仰，是不是就不能往生了？」針對這個問題，要從兩個層面來解析。如果從「狹義」的往生觀點（也就是專指「往生佛國淨土」或者「上升天國樂園」）來看，行者必須要信心堅固、願力深重、念佛精進、福慧雙修，才能真正往生。因此，即使是佛教徒，如果沒有發願要往生佛國淨土，也沒有具足「信、願、行」的資量，其實是無法往生到佛國淨土的。

至於「廣義」的往生，泛指往生至六道中任何一處——不論是天界、人道、修羅或是畜牲、惡鬼、地獄，也不論亡者有沒有宗教信仰。如果他在生前沒有任何明確的方向和充分的準備，在命終之後，他的意識就會隨著其個人業力與習氣的牽引，到與他最相應的世界去受生。因此，廣義地說，不論有無宗教信仰，三界六道之內的芸芸眾生，在他一期生命結束之後，統統都會「隨願、隨念、隨業」去往生。

又有人問道：「照您這麼說，不論有沒有宗教信仰，在命終之後，都一定會往生到六道中的某一道，只是好壞不同而已，是不？可是，不論是往生佛國、上升天國還是六道輪迴，聽起來都是很累人的事啊！我能不能『死了就死了，一了百了』，哪裡都不要『往生』？那樣多乾脆啊！」

問得好！《八大人覺經》云：「生死疲勞，從貪欲起。」生死輪迴的確是「很疲勞」、「很累人」的事！所以才要努力求解脫啊！其實，一旦能夠往生佛國淨土，就等於是超越了生死輪迴，不再受六道輪迴的束縛了。除此之外，想要「一了百了」的「唯一」辦法，就是修行達到「不受後有」的「阿羅漢境界」。但是行者必須要非常精進地力行「戒、定、慧」三學，而且要能夠「斷盡」三界的「見惑」（認知與見解上的迷執）與「思惑」（情緒與情感上的迷執）等所有煩惱，證悟到「阿羅漢果」，才能夠真正地「了生脫死」，不再輪迴，當然也就不需要往生了。然而，這樣的修行境界，對於絕大多數的芸芸眾生而言，真的是「比登天還難」，相較之下，「求往生」反而比較契合絕大多數人的需求與能力，實踐起來也容易得多了。

其實，我提倡「生命的永續經營」此一理念，主要是作為積極正向面對死亡的「觀念啟發」與「思想建設」，還不是生命的終極目標，生命的終極目標在於能夠「生死自在」。而能否達到「生死自在」的關鍵基礎，就在於我們能否「自覺」或「信受」「未來生命無限開展的可能」，如果不能「自覺」或「信受」這一層道理，其個人在世間無論如何地出類拔萃、功成名就、勳業彪炳，到頭來有如奔波於「生死疲勞」的場域之中，仍然是不斷地沉浮於「生死輪迴」的大海之中；反之，如果能夠「自覺」與「信受」這一層道理，才有可能逐漸脫離輪迴的束縛，而達到「生死自在」的境界。

最後，我以兩首自己作的「生死自在四句偈」與各位讀者共勉：

**其一**

活得充實而精采，老得成熟而睿智，
病得深思而豁達，走得瀟灑而無憾。

**其二**

真誠擁抱生命，坦然面對老病，

自在迎接死亡，永續經營來生。

希望各位讀者及早備妥往生的資糧，將來都能夠預知時至，無疾而終，然後正念現前，如願往生到您信仰上或者心目中的歸宿，未來終究能夠「生死自在」。

# 媽媽最後的生命示現
## ——我的永續生死學功課

二〇一二年十一月二十四日晚上八時許，媽媽在二弟開憲一家人的陪伴下，由兒孫訴說著當年在佛光山大雄寶殿的珍貴回憶。媽媽眼角含著淚水，面帶著微笑，聽著孫兒弘觀、孫女弘音（我的姪兒、姪女）高聲唱著佛號，最後深深地呼吸了一口氣，在家中安然捨報往生，享壽八十三歲（虛歲八十五）。

十五分鐘後我回到家中，我的心情是悲欣交集，悲傷的是再也聽不到媽媽的關懷話語和爽朗笑聲，欣慰的是媽媽除了持續老化以及腦部缺血中風之外，沒有罹患任何惡疾絕症，也沒有拖延到多重器官衰竭，更沒有承受任何不必要的現代醫療折磨與苦難，身心清爽地告別這一期的人生舞臺，正念現前地邁向生命永續、佛國之旅的航程，我們兄弟都深信媽媽已經歡喜地跟隨佛菩薩的接引，到了佛菩薩的座前，聆聽佛菩薩的開示，也仍然護佑著我們。

回顧我自己這一生，我的雙親不只是我的生身父母，也是我的佛學與生死學啟蒙導師，一直到現在，我的所思與所學都不斷受到父母親極大的影響與啟發。我自幼就非常愛好美術、音樂、文學、詩詞以及數學，上了初中之後醉心於數學和物理，嚮往著經由數理科學探索宇宙的奧祕，建中畢業後以第一志願考入臺灣大學數學系，希望能實現幼年時的願望。但是因為身在軍旅的父親因公受傷跌斷左腿，住院前後五年，所以我的整個大學生活，就在臺大校園與三軍總醫院病房之間來回穿梭度過。

在住院四年之後，父親的病情一直未見好轉，在我的勸說之下，他下定決心接受手術鋸掉左腿，並且開始虔誠持誦《金剛經》。在不可思議的佛力加持下，父親的截肢手術出奇地成功，術後的休養復健過程雖然辛苦，但身體的康復情況十分順利，在醫院裡度過了五個寒暑之後終於能夠回到家中。

在醫院裡照顧父親的那段漫長歲月當中，我看盡了生老病死的情境與生離死別的劇碼，深深體認到生命的無常，也因此激發我從原初欲深入探索宇宙的奧祕，轉為立願於人生病痛苦難的關懷以及生死玄機的參究，也種下日後出家的因緣，以及不自覺地醞釀出今日研究、教授及推廣生死學的契機。

在《論語‧里仁》中，孔子曰：「父母之年，不可不知也，一則以喜，一則以懼。」這句話的用意，當然是指為人子女的一種孝道表現，要記得父母的年紀，一方面慶幸他們能年享高壽，另一方面卻也憂懼他們日漸衰老。孔子此言已然隱含了為人子女終究將面臨父母百年之後的喪親心理壓力。「夕陽無限好，只是近黃昏」，這是大自然的現象，也是人生的寫照。然而，雙親「年享高壽」與「日漸衰老」的共存與兩難狀態，形成了一種十分弔詭的生命情境。

二〇〇九年，我開始察覺到媽媽似乎出現了輕微的失智現象，因為每次我回去探望她的時候都發現，同樣一件事或者同一句話，她會每隔一、二分鐘就問我一次，如此反覆地問我好幾次，但我又觀察到她並不是故意重複問的。我覺得情況有異，就告訴二弟，需要帶媽媽去看醫生。後來請恩主公醫院院長暨蓮花基金會董事長陳榮基教授（也是臺大晨曦學社老學長）協助安排，由二弟帶媽媽赴恩主公醫院仔細檢查，經過電腦斷層掃描，確定媽媽的左腦局部出現了鈣化的現象，約拇指大小，但是屬於良性的組織，並不會迅速擴大，故無生命危險，只是影響了短期記憶與運算能力。因為媽媽年事已高，陳榮基院長建議不需手術治療，只要定期檢查、密切觀察就好。為了因應這樣的變化情況，我們兄弟決定要申請一位外勞全天候在家中照顧爸媽的飲食起居及整理家務。

當年我決定出家時，媽媽非常不捨，難過得流淚，因為我是長子，也是她寄望最深的兒子。三個弟弟從小到大的求學過程都是由我引導帶領的，媽媽滿懷寄望我能帶頭把家業撐起來，為陳家爭一口氣。

出家後，感謝師父星公上人的提攜，後來我擔任普門高中的校長，又應師父上人的邀請，將父親接到佛光山長住，以筆墨服務常住文書所需。以此因緣，媽媽每隔一段時間就會上山探望父親和我，從此她成為全山大眾人人讚歎的「開媽媽」，這是她畢生最為歡喜、也最引以為榮的一個稱呼，當初她的不捨也轉為親近佛門的法喜。

後來二弟開憲結婚，在佛光山大悲殿舉行佛化婚禮，由星公上人親自福證開示，媽媽更是開心得合不攏嘴。父親也變成了「開爸爸」和「陳老師」，在山上以書法和大眾結緣，同時也在叢林學院教授書法與裱褙，前後十六年。後來因為體力衰退、胃腸不佳而告老回到臺北家中，如今高齡九十歲。

一九八六年十月，媽媽帶著一歲多的長孫弘觀，一同在臺北普門寺皈依三寶，媽媽皈依在星雲大師座下，法名「淨慧」，弘觀則皈依在心平和尚座下。媽媽自此開始聽經聞法，還特別精挑細選購置了一套佛桌和花瓶，在家中供奉了西方三聖以及祖先牌位，早晚上香。

大約從二〇〇二年開始，媽媽的老化現象逐漸明顯，每次我回臺北看她，她都跟我訴說身體老化的負擔，雖然沒有什麼大的病痛，但是深感體力大不如前，活得愈來愈辛苦。我就開導她要用功誦經念佛，同時要發願往生阿彌陀佛極樂淨土。

我特別用電腦排版、列印、裝訂了一本大字的《阿彌陀經》給媽媽，她很歡喜地每天持誦，不熟悉發音的字，還在旁邊用日文片假名注音。

每次有機會回臺北看媽媽，我都會向她解說彌陀淨土法門，特別是「信、願、行」三要的道理。並特別跟她強調「深心發願」是「往生淨土」的關鍵，有了真正想要去佛國淨土的「懇切心願」，才有精進念佛的動力，也才有「如願往生」的把握。

尤其重要的是，一定要保留精神和體力作為往生之用，這樣才能跟佛菩薩相應；也就是說，當往生的機緣成熟，佛菩薩前來接引的時候，自己一定要保有精神和體力，才能夠「正念現前」而跟隨佛菩薩前往佛國淨土。

我也不斷提醒媽媽，千萬不要拖到身體機能衰敗，甚至於多重器官衰竭，如果病到奄奄一息，精神和體力都耗盡了，那就根本無法「正念現前」，恐怕只能隨波逐流六道輪迴，真正往生的希望就很渺茫了。

媽媽的老化過程與她自己的心理反應，對我而言是很重大的生命示現與啟發，也是我身為生死學教授的切身功課。

或許身體老化的負荷讓她覺得生命愈來愈沉重，大約從二〇〇七年開始，我每次回去看媽媽，她就問我：「每天早晚誦經念佛已經很用功了，連睡覺的時候也都用錄音機播放佛號，一心一意等著佛菩薩來接引，為什麼阿彌陀佛還沒有來接我？」我都安慰她不要著急，時候到了，佛菩薩自然就會來接。

在我們申請外勞照顧爸媽之前，曾經請住在附近的一位師姐在白天來家中幫忙料理三餐和打掃。據師姐轉述，媽媽曾經說過她夢到了阿彌陀佛，但是阿彌陀佛說：她的時間還沒有到，所以要她先回來，等時間到了再來接她。

媽媽生性樂觀開朗，惟因責任感重，所以她對兒子、孫子操心掛念也多。此外，由於自幼在原生家庭中經歷了許多不公平的待遇，一直念念不忘，因此我很擔心這會成為她未來要往生佛國淨土時的障礙。雖然後來媽媽出現了失智現象，並經醫師診斷確定，但是我們兄弟都認為這是不幸中有大幸，而且深信這是佛菩薩的加持。

感謝佛菩薩的慈悲庇祐，自從媽媽輕度失智之後，她變得非常快樂，原本的操心掛慮明顯地都放下了，過去念念不忘而且一再重述的陳年往事，也都不再聽到她提起了，甚至也不像以往逢人就會介紹誇讚自己的兒子、媳婦、孫子、孫女如何如何。媽媽似乎返老還童了，從此不但不再聽到她重述不愉快的回憶，反而經常聽到她哼著年輕時熟悉的歌曲，〈青春嶺〉是我們最常聽到的，還有其他類似的活潑輕快曲目。她還跟小弟開定說，她想要看《汪洋中的一條船》和日劇《阿信》，小弟就趕緊買來全套的 DVD 影片，讓媽媽隨時可以自行播放。媽媽就在誦經念佛之餘觀賞影片，看到後來對劇情內容瞭若指掌。

媽媽每天誦經念佛的功課，並沒有因為失智的症狀而受到絲毫影響或中斷，反而更加相應。每次回去看她，都一再鼓勵稱讚她的用功念佛，同時感謝她的養育之恩。每次問她這輩子有沒有什麼遺憾？她都很乾脆爽快地回答說：「沒有！」同時提醒她要發願到阿彌陀佛、觀世音菩薩那裡，她也都很乾脆爽快地點頭說：「好！」我們兄弟都為媽媽如此達觀的人生態度感到非常讚歎與欣慰。

二〇一二年九月八、九兩日是佛光山兩年一度的佛光親屬會，原本已經跟爸媽說好，我們兄弟要帶他們二老，還有媳婦、孫兒們一同去佛光山參加盛會，不料在九月五日媽媽因為吃了別人送的粽子，不斷嘔吐，送到雙和醫院掛急診，到了九月八日早上才出院，因此錯過了親屬會。媽媽從醫院回家之後，頭幾天還很清醒，後來的意識狀況就不是很好，昏昏沉沉的，雖然有意識，但提不起精神，問她話也不太有反應。最明顯的身體情況改變，是她的排便有困難，老是覺得胃腸裡的東西排不出來，因此不太願意進食，頂多只是吃流質的東西，反而不斷要求外勞 Yani 幫她用甘油球灌腸，但是卻沒什麼效果，讓她十分苦惱。

九月二十一日下午我在佛光大學佛教學院上課，晚上在永和學舍演講，結束後接到小弟的電話表示，在傍晚時分送媽媽到雙和醫院掛急診；原因是媽媽在家裡上廁所時雙手無力，扶不住拐杖椅而跌倒，臉頰和整個下巴都瘀血。我趕到醫院看她時，已經晚上將近十點，她還在昏迷中，叫她也沒有反應。因為學校已經開學了，隔天在南華大學有生死學研究所碩士專班的必修課，我必須趕回學校，由二弟留在醫院照顧媽媽。後來二弟告訴我，到了凌晨三點左右媽媽自己醒過來，一睜開眼就問他：「這是哪裡？我怎麼會在這裡？你怎麼也在這裡？」接著就說她要上廁所。

在雙和醫院急診處，醫生檢查了半天檢查不出什麼大問題，只是懷疑媽媽的心臟有問題，本來想留她繼續住院觀察，但是媽媽一面吵著要上廁所，一面吵著要回家，所以就在九月二十二日出院回家。二十三日下午我回到臺北，兄弟們約在二弟家裡一同商討媽媽的後續照顧問題。

雖然我們已經申請了外勞在家中二十四小時照顧父母，但是媽媽的身體持續有狀況發生，而且爸爸因為少了一條腿，行動不便，這半年來體力更加衰退，連用拐杖都有困難，改坐輪椅，在這樣的情況下，Yani 要同時照顧兩位老人家，難免會有顧及不到的時候，比如說兩位老人家同時都要上廁所，Yani 就無法一時兼顧。有鑑於此，決定從九月二十三日開始由我們兄弟和姪兒弘觀（已經在臺大醫學院解剖研究所讀博士班）輪流排班，晚上回家陪伴二老，有任何突發狀況，馬上通報。

吾人肉體的死亡主要有三個因素：疾病、老化和災禍，因為天災人禍乃至不幸意外事故而死亡的人，就比例上來說其實是相對少數的，絕大多數人都是因為老化以及惡疾絕症而死亡。然而現代人拜醫療科技的進步與普及之賜，卻面臨了一種死亡的弔詭困境而不自覺，絕大多數人——不論是否罹患惡疾絕症——都是拖過了個人肉體老化的極限，而陷入末期疾病或身體機能衰敗的困境，然後是靠著插管以及醫療機器來延續肉體的生命現象，最後將體力與精神完全消耗殆盡而痛苦地命終，這是身為現代人的終極無奈與死亡悲劇。

從我多年來的生死學教學以及臨終關懷實務中所累積、體會的經驗和心得，我堅信理想的善終情境應該是在個人老化以及生理機能退化的自然過程中，預知時至，自己與家人都能坦然地面對及迎接死亡時刻的到來，進而轉化為往生的契機。因此，我堅持要維護媽媽的生命品質與死亡品質，以及捍衛她的生命尊嚴與死亡尊嚴，不讓她陷入現代醫療的無謂折磨與困境。非常感謝我的三個弟弟也都有此共識，我們兄弟得以同心協力地陪伴媽媽，讓她很有尊嚴地走完這一期生命的全程。

十月十二日下午我到佛光大學佛教學院教授博、碩士班的「學術研究與論文寫作」課程，晚上回去探望爸媽，因為很晚了媽媽已經就寢就沒有打擾她。隔天一早，聽到噗通一聲，發現媽媽從床上跌落地板，趕緊將她抱回床上。這時呼喚她已無回應，看起來是陷入昏迷的狀態，我馬上通知二弟和小弟，接著打電話給我的學生也是我們的醫療顧問賈淑麗科長（衛生署國民健康局），告知媽媽的狀況，詢問她的意見。淑麗建議先行觀察，看看有無變化，再決定是否送醫院。二弟和小弟很快就回到家中，經過一個上午的觀察，媽媽仍然處於昏迷的狀況，並沒有好轉，淑麗建議送新店耕莘醫院，同時她也幫忙聯繫安排住院事宜。下午二時，由二弟和小弟送媽媽到耕莘醫院住院。

媽媽住進耕莘醫院後，經過醫生的診斷，初步確定是腦部中風，也很快就做了腦部的電腦斷層掃描，但是無法判定是「出血型」還是「缺血型」的腦中風。直到二天後做了MRI（核磁共振攝影），才發現媽媽的腦部有三分之一的部分，大面積血栓造成缺血的狀態，而且是「不可逆轉」的腦部功能喪失。由於中風的狀況發生在左腦，所以媽媽的右手、右腳沒有動作，也沒有反應，但是左手、左腳仍然有動作，也有反應。

醫生說媽媽的意識已經不是很清楚了，但是小弟開定卻認為並不是像醫生所講得那樣子。的確，即便媽媽已經無法用言語和我們溝通，但是小弟說：媽媽一聽見他的聲音，她的左手就伸出來要握他的手——足見媽媽知道小弟來看她了。就算媽媽不能開口說話，她的手也會告訴我們，她是有意識的。十月十五日那天，小弟在醫院幫媽媽按摩右手和右腳，後來她就睡著了，但是當小弟跟媽媽說他要回家了，她的手就又伸出來要握小弟的手。

自從媽媽住進耕莘醫院（以及轉到臺大醫院安寧病房）之後，我們兄弟就一直面臨現代醫療的挑戰，考驗著我們是否能夠維護媽媽的生命品質與死亡品質，乃至捍衛她的生命尊嚴與死亡尊嚴。

當時我在南華大學教授生死學已經有十六年之久，應邀走了全臺灣從北到南（還包括澎湖）將近四十家公、私立大醫院，面對醫護團隊分享生死哲思與交流心得經驗，我深知現代醫療科技在實際面對臨終與死亡情境時的迷思、侷限與困境，也深深體會絕大多數末期或臨終病患及其家屬們在不得不面對生死大事之際，卻不知道該如何正確地判斷與抉擇的倫理掙扎，滿懷焦慮慌亂與惶恐無助，最後往往陷入「親情孝道」的嚴重誤解與迷思，以及現代醫療的思維侷限與科技框架，作出令病人飽受折磨、痛苦萬分，而且又令家屬事後懊悔且自責不已的錯誤決定。

是以，我在二〇〇九年就提出：要能從容自在地面對自我或親人的生死情境，首要的功課與步驟，就是自我培養面對死亡的心理準備與思想建設；換句話說，就是要有「能夠勇於面對及願意接受自我或親人自然老化衰退以致實際死亡」的心理準備，乃至在哲理層次的思想建構以及生死信念。再簡單一點地說，就是要在「心理上」和「思想上」，不但不排斥或拒絕死亡確實來臨的可能性，而且要在「觀念上」及「認知上」能夠接受自我與親人「自然的」老化過程與死亡結果，以及在「態度上」能夠「坦然地」面對及迎接死亡時刻的到來。

另外，早在二〇〇五年我在公開演講時提出「生命的永續經營」此一概念，並且運用數學的「集合」與「定義域」概念，以及物理學的多重維度時空結構觀點，來詮釋佛教「十方三世」的宇宙觀、人生觀與生死觀。我想要表達的生命理念，其實非常簡單明瞭，也很容易理解，從世界各大宗教對生命的認知立場來看，有情的生命本來就是永續的，但很可惜也很不幸的，我們「對生命的經營」卻沒有永續。因此，我們必須開展及提升對於生命與死亡的認知與視野，深切地了解肉體的生命雖然會因為自然衰老退化而休止，然而靈性的生命是永不止息的。

基於此一觀念與認知，我們應該進一步理解死亡絕對不是生命的終結，而是邁向下一期生命航程的轉捩點，所以我們不應該一味地抗拒「因老化而自然死亡」的來臨，而是應該在「坦然迎接自然死亡來臨」的過程中，為「開展未來的生命」好好作準備。

這些觀念，我在平時就經常利用機會與家人分享，家人不但都能接受與理解，也形成高度的共識。在二〇一二年九月初，媽媽第一次住進雙和醫院的時候，我們當然希望她能夠很快就好起來，但是隨著媽媽的精神和體力退化的情況愈來愈明顯，特別是在她因為跌倒而再度住進雙和醫院後，我們兄弟就很認真而嚴肅地一同思考與討論媽媽肉體生命大限將近的可能性。那時醫生就研判媽媽除了心血管的問題外，很可能也有腦中風的危險，但是還無法確認。後來在耕莘醫院，醫生透過MRI終於確定媽媽是缺血型的腦中風，而且影像明確顯示大腦有三分之一部分因缺血而壞死，造成不可逆轉的功能喪失，這也是媽媽的身體右側近於癱瘓而且不能言語的原因。在明確得知媽媽已經處於這樣的情況下，我們兄弟經由討論達成共識，決定不讓媽媽遭受任何現代醫療的無謂折磨，我們要好好陪伴她順利走完生命的全程，同時為她誦經、念佛、回向，鼓勵與引導她發願往生佛國淨土。

我相信普天下所有人都希望自己的父母、長輩和至親，不但能夠年享高壽，而且最後都能夠善終。拜現代醫療科技與公共衛生之賜，八、九十歲以上的高齡長者已經是普遍的現象，不足為奇；然而「善終」卻是愈來愈加困難，以致於真正能夠「如願地」善終的人，在比例上其實是甚為稀有的，絕大多數的末期病患都是在現代醫療科技的無情伺候下，萬分痛苦地棄世。究其原因，主要有三：

其一，絕大多數身為子女者及家屬，一方面落入迂腐的傳統孝道迷思，認為「不急救」、「不插管」就是「不孝」，一方面過度迷信現代醫療科技，以為救治可以「無限地」延續親人的肉體生命。

其二，多數現代醫療科技與醫護人員的意識型態仍然未能正視及接受「死亡」本來就是「生命自然歷程」的一環，依舊以「對抗」乃至「戰勝」死亡為「職志」，極度欠缺對「死亡的意義」應有的哲理認知與尊重，也缺乏對病人的心理需求及靈性成長應有的人文關懷。

其三，絕大多數人——不論是病人、家屬或是醫生——都誤將肉體的衰老、死亡視為生命的「絕對終點」，而一味地否認與抗拒，因而忽視善終的準備過程，乃至錯失善終的寶貴契機。

從媽媽住院到往生的這段歷程，讓我們兄弟能夠「親身實地」深切地體會到，「實質的善終」絕對不是——也不會是——現代醫療科技「救治」的結果，而是一段親情「關懷、陪伴」的互動歷程。醫療「救治」是有其極限的，而親情「關懷」是沒有極限的，所以安寧照顧的精神就是"from cure to care"。

為了讓讀者能更為真切地了解問題的癥結，再此轉述一個活生生的例子，二〇一二年，南華大學生死學研究所碩士班的一位同學告訴我：他太太的外公高齡一百零八歲時，因為腦中風送到某私立教會醫院，家人原本已經有了共識，不要再作醫療救治了，讓老人家能夠安然地往生。但不幸的是，從美國趕回來的小女兒堅持要救，家中居然就沒有一個人膽敢反駁，任由小女兒發施號令。要救的話就要動腦部手術，小女兒說她認識某公立教學醫院的腦神經外科權威名醫，醫術很好，於是就一人作主將老人家轉院。不料轉院後，該名權威醫生認為老人家年事已高，腦部手術風險太大，拒絕冒險開刀。不幸的是，老人家已經作了插管和氣切了，所以也回不了家，結果已經十個月過去了，老人家仍然掛在醫院裡，求生不得、求死不能。當初堅持要救老爸的小女兒早就屁股拍拍回美國去了，其他的兄姊也都七老八十了，自顧都不暇，哪有餘力再去關心照顧老人家，就統統都丟給醫院，讓無情的維生機器陪伴著老人……苟延殘喘……不知要拖到何年何月何日才得解脫？（按：後來這位老人家在醫院拖了十一個月之後，因多重器官衰竭而死亡。）

在現實社會中，像這樣的例子不勝枚舉，這也是為什麼我們兄弟決心不讓媽媽遭受這種無謂的醫療折磨。當耕莘及臺大醫院的醫生不斷地建議要給媽媽插鼻胃管的時候，我們都很明確地嚴詞拒絕，只接受打點滴和營養液，其他任何侵入式的醫療措施一概不予考慮。我們兄弟這樣的決定，很多人都頗有疑慮，甚至不以為然，這當中除了耕莘及臺大的醫生之外，還包括我的學生和朋友（特別是醫護背景出身的）。

我們兄弟共同為媽媽作出「不插管」的決定，並不是單純的「作一個決定」而已，在這個「決定」的背後，其實是一個堅定的宗教信仰與「生命永續」的信念，以及我們對媽媽的了解——包括媽媽的性格、人生態度、行事風格、最後階段的需求、她最在意掛念的事情等，還有媽媽和我們兄弟長時間母子互動的歷程。這些都不是書本上的抽象知識與空泛理論所能傳達，而是刻骨銘心的生命經驗與切身體會，這也是她示現給我的生死學功課，我覺得應該將我們兄弟這段陪伴媽媽的生命歷程與讀者分享。

回顧二〇一二年九月初，在媽媽第一次住院回家之後，有一天小弟回去看她，她因為排便排不出來，大部分時間都坐在便盆椅上，身心都非常難過。她自覺得生命的期限已近，很可能過不了這一關，只是放心不下爸爸，一邊說著一邊流淚，小弟聽了也很難過，跟著流淚。不過小弟也安慰她說：人不可能活到一百歲、二百歲，外公、外婆也沒活到一百歲啊！接著又說了不少感謝媽媽的生育教養之恩的話，她的心情就比較平復。

當晚小弟打電話給我，告知當天回家看媽媽的情況，我跟小弟說：除了安慰、感謝媽媽之外，要把她的意念引導到「念佛發願、求生淨土」的方向上，同時要向她保證一定會好好照顧爸爸。之後，我們兄弟回去看媽媽，都一致用這些話語來安慰、感謝她，同時引導、鼓勵她放下萬緣，一心念佛發願求生佛國淨土，媽媽也很欣然地接受。

從九月初開始住院又出院，一直到住進耕莘醫院前的一個多月當中，媽媽最在意的就是排便的問題，在她還有意識的時候，就已經不太願意進食了，主要是因為她的吞嚥功能退化，連喝水都會不小心嗆到，因此只能食用一些流質的東西，由Yani用果汁機將食物打成漿汁，用吸管進食，但其實她吃得很少。再者，媽媽的排便功能也退化了，總是覺得胃腸裡的東西排不乾淨，所以不斷要求Yani幫她用甘油球灌腸，但是因為肛門肌肉功能退化，無法讓灌腸的藥劑停留在腸道裡有足夠長的時間產生作用，以致很快就流了出來，所以沒什麼效果，這讓她非常苦惱。讓我印象最深刻的是，在媽媽還能用言語溝通的時候，有一次回去看她，她親口跟我說，她「只要能夠順利大便」就心滿意足了，所以我很清楚媽媽的切身感受與真正需求。

十月十三日媽媽住進耕莘醫院之後，一開始根據電腦斷層掃描，醫生無法判定她的中風類別，後來做了MRI（核磁共振攝影），才確定是缺血型的腦中風，從影像上看到媽媽的腦部有三分之一的部分，因為大面積血栓造成缺血，處於幾近壞死的狀態。當時醫生認為情況危急，很可能在二十四小時內就有重大的變化，因而建議二弟要為媽媽做插管急救的處理，二弟回覆醫生說，要先問過我的意見再作決定。然後他和我通電話討論，我很肯定地答覆：「不予考慮。」我的立場很明確，媽媽已經到了最後能否善終及往生的關鍵時刻，我絕對不會讓她遭受任何侵入式的醫療處置，因為我很清楚她的意志好惡和身心需求。

結果醫生所擔心的關鍵二十四小時，並未發生危急變化，媽媽的情況趨於穩定，意識也逐漸恢復，會睜開眼睛看人，甚至可以稍微轉動頭部，左手左腳可以活動，左手還會揉眼睛、抓癢，但是無法言語。眼看著媽媽的情況似乎愈來愈好，醫生又開始不斷地建議要插鼻胃管，我們也一再表示「不予考慮」。十月十六日晚上我到醫院看媽媽時，醫生又對我們提出插鼻胃管的建議，我當場很鄭重地回絕："Absolutely Not!" 因為我很清楚媽媽的生命曲線已經不斷下滑到「生命賞味期」將盡的階段，醫療科技再怎麼先進，也不可能扭轉，頂多只是無謂地延長她的痛苦。

我們當然了解醫生的顧慮與善意，他們擔心媽媽從住進耕莘醫院就一直沒有進食，如果連鼻胃管都不插，會不會把媽媽「餓死」？我相信絕大多數人，一聽到醫生或者其他人說，不插鼻胃管會把病人「餓死」，幾乎百分之九十九點九九的人都會被「嚇到」，同時也害怕遭到旁人嚴厲指控而擔負「不孝」的罪名，在這樣的情境下，絕大多數人都會毫不考慮病人的親身感受與實際需求（其實往往是沒有需求），就同意給病人插管了。

既然我們兄弟已經有了共識，不為媽媽作任何無效救治的醫療處置，所以決定要轉到安寧病房，同時希望媽媽能得到佛教方式的安寧照護，而耕莘的安寧病房是以天主教的照護方式為主，所以我們決定轉到臺大醫院安寧病房。在轉院之前，二弟妹沈冬（現任臺大教授）就警告我們，到了臺大安寧病房，醫生還是會要求我們為媽媽插鼻胃管。當時我不相信，認為這是嚴重違反安寧照顧理念的。果不其然，十月十九日晚上轉到臺大安寧病房後，醫生也是不斷建議要為媽媽插鼻胃管，讓我非常驚訝。

我要特別寫出這一段過程，提供給各位讀者參考與深思，因為這是安寧照護與臨終關懷的核心課題，再具體一點地說，這是關乎「當我們的親人處於能否善終的關鍵階段時，我們能否作出對親人最有利的判斷和決定？」

我們兄弟堅持不做任何侵入式的醫療處置，不插呼吸管、不作氣切的這個部分，醫生表示可以理解，但是連鼻胃管也不插，醫生就無法理解了。他們認為插鼻胃管「不算是」侵入式的醫療處置，反過來說，打點滴也是侵入式的，既然我們能接受打點滴，為什麼不能接受插鼻胃管呢？另外一點，醫生以營養的觀點來看，雖然媽媽整天躺在床上不能活動，每天至少也要消耗一千五百至一千八百大卡左右的熱量，而經由點滴輸入的一袋「臺大五號」電解質輸液只能提供一天所消耗熱量的五分之一，這樣顯然是不夠的，所以必需要插鼻胃管灌食，才能提供身體足夠的營養和熱量。言下之意，不如此做的話，媽媽會被我們活活「餓死」！

我們兄弟怎麼可能忍心讓媽媽活活「餓死」呢？插不插鼻胃管的利弊得失，我們很慎重地評估衡量過，就從營養的層面來看，以媽媽的年齡、身高和體重而言，其實是有點過胖，體內累積了相當的脂肪，再加上每天兩袋點滴輸液，足以提供自身熱量的消耗。

最重要的是，除了色身的營養之外，媽媽更需要的是靈性的關懷與佛法的薰習，在住院期間以及後來回到家中的那段時日，我們兄弟、弟妹和姪兒輪班，每天在媽媽耳邊誦《阿彌陀經》、念佛、發願、回向，而且不斷用言語鼓勵、引導她和我們一起念佛、發願、回向。同時，我們一方面不斷在她耳邊感謝她的生育、養育、教育之恩，另一方面也一再保證會好好照顧爸爸。

因為我們這樣全程的陪伴與照顧，媽媽的情況不但穩定，而且氣色看起來比剛住進醫院時要好很多，醫生和護士也都覺得很訝異，但也因此很多人來醫院看了媽媽之後，都會有一種「錯覺」，認為媽媽會不會就這樣「好了起來」？所以他們都質疑我堅持不讓媽媽插鼻胃管的決定。

從九月初以來，我們兄弟很清楚，媽媽的生命歷程已經退化到即將超過「生命的賞味期」了，而且是不可逆轉的，如果我們作出錯誤的決定，就會讓她變成「生命的延畢生」——求生不得，求死不能。此時此刻，媽媽所面臨的生命功課是「生命換檔」而不是「生命延續」——也就是說——如何能夠「正念現前、蒙佛接引」，放下及超克色身病體的束縛，以邁向未來的生命，這也是我們兄弟的生命功課。因此，我們所關注的，不是一味地延續媽媽肉體的生命，而是極力減輕她的身體負擔，同時維持最基本的熱量所需。

我要特別對各位讀者強調，末期及臨終病人想要能夠善終與往生，是需要有起碼的精神和體力的，如果家屬及醫生把病人的精神和體力都消耗殆盡在無謂的救治上面，病人是「絕對」無法善終與往生的。媽媽的情況看起來很好，這就是善終與往生佛國的「善緣契機」，我們兄弟絕對不能容許這樣的善緣契機受到不當醫療處置的干擾與破壞。

其次，我要特別提出來，請各位讀者認真思考的問題，就是從病人對於插管的直覺感受層面來看，我不知道有多少醫生自己親身經驗過插鼻胃管的感覺？我和二弟都經驗過，苦不堪言。我在前面已經說過，媽媽因為吞嚥功能退化，就連我小心翼翼地用吸管餵她喝水都會嗆到，所以她進食的意願很低，在這樣的身體情況下，如果硬要為她插管，不是等於要她的命？

病人如果插了鼻胃管，每天要灌食四到六次，表面上看起來，是為了病人的營養著想，但是很多人都沒考慮到，只要有食物進入體內，接著就有消化和排泄的問題，對於末期及臨終的病人而言，其實這是非常沉重的負擔，同時也伴隨著嚴重的後果——病人要嘛無法消化，要嘛無法排泄。二弟曾經當面問過醫生，給病人插了鼻胃管灌食之後，萬一病人無法排泄怎麼辦？醫生居然回答說：他沒有想過這個問題。

我在此鄭重地提醒各位讀者大德，醫生沒有想過的這個問題，為了您的親人以及您自身未來的福祉——而且也是您未來必然要面對的生死品質與尊嚴的切身課題，您可是得要好好認真地想一想。有很多插了鼻胃管的病人，因為無法排泄，所以必須作「造口」手術，就是在腹部開個洞，接上管子，讓腸胃裡的廢物可以排出來。在醫生看來，這是「替代性」地「解決了」病人無法排泄的問題；但是，有了「造口」，就有「細菌或病毒感染、甚至於潰爛」的風險，而且機率頗高，等於是「潛在性」地「製造了」另外一個更難處理的問題，而且比例還不低。

多數插了鼻胃管的末期或臨終病人，因為一直臥病在床，甚至於意識昏沉，身體沒有活動、也無法活動，所以胃腸的消化功能也隨之退化甚至於停滯，因此有不少病人最後「走的時候」，不是肚子脹得鼓鼓的（就如俗話所說的「一肚子大便」），就是大小便失禁，在體內囤積已久而且發酵的廢物傾瀉而出，讓往生者躺在滿床糞便中告別人生舞臺，情何以堪！

媽媽生性極愛乾淨，家中一直維持著几淨窗明、一塵不染，而且她在住院前就為了無法順暢排便而苦惱不已，我們兄弟怎麼能夠違逆媽媽愛乾淨的個性，不顧其排便不順的苦惱，而作出愚昧的插管決定呢？

其實，在我思考以及決定「插不插管」的背後，還有更深一層的生死哲理思維，雖然前面已經簡要地說過，但是因為這對於普天下的病人和家屬而言，實在太重要了，所以我還是不厭其煩地再強調一次。這次是用非常淺白的比喻，不但讓大家都能夠一聽就懂，而且還可以講解給別人聽，讓別人也一聽就懂。

各位讀者切記！在人生的歷程當中，沒有永遠不散的筵席，沒有永不落幕的戲曲，沒有永不下臺的角色，也沒有永不畢業的學程。在大自然裡，也是春去秋來，花開花謝，落葉歸根，瓜熟蒂落。葉黃了、瓜熟了，我們卻不讓它自然落下，硬要用強力膠把它黏住掛在樹上，可以嗎？

各位讀者切記！該要謝幕下臺的時候，就要優雅而瀟灑地下臺一鞠躬，該要畢業的時候，就要風光榮譽地畢業，才能鵬程萬里。千萬不要「歹戲拖棚」，千萬不要「拖過人生的賞味期」，千萬不要變成「生命的延畢生」而陷入生命的困境與僵局。

各位讀者切記！到了人生畢業前夕的關鍵時刻，一期生命的「應屆畢業生」真正需要的其實是「生命換檔」而從容自在地邁向來生，絕非是「生命延續」而苟延殘喘地眷戀掙扎。「生命換檔」就像是要準備人生「畢業大考」以及「升學大考」一樣，是「極需要精神和體力」才能鎖定「善終及往生」的「升學目標」，同時要全力以赴的。如果我們讓生命「應屆畢業生」——同時也是「應考生」，身上插滿了管子，然後「一肚子大便」，他們還有精神和餘力應付生命的大考嗎？

我並不是一味地反對插管，二弟開憲曾經動過手術拿掉一顆腎臟，手術後因全身麻醉無法進食而插鼻胃管餵食，我自己也曾經因腸道嚴重阻塞無法排便而插鼻胃管引流，這些都是必要或不得已的「治療」措施。但是媽媽在這個關鍵時刻最最需要的，不是「治療」，而是「親情關懷」和「靈性照顧」，安寧照顧的原則與精神就是“from cure to care”。

臨終病人只要插上了管子，不論是呼吸器或是鼻胃管等等，病人與家屬的精力及關注點，就統統都圍繞著「照顧那些管子裡的東西進進出出」而搞得團團轉，反而沒有精神和餘力真正好好地「陪伴」病人。更嚴重的情況是，當病人拖過了「人生的賞味期」，變成了「生命的延畢生」，多數的家屬都無能為力而後悔莫及，有的甚至就把病人丟給醫療機構，自己躲得遠遠的，真正和病人常相左右的，其實是一堆無情的「醫療機器和管子」。

我們兄弟決心不用鼻胃管來延長媽媽的病體，而是用親情來陪伴照顧媽媽的身、心、靈，用愛語來安慰化解媽媽的掛念憂慮，用誦經、回向來引導媽媽的往生正念，用佛號來滋潤媽媽的法性慧命。

最後事實證明，媽媽靠著每天兩袋點滴及輸液，維持了四十三天的生命，並沒有「營養不良」或「餓死」的問題。最後捨報的時候，不但皮膚有光澤，臉上沒有皺紋，印堂發亮，面貌也比之前更加莊嚴祥和。而且如她所願，在住院以及回家照顧的這段時間，媽媽陸陸續續將胃腸裡的廢物排泄得乾乾淨淨，得以身心清爽地在孫兒的佛號聲中含笑捨報往生。

因為我們決定不作任何侵入式的醫療措施，連鼻胃管也不插，醫生認為沒有必要繼續住在臺大安寧病房，我們兄弟也覺得沒有必要繼續住院，就準備把媽媽接回家照顧。但是在把媽媽接回家之前，要先完成幾項準備工作：一、購置一張電動醫療床，可以調整床墊的角度；二、動個小手術，在媽媽的左手臂埋一根點滴針管；三、讓Yani到臺大醫院接受更換點滴袋的訓練；四、再請一位有護理經驗的臨時看護，在白天時間到家中照顧媽媽。還有一項當時未列入考慮，後來有了狀況才做的，就是準備一臺氧氣機（註：是「製氧機」，而不是「氧氣筒」）。

當準備事項就緒了，我們就在十一月八日晚上，把媽媽接回家中。除了Yani和臨時看護照顧媽媽之外，我們兄弟和姪兒弘觀輪流在晚上陪伴媽媽。十一月十四日晚上過了午夜十二點（十五日凌晨），我還在學校辦公室處理公文，接到小弟的電話，說媽媽喘得很厲害，從晚上九點一直喘到現在，他不知道該怎麼辦？就算是去掛急診，恐怕也只是帶氧氣罩而已。我就跟小弟說：現在已經半夜了，如果送醫院掛急診又要折騰一陣子，媽媽不一定受得了，我試著連絡賈淑麗科長看看，請她提供醫護專業意見。

接著我就立刻打電話給淑麗科長，還好她手機開著，也接了電話，我說明了媽媽的狀況，問她該怎麼辦？她說：這是體內缺氧的反應，先調高醫療床的角度，讓媽媽的上身仰起半坐，頭部墊高，這樣媽媽就不會覺得太痛苦，喘氣的狀況也可以稍微緩解，隔天趕快去找一臺氧氣機。然後我趕緊回電話給小弟，請他按照淑麗的指示，調整媽媽的臥床角度。後來小弟跟我說，一直到凌晨三點，媽媽的喘氣才逐漸平復。

隔天上午，中和區公所衛生局的人打電話到家裡（應該是淑麗科長有交代），由臨時看護接的電話，告訴我們要自己去醫療器材行租借氧氣機，還好臨時看護李小姐有認識一位做醫療儀器的朋友，小弟馬上聯絡租了一部氧氣機，這樣媽媽就不會喘得那麼辛苦了。

在此與各位讀者經驗分享：要準備將臨終的親人從醫院接回家中，除了醫療床、點滴、臨時看護之外，氧氣機、電子體溫計、血壓計等，都要事先搞定，才不至於親人有狀況時，不知如何是好。

媽媽從住進耕莘醫院，然後轉到臺大安寧病房，一直到接回家中，住院時間前後有二十七天。在醫護人員的悉心照顧和我們家人的全程陪伴下，媽媽的身心情況讓耕莘和臺大的醫生、護士都非常驚訝，覺得不像是住安寧病房的臨終病人。南華大學生死學研究所畢業的幾位護理背景的校友，來醫院看過媽媽之後，甚至會有一種錯覺，懷疑媽媽「會不會就慢慢好了起來？」也因此她們對我不讓媽媽插鼻胃管的堅持，雖然在口頭上不好意思明說，其實內心都在嘀咕，有二位校友還寫 e-mail 給我，很委婉地表達她們內心的關切和疑慮。

但是我們兄弟在照顧的過程當中都非常清楚，媽媽的身體機能和生命曲線其實是不斷地在下滑，而她之所以表現得不像是住安寧病房的臨終病人，就是因為我們排除了那些不必要的醫療干預措施，讓我們全家人都能全心全意地用親情陪伴媽媽，以及用心靈和她溝通。

媽媽在耕莘和臺大安寧病房的住院期間，雖然大部分時間都在昏睡，但睡飽了就會醒來，醒著的時候，會睜開眼睛、轉頭，還會伸出左手揉眼睛、抓癢等。當三弟開舜和三弟妹乃華也從美國趕回來的時候，媽媽也都知道，還伸出手握住他們。我們跟她講話，她雖然無法用語言回應，但目光會看著我們，小弟在她面前回憶童年的趣事和講笑話的時候，她不但會開口笑，還會發出「呵、呵、呵……」的聲音。

這些情況在在顯示媽媽的意識是相當清楚的，其實這也是媽媽能夠善終與往生的寶貴契機。我要鄭重地告訴各位讀者，絕大多數的臨終病人家屬在此關鍵時刻，往往都會誤判，一味地想要延續病人的肉體生命，不斷地進行醫療干預措施，結果反而讓病人的體力和精神逐漸消耗殆盡，錯失善終和往生的契機，想要再回頭補救時，已經來不及了，最後留下畢生的遺憾。

我心中所設定的最終目標，就是把握最後這段寶貴的時機，透過陪伴、誦經、回向、引導媽媽的往生正念，持續不斷「醞釀」媽媽的心念「最後能和佛、菩薩感應道交」的契機。至於往生的機緣究竟何時現前？坦白說，當時我並不知道，也無從知道，但是我堅信「人有誠心，佛有感應」，屆時一定會有徵兆和訊息。

從醫院回到家裡以後，媽媽昏睡的時間更長了，我們兄弟和姪兒依舊輪班回去陪伴媽媽。十一月二十二日晚上我回到中和家中陪伴媽媽，她喘氣喘得非常厲害，即使用氧氣呼吸也是一樣，我就打電話請教臺大安寧病房的醫師，他問我：媽媽的呼吸一分鐘幾次？我馬上觀察記數，一分鐘六十次，頻率高得嚇人。醫師告訴我要密切觀察後續的變化，最好每小時作記錄，我就交代 Yani 每一小時記錄一次媽媽的血壓、脈搏、體溫以及每分鐘呼吸次數。眼看著媽媽的身體情況有明顯地退化，我就打電話邀請南華大學哲學與生命教育研究所的同學楊春茶（退休的藥劑師）來幫忙照顧媽媽。

十一月二十三日上午，春茶偕同好友秋滿從嘉義北上來到家中幫忙照顧媽媽，還帶領 Yani 用檀香木煮水幫媽媽洗頭。當天下午一點到四點，我在佛光大學佛教學院上碩、博士班的課，下課後由臺北普門寺的師兄吳醫師開車載我到普門寺，晚上我有一場演講，結束後吳醫師送我到中和家中。當晚春茶提醒我，要及早和家人具體商量後續該要處理的事宜，我就馬上聯絡二弟、三弟妹、小弟、永和學舍覺勤法師、南華大學生死學系畢業的學生王別玄、許啟哲（在萬安公司服務），約他們明天一早來家裡討論媽媽的後續關懷及後事處理問題。

二十四日上午，我們很詳盡地討論了媽媽的後續關懷及後事處理事宜，並且達成了共識。因為媽媽生性樸實、低調，而且幾乎不打扮，生平不喜歡交際應酬，所以我們兄弟決定秉持媽媽的一貫作風來處理後事：不發訃聞、不收奠儀、不看日子、不辦公祭，而以追思會的方式懷念媽媽。因為不選日子，所以媽媽的遺體不進冰櫃，直接入殮，然後火化。事後回想，還好我們家人及時會同討論並且達成共識，讓媽媽的後事處理非常順暢圓滿，否則很可能措手不及，慌亂一團。

當天上午我們開完家庭會議後，十一點左右，發覺媽媽的呼吸有異味，四肢冰冷，我們就將點滴停止，以免造成她的身體負擔。因為二弟有事要到新竹出差，小弟要回公司上班，他們就先行離開，我留下來陪伴媽媽。中午賈淑麗科長來探望媽媽，並且為媽媽誦念《地藏經》，她發現媽媽因為血液循環停滯而在身體各部位出現了嚴重的瘀血現象，根據她的臨床經驗告訴我，媽媽會走的時間，很可能就在八至十六小時之間。當天下午我以代理校長的身分要去臺北道場出席南華大學的工程會議，估計八個小時之內可以趕得回來。下午淑麗科長誦完《地藏經》之後，打電話給二弟，說媽媽的情況已經進入倒數計時，請他趕快回來，二弟一家人在傍晚時分回到中和家中。

晚上八時許，二弟一家四口圍繞在媽媽身旁，對著媽媽訴說當年她帶著孫兒弘觀在佛光山大雄寶殿的溫馨回憶，原本媽媽已經昏睡了好幾天，眼睛也沒張開過，這時她睜開了眼睛看著兒孫隨侍在側，眼角含著淚水，聽到了兒孫話當年的美好回憶，她開口笑了。這時二弟就對弘觀、弘音說，你們大聲念佛一百零八聲給奶奶聽，弘觀、弘音就高聲誦念佛號，到第一百聲的時候，媽媽深深地呼吸了最後一口氣，安然地捨報往生。

八點二十三分，我在捷運車廂上接到二弟的電話，告訴我媽媽已經停止呼吸了，我跟二弟說，即刻開始為媽媽助念，同時趕緊聯絡覺勤法師，十五分鐘後我回到家中。也許有人會問，媽媽為什麼沒有等我回到家中見過最後一面再走？我認為這就是媽媽的行事風格，也是媽媽的智慧。媽媽的為人處事一向非常「阿莎力」（臺語，源自日語あっさり，處事乾脆俐落、講義氣、爽快之意），毫不拖泥帶水，在這個關鍵時刻，她真正要等待的就是佛菩薩的接引，而不是幾個兒子的最後一面。

在此三年前，我就經常跟媽媽說，要往生佛國淨土，一定要有精神和體力，才能跟佛菩薩相應，所以人最後走的時候，一定要保留精神和體力，當佛菩薩來接引的時候，才有力氣跟隨佛菩薩去。千萬不能拖到奄奄一息，體力精神全失，那就往生不了了，而是六道輪迴，不知何去何從。

在媽媽住院期間，我也一再跟她強調這些道理，最後的情況顯示，媽媽絕對有聽進去我跟她講的話。二十二日前，我交代 Yani 每一小時記錄一次媽媽的血壓、脈搏、體溫，最後一筆記錄是在二十四日晚上七點二十分，也就是在媽媽捨報往生前一小時，她的血壓 103/54、脈搏 60、體溫 36.8 度。這些數據顯示，媽媽不但沒有拖到體力精神都衰竭耗盡的情況，而是保有足夠的精神和體力，所以才能在孫兒的佛號聲中，含笑捨報往生，這也是我們兄弟至感安慰之處。

透過覺勤法師和佛光會的通報聯絡，在晚上九點前，永和學舍的法師、佛光會的師兄、師姐就開始陸續趕來為媽媽助念。慧龍法師也專程來為媽媽助念，臺大晨曦學社的老同學也從北部各地來為媽媽通宵念佛。

原本我的想法是為媽媽助念到隔天上午八點，然後準備入殮事宜，但是我的學生啟哲跟我說，根據法規，人往生要滿二十四小時之後，以死亡證明為憑，殯儀館才能受理入殮，所以我就決定繼續為媽媽助念到傍晚六點。

媽媽在捨報之後，臉上沒有皺紋，印堂發亮。媽媽剛走的時候，嘴巴是張開的，助念到凌晨五點，就自己合起來了。原本媽媽因為血液循環停滯而在身體各部位出現的嚴重瘀血現象，在助念二十二小時之後，不可思議地全部都消除了。

一直到傍晚六點，還有二十多位師兄、師姐留下來助念，接著就由二位弟妹用檀香水為媽媽淨身，然後更衣，為媽媽換上一身居士服，我還特別邀請南華大學生死學研究所畢業的校友，也是遺體美容專家陳姿吟老師來為媽媽化妝。在淨身、更衣、化妝完畢後，我就帶領大家念佛，瞻仰媽媽的遺容（小舅、小舅媽和小阿姨也從南部趕到），感謝大家的辛勞，最後總回向。接著就準備帶媽媽到臺北市第一殯儀館進行入殮的佛事。

媽媽的後事處理，從入殮、停棺、火化、三時繫念佛事、感恩追思會、做七、晉塔奉安到百日，一切都非常順利。因為現代社會大家都非常忙碌，我們兄弟有共識，所以決定不照傳統習俗看黃曆選日子，而是奉行「日日是好日」，一切隨順因緣，以大眾方便為主。

十一月二十五日晚上七點，由萬安禮儀公司將媽媽的遺體接到第一殯儀館，請慧龍法師主持入殮的佛事，後來心定和尚也特地前來為媽媽說法開示。

因為開爸爸曾經應師父星公上人的邀請，到佛光山長住，以筆墨書法服務常住文書所需，以及和大眾結緣，同時也在叢林學院教授書法與裱褙，前後十六年。媽媽也因此經常帶著孫兒、孫女到山上探望爸爸，所以和山上的許多法師都很熟識，特別是心定和尚和慧龍法師，因為當時爸爸就住在男眾傳燈樓的寮房，受到心定和尚和慧龍法師的許多照顧，所以媽媽對他們二位特別感念。

定和尚原本的行程是要在二十五日當天晚上搭機去美國的，可是不知道為什麼護照不見了，只好延後出國，因此有時間來為媽媽誦經開示。

火化的日期是配合慧龍法師的時間，訂在二十九日，要先從一殯移靈到二殯，再進爐火化。當天定和尚也剛好有空，就一起來主法誦經，同行的還有清德寺的慧立法師。說來也真巧，那一週整個禮拜都下雨，就只有二十九日當天沒下雨。我們不選日子，冥冥中自有善因緣的安排，卻是最好的日子。火化後，我們將媽媽的骨灰接回家中安靈，等到追思會後，再晉塔奉安。

感恩追思會的日期是配合三弟夫婦從美國回臺灣的時間，以及臺北道場的活動行事曆，而訂在十二月二十二日。感謝當天心培和尚蒞臨誦經主法，為媽媽說法開示。

我和家人要特別感謝師父星公上人的慈悲關懷，長老師兄和師兄弟們的關照慰問，臺北道場住持、當家和常住大眾，以及永和學舍、佛光會、人間福報、人間衛視的安排與協助，讓媽媽的往生後事，從往生助念一直到百日，全部都得以順利圓滿地進行。

我要特別提一件事，並且表達感謝之意，從媽媽住院，然後接回家中，一直到往生助念、火化，我的學生楊春茶都幫忙拍下了影音紀錄，當時不覺得有什麼特別，現在都成為彌足珍貴的資料。當時我們兄弟專注在陪伴及照顧媽媽，沒有想到要特別留下什麼紀錄，而春茶已有陪伴自己媽媽往生的經驗，知道留下紀錄的重大意義。非常感謝春茶的用心紀錄，我在寫這篇文章的時候，那些影音紀錄成為非常重要的依據，不然的話，光憑回憶是不夠清楚明確的，這就應驗了李商隱的詩句：「此情可待成追憶，只是當時已惘然。」

還有一件關乎親人往生，具有重大意義的項目，我要提供各位讀者分享，在感恩追思會之前，我們家人想要為媽媽的一生留下可供大家懷念的珍貴紀錄，但是因為經歷過幾次搬家，許多珍貴的老照片，都不知道放到哪裡去了。結果二弟開憲通宵達旦、翻箱倒櫃地找到一些千金不換的老照片，再由弟妹沈冬徹夜撰寫追思文案，畫龍點睛地記錄了媽媽平凡卻精采的一生，在追思會當天的會場外布展，讓我們家人、親友和來賓們倍感溫馨。

因此，我要提醒讀者，為親人的生平以及最後的時光，用心留下珍貴的紀錄，事後會多一分追思與懷念，少一分追悔與遺憾。

在追思會上，我代表四兄弟為媽媽寫了一幅輓聯，以表達心中的感恩及孝思：

母親大人蓮右：

一生劬勞勤儉持家，相夫教子無怨無悔，欣慰兒孫皆賢孝；

兩手胼胝含辛茹苦，廣結善緣所作皆辦，含笑歸命極樂邦。

出家兒慧開頂禮拜輓

親愛的媽媽！我們兄弟感謝您的生育、養育和教育之恩，遙祝您在阿彌陀佛、觀音菩薩座前法喜充滿，我們只是暫時別離，未來一定會在佛國淨土和您相會！

# 臨終親人該不該插鼻胃管的再省思

自從〈媽媽最後的生命示現——我的永續生死學功課〉系列文章刊出後，引起不小的回響，有讀者寫 e-mail 透過《人間福報》「生死自在」版編轉來信函提出一些問題；也有在我公開演講、上課或聚會的場合遇到讀者、學員當面提問討論，其中大家最關心的問題之一，就是「臨終的親人該不該插鼻胃管？」這是關乎親人能否善終與如願往生的關鍵問題，值得再進一步深入地討論。

當初我決定不讓媽媽插鼻胃管，而以點滴輸液提供必要的養分，只有我們兄弟有共識，還有我的學生楊春茶（退休的藥劑師）極力支持，幾乎其他的人都有疑慮和意見，特別是醫護人員，除了耕莘和臺大安寧病房的醫生、護理師之外，還有南華大學生死學研究所畢業的幾位護理背景的校友，以及佛光會的師兄、師姐。他們來醫院看過開媽媽之後，都會有一種錯覺，懷疑開媽媽會不會就慢慢好了起來？也因此對於我不讓媽媽插鼻胃管的堅持，內心都在嘀咕，只是不好意思當著我的面明說而已。其實我很清楚他們心中的疑慮，就是擔心我會把媽媽活活「餓死」。

有位南華校友還特別在二〇一二年十月下旬寫 e-mail 給我，表達她的關懷和疑慮，我非常感謝她的用心，她在信中所提出的一些觀點對於討論問題很有助益，因此特別將信函內容轉錄於下。

開師父：

週日在臺大醫院見到您，從沒見過您如此的憔悴和疲累，真是辛苦您了。當天本就想寫這封信的，思考了兩天還是決定與您分享自己經歷過的經驗，提供您多一些思考的面向。

三年前，我的母親因失智混亂，嚴重影響生活，不知進食，每天昏睡，身體虛弱，讓我十分擔心，正好在耕莘醫院有場「非癌症八大疾病安寧療護」的研討會，我參加研習後與醫師商討母親是否可參與此計畫，次日安排母親就診，診治後醫師對著我說：「你的母親失智狀況會愈來愈差且照顧會愈來愈辛苦，身體功能會不斷的退化和失能，但卻不到生命垂危需要在目前選擇安寧療護，你應該思考一下，你是『想要』母親安寧療護，還是母親『需要』安寧療護？」這句話點醒了我，讓我有了更多的覺察和反省。原來我只擔心母親會受到折磨，怕她辛苦，卻忽略了母親的現狀，不是母親病況的需要，而只是我的想要。自以為是臨床護理出身又學過生死學，對這些都夠理解，能夠坦然面對，能夠割捨，卻忽略了生命真正的意義和價值。母親一步步走向生命盡頭前的這些過程，需要我們協助照顧和陪伴才是我的生命功課。有這樣的領悟後，開始朝向所有的照顧一切以母親的需要為主，而不是方便我們的照顧。今年母親九十一歲了仍是中重度失智，行動靠輪椅，照顧靠看護，身體功能退化也依然可以生活。

今天中午我又去了臺大醫院探望伯母，這兩天病況又有些進步，表達得更清楚，除了右側側癱和無法言語外，生命徵象都穩定，這樣的狀況以我的理解應該屬於心血管科或是神經內科的病人，而不是安寧療護的病人，可能更能貼近伯母目前病況的需要。目前伯母的生命狀況不也是另一種生命意義的展現嗎？更是你們家人新的生命課題不是嗎？

開師父，恕我以上的直言，因為與您不止是師生更是好友，當然這些都只是我個人的想法而已。失禮之處仍請多多包涵！祝福您　平安健康

信中所提到的「你應該思考一下，你是『想要』母親安寧療護，還是母親『需要』安寧療護？」我完全同意。其實我們的關懷是一致的，都是為了媽媽好，但是認知有相當大的差距。

我在南華和佛光大學教授「學術研究與論文寫作」的課程時，不斷對學生強調，

我們面對宇宙人生時，不能只看到「表面的問題」和「問題的表面」，而是要洞察「問題背後的問題」（the question behind question）。我很坦白地說，大多數醫護人員及醫療團隊只是看到與關心「醫療」層面的問題，而我看到與關心的是「醫療」層面背後之「靈性生命」層次的問題。

在媽媽往生的十年前，我就開始關注媽媽的老化情況，俗話說「母子連心」，我怎麼會不知道媽媽的需要！我會在接下來的討論中清楚地說明。《大學》有云：「物有本末，事有終始，知所先後，則近道矣。」在此，我必須先點出「醫療抉擇問題」背後的「根本問題」——也就是我們每一個人的「生命觀」與「生死觀」，而這個「核心思維」的建構與否？以及立基於此的「生死信念」之有無？才是所有醫療抉擇「思維」與「行為」背後的「根本問題」之所在。如果這個根本問題不先解決，那麼當我們不得不面臨親人「生死大事」的「關鍵時刻」，所有的「醫療抉擇」往往都會陷入「進退維谷」的兩難與「作繭自縛」的困境。

我在本書〈從數學與物理概念談起〉一文中提到，在數學的領域，當一個算式或問題「看似」無解，往往並非是問題「本身」無解，而是所給予的「數系集合」或「定義域」太小了，以致於無解，如果擴大它的數系集合或定義域，即有可能迎刃而解。

同樣的道理，生命的方程式如果放在「只有一生一世」的「封閉」思維架構中，只會讓我們「作繭自縛」，結局就是「此題無解」。但是如果放在「十方三世宇宙生命觀」的「開放」思維架構中，則不但有解，而且蘊含著無限的契機與希望。其實，生命本來就是一種連續函數，「生」與「死」本來就是緊密相連的，是我們的錯誤認知與觀念，把它們割裂了，只要轉一個念頭，就可以把它們重新接上。

我們終究必須面臨的生離死別情境，如果以「三世生命觀」的時空架構與宏觀視野來看，就不再是天人永隔的無解難題，而是可以有「生生世世、感應道交」的精神共鳴，以及「天地何處不相逢」的因緣契機，可以轉化、超越心理上的徬徨無助與心靈上的悲傷哀痛，乃至超克面對死亡的無謂恐懼。

當我們不得不面對親人臨終的肉體生命極限時，加上醫療措施也已經到達科技的極限時，就不應該消耗親人的精神及體力去對抗病魔，或者無謂地拖延其病體的生命，而是應該幫助親人保留最後的精神及體力，讓親人好好地「活著」準備「往生」。這時家人最該做的事，就是排除所有不當的醫療干擾，全心全意地「陪伴、照顧」臨終親人，不管時間長短，積極地「醞釀」往生的契機，然後安然地「往生」到親人信仰上或者心目中的歸宿。

說到這裡，有個攸關生死大事的「核心概念」需要特別釐清，就是「往生」一詞的真正意涵。「往生」到底是什麼意思？對於絕大多數人而言，「往生」只不過是「死亡」一詞的「同義詞」、「代名詞」或是「委婉修辭」，亦即英文中的

"euphemism"；對於沒有宗教信仰的人來說，這是一個沒有實質意義的抽象名詞。但是就我的理解來說，「往生」一詞絕對不是一種避諱死亡禁忌的"euphemism"，而是具有實質意義的「動詞」，具體表述靈性生命超克肉體的束縛，跨越死生之際的後續生命開展行動。

從理論的層面來說，「往生」是生命的一種轉換機制，也是三世生命的前後銜接歷程。我在二〇〇五年提出「生命的永續經營」此一概念，即是結合佛教的義理與現代的經營理念；從宗教的觀點來看，靈性的生命本來就是永續的，但是很弔詭的，我們對於生命的經營沒有永續；從實踐的層面來說，「往生」是一種「功夫」，必須透過修持以及善根因緣才能達成。早在二十多年前我就提出：「真正的往生」是需要精神與體力的，「真正的往生」是在一個人「還活著的時候」就以他的念力「與佛相應」而去到了他的目的地，「絕對不是」等到「死掉以後」才走的。

我為什麼要特別花費篇幅談論這些「生命觀」和「生死觀」的問題？因為我親身參與末期病人的臨終關懷與往生助念實務，前後已有超過二十年的經驗，看過太多幸與不幸的實際案例，深深體會到，如果這些根本問題沒有釐清與解決，我們往往就會陷入現代醫療迷思的天羅地網而無力抗衡，或者是囿於家人曲解孝道的愚昧而無力反駁，平白錯失能夠幫助臨終親人往生的寶貴時機，甚至於讓親人受盡現代醫療殘酷的大刑伺候，最後「含恨而終、乘怨再來」。

我們每一個人都希望自己的至親長輩，在年享高壽之後，能夠為他自己的生命畫下圓滿的句點而善終，但是現代社會的主客觀環境，卻往往讓人不得善終，甚至於飽受折磨痛苦而終，這是非常弔詭而無奈的現狀。

有一次我和蓮花基金會董事長陳榮基教授談論臨終關懷的問題時，他引述前臺大醫院柯文哲醫師（現任台北市長）的話：在加護病房裡的末期病人，家裡愈是有錢、有權、有勢的，愈是不得好死。為什麼？因為愈是家大業大的臨終病人，他的家人愈不捨得讓他走，他會愈有可能受盡現代先進醫療措施極致的「照顧」——說得更坦白一點，比較像是「大刑伺候」，在絕大多數的情況下，家屬一定會要求「急救加搶救」，一直救到救不了為止，根本就沒有機會善終。

多年前，在我擔任生死學系系主任的時候，曾邀請國內安寧療護的推手趙可式教授到南華大學演講，她提到曾經照顧過的一位絕症末期病人，在治療的過程中，病人身上一共插了三十七根管子。最後病人走了之後，為了清除這三十七根管子，也為了維護病人的死亡尊嚴，趙老師用愛心和耐心足足花了三個半小時，才把那三十七根管子清理乾淨。大家想想：這樣的過度醫療怎麼會有死亡的尊嚴與品質呢？哪裡談得上善終呢？

會發生在那位病人身上的類似案例，也極有可能會發生在我們的親人甚至於我們自己的身上，大家可得要有心理準備以及預防措施。我在各地演講時，經常引述這個實例，然後問聽眾：「各位將來要走的時候，希望自己身上會插幾根管子啊？」所有人都異口同聲地回答：「一根都不要！」接著我又問：「到時候，您作得了主嗎？萬一您身不由己了，比如說：嚴重失智、老年癡呆、中風、無法言語、意識不清、陷入昏迷……，只能任人擺布，到了那時候怎麼辦？」

即使您已經預立了遺囑，甚至簽了「不施行心肺復甦術（DNR）意願書」，都不一定有用。孟子說過：「徒善不足以為政，徒法不能以自行。」當您已經沒有行為能力的時候，您所簽署的所有文件都「不會自行」發生效力，而是「需要有人」來確實執行才能生效，並且還要「按照您的意願」忠實地執行，您的「往生品質與尊嚴」才能獲得實質的保障。

各位讀者！坦白地說，這是非常高難度的事，屆時到底如何抉擇後續的醫療措施？往往在家屬及子女之間眾說紛紜、莫衷一是，甚至於子女反目、兄弟鬩牆。有的病人已經年過九十，甚至於是百歲人瑞，最後一旦觸及「要不要急救？」的問題，往往「急救搶救派」會占上風，之前病人已經簽署的所有文件都可能會形同具文。

以我二十多年的實務經驗，我很少看到病人的家屬能夠達成共識、意見一致的，更少看到有病人的子女或家人「願意而且膽敢」站出來力排眾議「捍衛」病人的往生品質與尊嚴。即使有子女想要站出來捍衛，但是因為在家族中輩分低，說話不夠分量，或是嫁出去的女兒沒有立場發言等情況，根本就幫不上忙、使不上力。「人在江湖，身不由己」，不只是活著的時候如此，就當我們面臨自己的生死大事時，也是「身不由己」啊！

聽我這麼一說，有人就開始擔心了：「這樣說來，在善終和往生的路上，豈不是大家都危機重重、險象環生、前途堪憂？」的確如此！不是我危言聳聽。孔子說：「人無遠慮，必有近憂。」所以，我們要未雨綢繆，早作準備。那麼，有沒有解套或預防的方法？答案是：「當然有！」我為什麼不厭其詳地談論這些問題？就是為了幫助大家（以及讓大家有能力幫助自己的親人）未來能夠「善終」與「如願往生」。

世俗所講的「善終」，從佛教的觀點來看，還只是屬於「消極」、「被動」與「期待」的「社會性及外在生命」層次；而淨土法門所講的「發願往生」，則是屬於「積極」、「主動」與「進取」的「靈性及內在生命」層次。借用武俠小說的用語，「發願往生」是「生命永續經營」的「武林絕學」，是「最上乘」的生命實踐功夫。「發願往生」絕不是一廂情願的迷信或是空泛的理論，而是確實可行的實踐法門，有很多古今大德的往生實例可作為佐證。

接下來，在討論插不插管的同時，我會運用現代的概念及語言，為大家逐一解說「如願往生」的祕訣和心法。

在媽媽最後住院期間，大多數人所關注的是「生命延續」的問題，這是屬於「身體生命」層次的思考，所以大家心中疑惑的是「為什麼沒有幫媽媽插鼻胃管？」而我所關注的是「生命換檔」的問題，這是屬於「靈性生命」層次的關懷。在這個時節因緣，我們兄弟最重大的課題任務，就是「讓媽媽能夠善終而且如願往生」，這和大多數人的觀點，是分屬於兩種不同生命層次的思維與關懷，所以彼此之間顯得頗有衝突。

絕大多數現代人之所以無法善終，主要還是因為在思想觀念上不能接受「肉體生命終究會停擺」的「自然性」與「必然性」，也看不到「靈性生命無限」的「永續開展性」，所以就不斷地運用現代醫療科技來抗拒死亡，一味地阻止死亡的到來。最終所造成的嚴重後果就是，「平白錯失」真正能夠善終與往生的「寶貴契機」，最後不是「死得很痛苦」，就是「活得很痛苦」。

這就是為什麼我會提出來「見好就收」、「瀟灑走一回」、「不要拖過生命的賞味期」、「不要變成生命的延畢生」等等「善終口訣」的思想脈絡，這些都是我刻骨銘心的肺腑之言。

古代沒有 CPR 等急救方法，也沒有延續肉體生命以及拖延死亡的先進醫療設備與措施，但是很弔詭的，就是因為沒有這些先進醫療措施的干預及折磨，古人反而比現代人容易善終。

在過去這二十多年來，我見過「預知時至」且「如願往生」的例子，也帶領過臨終及往生助念，協助絕症末期病人安然捨報往生；然而遇到更多不幸的例子是，我明明看到了病人有善終與往生的機會，卻因為家屬的觀念作祟與種種主客觀因素，最後不是讓病人「死得很淒慘」，就是讓病人「活得很淒慘」，掛在病床上，求生不得、求死不能。因此，我絕對不會容許這一類的事情發生在自己媽媽身上。

大家一定會問：「你怎麼知道媽媽的時間快到了？」答案是「將心比心，而且是長時間的親情互動與關懷了解。」我決定不讓醫護人員為媽媽插鼻胃管，絕對不是在媽媽住進醫院後，我才「臨時起意」或者是「一時」的判斷，而是基於母子間長期的親情互動與了解，包括媽媽的人生態度、個性、脾氣、好惡等等，而且不只是我，幾個弟弟也都非常了解媽媽的生死觀與個人需求。

在此十年前，媽媽開始明顯地老化，記得有一次回去看她，跟她聊天，她說：看著幾個兒子陸續成家立業，幾個孫子、孫女也都逐漸長大成人，書也都讀得很好，她感到非常欣慰，很有成就感，只是擔心我（因為出家了，沒有子女）將來老了沒有人照顧。我馬上安慰她說：不用擔心，將來佛光山常住會照顧我，而且我們兄弟感情很好，幾個弟弟也會照顧我的。

講著講著，媽媽有感而發地說道：自己活了大半輩子「已經夠本了」，人生的責任也都盡到了，接下來「該要準備收攤了」。媽媽用很平靜和緩的口氣，不帶任何情緒地對著我說出「該要準備收攤了」，我聽起來卻是如雷貫耳，非常震撼。媽媽的性格非常爽朗，直心待人，處事明快，非常「阿莎力」，從來不拖泥帶水，可以說是女中丈夫。現在連面對人生的大限——絕大多數上了年紀的人都是避諱莫名，唯恐一談到與「生死」相關的話題就會觸了霉頭——媽媽都以平常心對待，這讓我非常感動與欽佩，也覺得很安慰，知道可以跟她不需拐彎抹角地談論生死大事的課題了。

眼看著媽媽的身體逐漸衰老退化，耳聽著媽媽坦然面對生死的心聲感言，我開始很認真地跟她講述彌陀淨土法門，告訴她發願往生的道理，教她誦念《阿彌陀經》與稱念彌陀聖號，媽媽也都欣然接受，身體力行。我請小弟開定為媽媽準備一臺手提音響，可以播放佛號的錄音帶及CD；從此，誦經、念佛成為媽媽的日常功課，一大清早起床後，她就用音響播放臺語早課的錄音帶，到了晚上連睡覺也都播放著佛號助眠。

到了媽媽往生的五年前，媽媽老化的情況更嚴重了，體力更明顯地退化了，連一些基本的家事也都做不動了，我們兄弟決定請一位師姐，白天來家中幫忙料理三餐和打掃清潔。我每次回去看媽媽，她都跟我訴說體力嚴重衰退的苦楚，還一直問我：「為什麼阿彌陀佛還不來接我？」我就安慰她說：「不要著急，時間還沒到嘛！時間到了，阿彌陀佛自然就會來接您了。」

到了三年前，媽媽開始出現輕微失智的徵兆，經過一系列的診斷，確定腦部長了一個拇指大小的鈣化組織，所以造成失智的現象。還好是良性的，沒有生命威脅，所以也不需要開刀，密切注意、定期檢查就好。不過，值得慶幸的是，從此媽媽變得很快樂，原本讓她憂慮的事情都不再聽她提起，我認為這是佛力加持，菩薩保佑。

往生的二年前，因為爸媽在家裡都發生了跌倒的事件，我們兄弟決定要申請一位外勞，能夠全天候在家中照顧兩位老人家。剛開始媽媽不願意讓外人住進家裡，後來我們跟她分析如果沒有人全天候照顧他們兩老的嚴重性，她也就接受了。

回顧過去這十年來，媽媽的生命曲線不斷地逐漸下滑，從還能做家事到沒有體力做家事，從行動自如到走路需要用拐杖，從耳聰目明到輕度失智，到後來連飲食、排便都有困難。媽媽的生命曲線終於下滑進入到一個關鍵階段，讓我們兄弟必須認真地思考，媽媽似乎已經面臨人生的畢業考試了，所幸她自己心裡也有了準備。

有關媽媽往生前那三個月期間，身體狀況的變化，我在上一篇文章〈媽媽最後的生命示現——我的永續生死學功課〉中，已經有完整紀錄，於此不再重述，但是要強調其中的一些關鍵點。原本我一直以為媽媽是因為從床上跌到地板上，才導致中風的，後來和二弟開憲認真地討論這件事，再加上醫生診斷的結果，才知道原來是媽媽已經腦部中風了，因為要翻身無法自我控制，所以才跌到床下。

在媽媽住進耕莘醫院後，做了MRI（核磁共振攝影），醫師診斷確定腦部有三分之一的部分因為大面積血栓造成缺血的狀態，幾近壞死，導致不可逆轉的腦部功能喪失，而且無法言語，所幸媽媽還有意識。這就是我們兄弟不得不面對的關鍵時刻，我們心中都很清楚，在這樣的情況下，如果要運用現代醫療科技來延續媽媽「病體層次」的生命現象，拖個一年半載，絕對沒有問題，甚至於再拖個三年五載，也不會是太大的問題；真正的問題在於，媽媽的病體只會繼續退化下去，根本就不可能枯木回春。如此延續媽媽病體的生命，意義何在？只是為了表現我們兄弟對媽媽的不捨與孝心嗎？那真的是非常愚昧的想法。

假如真的是用延續媽媽病體生命的方式來處理，我可以預見，而且斷言，拖到後來，媽媽必然會出現器官衰竭，甚至於是「多重器官衰竭」的情況，最後的結局必然是耗盡生命機能而亡。在那樣的情況下，正因為生命機能不斷地耗損流失，終至完全衰竭，所以根本就無法正念現前，之前所累積了十年的念佛功夫與往生資糧，將完全付諸東流，前功盡棄。原本明明就有機會善終與往生，卻因為家人愚昧的認知與錯誤的作為，平白地失去寶貴的往生機緣，再回頭已百年身。這就是我絕對不能容許發生在自己媽媽身上的「生命悲劇」；因此，我堅決不讓醫師為媽媽插鼻胃管。

就是因為媽媽沒有插鼻胃管，所以我們家人才能夠在不受醫療干擾的情況下盡心陪伴照顧媽媽，也才能夠如願地把媽媽接回家中；也正因為沒有刻意延緩媽媽的生命節奏與期限，所以也沒有出現器官衰竭的情況。

在最後那一個半月期間，我們不斷地在媽媽身邊，為她誦經、念佛、回向、引導，幫助她提起往生正念，為的就是「醞釀與佛菩薩感應道交的契機」。最後，媽媽在孫兒弘觀、孫女弘音的佛號聲中，眼中含淚，意識清晰，面帶微笑地捨報往生。家人都深信媽媽已經往生到了佛菩薩的座前，所以我們在悲傷的同時，也至感欣慰。

各位讀者：我要很鄭重地再強調一次，如果您希望自己的親人能夠真正地「如願善終及往生」，那麼「臨終關懷」就絕對不只是針對「醫療面向」或是「身體面向」的生理層次來做決定，而是要從「生命永續經營」的「靈性關懷」層次，來「回應」及「回向」親人一生的「生命態度」與「生死觀」，才能做出讓臨終親人真正能夠「如願善終及往生」的最有利抉擇。

在此，我要回憶幾件往事——有關媽媽的人生態度與生死觀的具體寫照——來說明上述的觀點與主張。

一九八二年，我決定要剃度出家時，媽媽的內心十分不捨，但是她知道我心意已決，並沒有反對，更沒有阻攔。我出家之後，她很歡喜地接受了，在公開以及私下的場合都稱呼我「開法師」或「開師父」，而不是我的在家俗名，顯示出媽媽開闊的人生態度有別於一般。

一九八四年，二弟開憲要搭機去美國馬里蘭州大學留學，媽媽和二弟妹沈冬一同到松山機場送行，當時二弟夫婦新婚才一年，弟妹非常不捨，情不自禁，淚灑機場。後來，媽媽有一次跟我聊天，提到了這件事，笑著對我說：「冬冬真沒出息，開憲不過就是出國留學嘛！不久就會回來，哪需要這麼傷心難過？」我提這段往事，不是要取笑二弟妹，其實她當時的反應是人之常情，沒有什麼不對。我主要想說明的是，媽媽對於人生的聚散離合，看得很平常，態度很瀟灑豁達。

一九九〇年，媽媽在洗澡的時候，發現左邊乳房出現了異常的硬塊，就到醫院進一步檢查，診斷出得了乳癌第二期。媽媽年輕的時候，對自己的身材非常自豪，但是當她確定知道得了乳癌時，她根本不在意自己身體的外觀和形象，當機立斷，毫不遲疑，馬上決定接受手術，將左乳整個切除，然後進行後續的治療。手術與治療後的身體復原情況很好，二十多年來癌細胞不曾再復發，只是因為左邊乳房整個切除，多少影響了身體的血氣循環。

從二〇〇七年開始，媽媽經常對我訴說，她感覺到身體燥熱，睡眠品質不好。我後來才想到，這也是為什麼媽媽會抱怨「阿彌陀佛還不來接她」的原因之一。

我提這段往事，要想說明的是，媽媽對於「老、病」的因應態度，也是十分坦然而明快的。

媽媽處事俐落，毫不拖泥帶水，生平非常樂於助人，但是很不喜歡麻煩人家。如果我們讓她插了管子，然後讓她長年臥病在床的話，以我對媽媽個性的了解，她絕對會非常生氣。如果她能夠開口講話的話，她一定會嚴厲責備我們，嚴重地違背她的行事風格及意願，害她不上不下，歹戲拖棚。

俗諺說：「千金難買早知道，萬金難買後悔藥。」我很誠心地跟各位讀者分享的，就是「千金難買」的「早知道」，以及「萬金難買」「預防後悔」的藥。之前所談的那些道理，都是我累積了四十多年的生死思維以及二十多年的臨終關懷經驗與見聞所得，也可以說是我早就知道的事，如果我不堅持，絕對會讓全家人都後悔莫及。

最後還有一點要特別補充說明的，就是所謂的「臨終脫水現象」，這是一種臨終階段身體變化的自然過程。臨終階段的病人會出現脫水現象，主要是因為病人「無法」、也「不需要」再進食及喝水，其實這樣可以減輕病人身體的負擔，有利於往生，就像「落葉歸根」一樣。這時候如果再不斷地為病人餵食乃至灌食，等於是不斷地增加臨終病人的身體負擔，結果反而會造成「臨終水腫現象」，其實是非常不利於往生的。

二〇一三年農曆新年除夕夜，我先回佛光山圍爐，然後再趕回臺北陪伴爸爸過年。大年初一上午，寫 e-mail 給我的那位南華校友特別來給爸爸拜年，然後說要向我懺悔，我問為什麼要懺悔？她談到之前寫 e-mail 給我的事，原本她自認為有多年的臨床護理經驗，質疑我不讓媽媽插鼻胃管的決定，後來在開媽媽往生後三個星期，她自己的媽媽也往生了，她才恍然大悟為什麼當時我那麼堅持。

她有感而發地說：「開師父，您的靈性層次太高了，所以當時我們醫護背景的人都無法理解。經歷了自己的母親往生，我才終於了解您堅持的道理，也希望您能夠讓更多人也了解這個道理。」

其實真正的臨終關懷，是親人靈性生命之「安頓、轉化與開展」的課題，此時醫療所扮演的角色，應該是「旁助」病人善終及往生，而不是「阻礙」及「破壞」，「要不要插管」的答案就很清楚了。

我再問各位讀者：「將來您要告別人生舞臺的時候，希望身上會插幾根管子啊？」您一定會大聲地說：「一根都不要！」同理，您希望親人在臨終時身上會插幾根管子啊？將心比心，應該也是「一根都不要！」，您說是不？

# 媽媽往生後，爸爸的後續照顧課題

「不求同年同月同日生，只願同年同月同日死。」這句話最早出現在《三國演義》裡的第一個故事「桃園三結義」中，劉備、關羽和張飛三人早年在涿郡張飛莊後那座花開正盛的桃園，結拜為異姓兄弟，在祭告天地時，他們說出這句誓言。影響所及，後來有很多小說，乃至近代的電影情節中，夫妻或情人間的海誓山盟，都引用這句「不求同年同月同日生，只願同年同月同日死」的誓詞，以示永結同心，生死與共。

但是在現實的生活中，恩愛夫妻不論如何鶼鰈情深，要能「同年同月同日死」，而能免除彼此間的失落與悲傷，這樣的機率是微乎其微的，因此「喪偶」的失落心理與悲傷情緒一定會出現在夫妻間比較後走的那一位，這也是一項千古以來人們不得不面對的生死難題與功課。

回想爸媽之間的感情，不但非常深厚，而且是具有「革命」情感的。六十年前的臺灣，民風保守，觀念固舊，因為爸爸是「外省人」，又是軍人，在大多數本省人的心目中，本來就沒有好感。所以，當年爸媽還在交往的時候，就面臨很大的壓力與阻力；後來論及婚嫁時，反對的聲浪更是嚴重，不但外公、外婆反對，阿姨、舅舅們反對，連他們村子裡的鄰居也統統都反對，外公甚至還揚言要和媽媽脫離父女關係。但是媽媽很有主見也很有勇氣，為了嫁給爸爸，不顧眾人反對，也不惜發動「家庭革命」，毅然決然和爸爸公證結婚。

婚後，爸爸不計前嫌，對外公、外婆非常孝順，可說是所有女婿當中最孝順的。後來外公、外婆也都回心轉意，接納了這個「外省」女婿。記得我小時候，外公、外婆來家裡作客時，爸爸都一定會抽空帶他們出去郊遊，為他們做新衣服，帶他們去看醫生，外公就會在醫生面前誇讚「我這個女婿如何如何的友孝……」，當年外公、外婆和媽媽之間的干戈因爸爸化為了玉帛。

然而，天有不測風雲，我在建中讀高三的時候，爸爸在部隊演習外出視察時，因公受傷跌斷左腿，住院前後五年。當時三個弟弟年紀都還小，照顧爸爸的工作主要由媽媽一肩承擔，我從旁協助分擔，所以我的整個大學生活，就在臺大校園與三軍總醫院之間來回穿梭而度過。後來爸爸在截肢手術與復健之後，就此申請退役，告別了三十多年的軍旅生涯回到家中，平日以寫字讀書自娛，如今高齡九十歲。

從二〇一二年九月初開始，媽媽幾度進出醫院，後來住進臺大安寧病房，最後接回家中安然往生。就在那段期間，因為看到媽媽病重及往生，爸爸心裡非常難過，情緒也十分低落，居然中斷了他持續將近四十年的誦念《金剛經》和寫毛筆字的日常功課，後來還整日昏睡。對我們兄弟來說，這是一個相當嚴重的警訊，如果再長此以往，爸爸很可能就此一蹶不振。幸好在我們兄弟的安慰、鼓勵和勸說之下，爸爸又重新開始持誦《金剛經》和寫毛筆字的日常功課了，讓我們鬆了一口氣。我們兄弟都已有了共識，接下來爸爸的後續照顧課題，千萬不能掉以輕心，我們仍然要同心協力、分工合作，讓爸爸能夠渡過媽媽往生後的悲傷情緒，安享晚年。

爸爸出身於農家，自幼耕讀，而後投身軍旅（為黃埔二十一期學生），身體一向硬朗。曾聽媽媽說，在我出生後，爸爸說他要慶祝自己升格「當爸爸了」，開始抽菸。但是在我讀國小五年級時，爸爸因為經常咳嗽，就把已經抽了十年的菸戒掉了。原本爸爸就不喝酒，從此菸酒不沾，也無其他不良嗜好。爸爸原本就寫得一手好書法，閒暇時還是經常練字。星期假日，如果沒有出差或其他公務，爸爸都會帶我們兄弟去游泳、爬山或打籃球。

我在臺中市出生，媽媽帶著我們兄弟在眷村裡住了十年，後來因為爸爸調職到臺北陸軍總部，在我讀國小四年級時，搬家到臺北三重埔，一年後又搬到中和鄉南勢角附近。因為離著名的中和圓通寺不遠，爸爸經常利用假日帶我們兄弟到圓通寺附近爬山、踏青。我發現爸爸對沿途的植物、樹木、花草的名稱、用途、有無毒性等等，似乎如數家珍、瞭若指掌，讓我非常驚訝佩服，就問爸爸為什麼那麼「厲害」？爸爸說：「出於職務和工作的需要，為了蒐集臺灣的地形、地物、水文、氣候等軍事所需的情報資料，多年來已經走遍了全臺灣。」我才知道爸爸除了書法寫得好之外，還那麼「見聞廣博」。

爸爸的兵種是裝甲兵，最早在臺中清泉崗戰車部隊擔任排長，曾經是蔣緯國將軍的麾下，後來擔任連長，之後調任於幕僚單位擔任參謀官，就沒有再回到部隊帶兵。最後任職於陸軍總部情報署，擔任情報參謀官。

我在建中讀高一的時候，爸爸被派駐到金門，擔任成功大隊（蛙人兩棲部隊）的情報作戰訓練官，住在太武山底下的坑道窯洞中，前後二年。可能因為住在坑道裡濕氣太重的關係，爸爸在任滿調回臺灣之後，左腿就經常隱隱作痛，媽媽曾經勸他去作身體檢查，但是都因為公務繁忙而疏忽沒有去看診。一直拖到某次大型軍事演習的前一天去視察場地結束後，搭乘直升機時突感左腿無力，上階梯時踩個空而跌斷了腿，立即被送到臺北三軍總醫院。當時我已上高三，沒想到爸爸在醫院的病床上一躺就躺了五年有餘，不但改變了他的後半生，也改變了我的一生。

爸爸住院期間的身心折磨與痛苦，以及媽媽和我照顧他的辛勞，一言難盡，其間經過了四次手術的治療，但是都毫無效果，過程細節我就不在此詳述，但是要特別敘述最後鋸掉左腿的生死經歷，供大家參考。

爸爸身高一百六十五公分，剛住進三軍總醫院時，體重七十公斤，到後來只剩三十八公斤，用「皮包骨」來形容亦不為過。左腿骨和髖骨之間的手術傷口長出一顆腫瘤，後來長到像人頭一般大，上面布滿了紫青色的血管，護士換藥時一不小心戳破表皮，血就會噴出來，非常恐怖，病情就這樣一直拖著。

在三軍總醫院住得實在太久了，從來沒有病人住得比他還要久，爸爸因而得到了一個綽號——「副院長」。三總有個規定——不管病好了沒有，住滿一年就必須轉出去，然後可以申請再轉進來。有一次轉到桃園偏遠地方的醫院，舟車勞頓，非常不方便。一九七五年七月初的最後一次轉院，爸爸和一位士官長一同被轉到臺大農場旁邊的829醫院，其中有幢「博愛大樓」，裡面住著全是「治也治不好、一時也死不了」的老兵，有眼睛失明的、手腳截肢的等等，爸爸就分配到這幢病房，想到院方將自己歸類到這種沒有治癒希望的病患大樓，心情非常惡劣，一時脾氣發作——拒絕進住。我只好安慰他暫時忍耐幾天先住下來，並勸他乾脆下定決心把腿鋸掉。

第二天一大早我就趕到醫院，爸爸告訴我隔壁病房的士官長昨晚就走了，他太太哭了一整夜。我聽了非常難過，爸爸心裡也很鬱卒，彼此的情緒都低落谷底。後來我教他靜下心來誦念佛經，他只對《金剛經》契合，往後每天早上起床就念《金剛經》。爸爸對《金剛經》有一種奇妙的感應，就此持誦不輟。

經過一番深思熟慮，爸爸終於接受我的建議，下定決心要把已經幾近於殘廢的左腿鋸掉，接著媽媽就到三軍總醫院為爸爸提出截肢手術的申請。一開始，院方以及醫師對於動手術的態度非常消極，擔心手術的難度太高、風險太大，因為爸爸大腿上的那顆瘤，長得位置太高，如果要切除，甚至要切掉一部分坐骨，他們沒有十足的把握。另外他們也擔心，萬一手術失敗了，會有醫療糾紛及法律訴訟的問題。

媽媽就對院方以及醫師說，爸爸住院住得實在太久了，我們不想要再這樣子拖下去了，所以下定決心要鋸腿，對我們自己、對醫院都好。俗話說「生死有命」，萬一手術失敗了，我們也認命了，不會為難院方和醫師，但是希望院方和醫師認真地安排這項手術，全力以赴。後來媽媽還簽了切結書，表明手術的成敗責任完全由我們家人承擔，萬一失敗了，也不會追究院方和醫師，請醫師本於醫療專業，認真而放手去做，院方和醫師這才積極認真地進行手術的各項準備工作，預計二個月後（也就是九月初）再回到三總進行手術。

動手術的當天一大清早五點多，媽媽就帶著我們四兄弟到醫院守候，爸爸從早上六點鐘進手術房，到下午二點鐘出手術房，手術足足進行了八個小時。姑且不論手術時間的長短，單從輸血的量，就可以了解手術的規模。在手術前先輸血1,500cc，手術當中輸血8,500cc，手術後再輸血1,500cc，總共輸了11,500cc的血。

人體血液的總量，平均為4,500cc至5,500cc，爸爸等於是一次手術就全身整整換了二次血，其實是非常驚人的。

被病魔折騰了四年多之後，爸爸的體重僅剩三十八公斤，整個人皮包骨的模樣跟非洲難民差不多，養分全都集中到腿上的那顆人頭大的瘤上面。而最後鋸掉的那條腿和腫瘤加起來重達十八公斤，整個人只剩下二十公斤，聽起來就覺得很恐怖。另外，為了預防手術後的發炎及感染，除了固定要打的點滴之外，每天都要打五到六針的消炎針，而且是很大管的消炎針，前後為期一個月；打到後來，全身幾乎布滿了因針孔造成的瘀青，慘不忍睹，這些身心的折磨，遠遠超出常人的想像。

很幸運地，爸爸在這次大手術以及術後的復原情況都非常順利，其中很不尋常的是，之前每次開刀後爸爸均持續幾天發高燒至攝氏四十度上下，而這次鋸掉整條左腿的大手術，體溫竟然都一直控制在三十九度以下，爸爸覺得這是誦念《金剛經》的不可思議之處。更令人欣慰的是，動完手術大約二個月後就回到829醫院的一般病房（而不是原先住的博愛大樓）繼續休養，過了二個多月終於可以回家過農曆新年了。

告別了五年的住院歲月，爸爸回家之後就向陸軍總部提出退役申請，也告別了三十多年的軍旅生涯。表面上看起來，爸爸脫離了長年臥病之苦，又從軍中退役，領有終身俸，沒有職務的負擔和工作的壓力，可以輕鬆自在地修養身心，好好地過日子了。

其實不然，住院期間，儘管身心都承受折磨，但是還有一個治病的目標。現在病痛問題雖然解決了，但是爸爸原本就是工作勤奮的人，一下子沒有了工作，生活反而失去了目標，失去了重心，陷入一種生命的空虛。這不是生活層面的問題，而是身心安頓與生命意義層次的問題，所以一度情緒低落鬱卒，覺得自己成了一個「沒有用」的「殘障人士」。

我察覺到這個危機，就想辦法要為爸爸解套。他的書法原本就寫得很好，但是在住院期間根本無法練字，現在回到家中，又無官一身輕，我就鼓勵他可以重新好好地練字。可是光寫字，對爸爸而言，似乎不夠有挑戰性，無法找到生命的積極意義。後來我無意間在逛書店的時候，看到了一本《國畫裱褙裝潢》，這是教人裱褙字畫的書，就買了回家給爸爸閱讀。沒想到他愈讀愈有興趣，決定要按照書上所教的內容來「自學」裱褙，也就是要自己動手來裱褙自己寫的書法。

一開始，媽媽嫌麻煩，又擔心爸爸少了一條腿，行動不便，並不支持爸爸要「自學」裱褙這件事。我就跟媽媽說：「寫書法的人學裱褙，這不是相得益彰的好事嗎？爸爸他自己都不嫌麻煩，我們怎麼可以還沒做就嫌麻煩呢？之前爸爸找不到有意義的事情做，心情已經很鬱悶了，覺得他自己已經成了一個沒有用的殘廢人，長此以往，很可能會得憂鬱症，對他自己、對我們家人都不是件好事。好不容易爸爸找到一件有意義的事情，又那麼興致勃勃的，對我們來說是一件好事啊！我們應該要滿他的願才是啊！」媽媽聽了我的話之後，覺得很有道理，就改變了態度，開始積極地幫爸爸張羅裱褙要用的工具和材料，到處打聽物料供應的來源和行情，然後再四處比價採購，我順便補充一句，媽媽是採購、殺價與財務管控的高手。

裱褙所需的工具項目有：裱桌、裱板、毛刷、排筆、棕刷、紙墊、漿糊盆、裁刀、剪刀、竹刀、折尺、長尺、墊板、三角板、鋸子、釘鎚、打磨石、鋼夾、砂紙、掛叉、掛鉤等，材料項目有：薄棉紙、厚棉紙、花棉紙、色棉紙、綾、軸木（天地桿）、軸首、木條、夾線釘、絲帶、緞帶、樹脂漿糊、臘塊等等。

媽媽將工具、材料張羅齊備之後，爸爸就按照《國畫裱褙裝潢》書上所講的，開始動手實作，先用自己寫好的《心經》、《大悲咒》、〈正氣歌〉、〈朱子治家格言〉等字畫當作實驗品，按部就班來練習裱褙，媽媽就在旁邊當助手。

起初，裱褙出來的結果很不理想，皺皺巴巴的，但是爸爸不氣餒，不斷地檢討改進，反覆練習，慢慢地掌握到了要領，功夫逐漸增上，技巧逐漸純熟，功力愈來愈深厚。練習到了後來，不但「紙裱」的作品讓大家刮目相看，連「綾裱」的作品也都具有專業水準，人人稱：「讚！」，家裡面也儼然成了專業的裱褙工廠。

爸爸的書法宗承柳（公權）體，工整嚴謹，一絲不苟，任何一篇書法從頭到尾都同一筆致，絲毫沒有鬆懈的痕跡。後來又自學裱褙有成，無師自通，讓爸爸覺得很有成就感，一點都不在意自己是少了一條腿的「殘障人士」。媽媽也成了爸爸的書法「經紀人」，幫他介紹推廣書法及裱褙作品，有不少親朋好友和鄰里鄉親來要字畫，如《心經》、《大悲咒》、〈正氣歌〉、〈朱子治家格言〉、「佛」字、「禪」字等等，爸爸都有求必應，但幾乎都是結緣性質，以筆墨文字會友，根本不在乎筆潤，頂多收點材料費，意思意思。

除了書法、裱褙之外，還有一件事讓爸爸的日常生活非常充實，就是每天按時收聽「空中英語教學」。爸爸在年輕的時候就對學英文很有興趣，還曾經被選派到「軍官外語學校」受訓過半年，後來忙於公務無暇繼續進修練習，現在退休了，我就鼓勵他重拾英文書本，幫他訂閱了《空中英語教室》雜誌。他每天按時用手提音響收聽廣播，同時用錄音帶錄下來，以便隨時聽講複習。學英文的態度，認真到連外出旅遊都要將手提音響帶著，以便準時收聽，或者用錄音帶錄下來，這種學習的熱忱，我們都自嘆弗如。

一九七七年年底，我到佛光山普門中學任教，無法在家陪伴爸爸，但是爸爸的生活已經步上了他自己的軌道，而且生活內容非常充實，又有媽媽在旁關懷照顧，讓我可以專心在普中的教學與校務上面。

一九八二年，我在佛光山禮星雲大師披剃出家，大師得知爸爸的書法寫得很好，佛光山正需要像爸爸這樣書法精到的人才，就親自打電話給爸爸，邀請他到佛光山長住。隔年，爸爸就到佛光山長住，在都監院的文書單位服務，住宿則安單在男眾寮區傳燈樓，受到定和尚、慧龍法師等多位師兄的熱心照顧，讓爸爸在山上的工作與生活都非常愉快。

爸爸在山上以筆墨書法服務常住文書所需，例如：大型法會（傳戒、水陸、焰口等等）的榜文、大佛法語、重要的文書書法（東禪樓客堂的〈如何做個佛光人〉）等等。當年大師傳法給心平和尚的臨濟棲霞法脈法卷，也是由爸爸執筆恭書。除此之外，爸爸還在叢林學院教授書法與裱褙，為了教學，他還自編《書法講義》教材一冊，書寫《陳書千字文》字帖一冊。《書法講義》內含十二講，除了內容精闢之外，全書都是用小楷書寫，從頭到尾整整齊齊，絲毫沒有鬆懈的痕跡。

非常感謝師父上人和常住大眾的關懷與照顧，爸爸在山上很愉快地度過了十六個寒暑。後來因為消化能力退化，需要吃煮得比較熟爛的食物，腸胃狀況愈來愈不適應大眾的飲食，因而經常拉肚子，嚴重影響日常生活與工作。為了避免造成大眾的困擾和不便，爸爸就向大師和常住請求告老還鄉。回到臺北中和家中以後，三餐都由媽媽料理，針對爸爸的腸胃狀況與消化能力，把東西都煮得很熟爛，飲食的問題獲得解決。

爸爸回到臺北以後的日常生活，仍然是每天持誦《金剛經》，寫毛筆字、按時收聽空中英語教學，但是因為體力大不如前，就不再做裱褙的工作了。

在去佛光山長住以前，爸爸還經常會用拐杖出門到附近散步一會兒，從佛光山告老回家之後，因為都市規畫，附近有新建的大馬路、高架道路、捷運站等等，爸爸獨自出門變得很不安全，除了到隔壁巷子理髮之外，就極少出門了，平常要散步就用拐杖在家中三個房間來回穿梭，也算是運動運動。

到了二〇一〇年，爸媽都發生跌倒的事件，我們兄弟就決定請看護，先是請一位本地的師姐，在上午的時間來家中打掃及煮飯菜。後來爸媽老化的情況愈來愈明顯，不只是跌倒，還都發生昏倒的事件，情況十分嚴重，所以我們決定請一位全天候的外勞看護。後來找到一位印尼女子 Yani，表現還不錯，我們覺得可以放心。

在媽媽往生前後那段期間，爸爸的心情也大受影響，心裡非常難過，就中斷了誦經和寫字。我們兄弟驚覺到事態嚴重，如果長此以往，爸爸會一蹶不振，就不斷鼓勵他重新寫毛筆字，為媽媽誦經回向。

我們的勸說有效，爸爸又重新振作起來了，又開始誦經、寫字，但是因為聽力和記憶力愈來愈差，已經不再收聽空中英語教學了。現在他的日常作息就是早上吃完飯、念完經就寫字，寫累了就看看電視，午餐後先午睡，睡飽了再起來寫字，晚餐後就看看電視。如果天氣好，就要 Yani 用輪椅推著他去中和國小旁邊的公園走走，還可以看到小朋友上學。Yani 說爸爸滿喜歡跟小朋友講話，可惜我們家的孫子輩也都長大了，應付學校的功課、考試都來不及，很難和爺爺閒話家常。

媽媽往生後，我無意間在爸爸書房裡的書櫃中看到三冊《陸軍軍官學校第二十一期通訊錄》，就好奇拿出來翻閱。這三冊通訊錄，分別出版於一九八七年九月三十日、一九九一年十二月二十五日、二〇〇一年四月九日。這三冊通訊錄的內容當中，比較特別的是，在最後一部分是已經過世的同學名單，第一冊的標題為「亡故同學」，第二冊的標題為「在臺亡故同學芳名錄」，第三冊的標題居然是「在臺往生同學留名錄」，由此可以看出「往生」一詞已經普遍被社會各個階層所接受及應用。

除此之外，讓我非常驚訝的是，在往生的名單中，我發現到不少小時候很熟悉的「叔叔、伯伯」們的名字，他們不但是爸爸的同學、同袍，也是至交好友。照常理而言，他們沒有像爸爸這樣——受傷住院、臥病多年，然後又截肢，元氣大傷，但是卻早早就往生了，反而爸爸依然健在。

我就和二弟、小弟討論了這個問題，結論是：爸爸藉著誦經、寫字、裱褙、學英文，不但充實了他的生活內涵，也找到他的生命意義，所以能身心健康、愉快地活到現在。我們兄弟的共識是：同心協力地關心照顧爸爸，希望他安享晚年，最後能像媽媽一樣如願善終往生。

# 末期病患照顧與臨終關懷的一些關鍵課題

《人間福報》「生死自在」專欄系列〈臨終親人該不該插鼻胃管的再省思〉一文刊出後，有讀者來函，針對家中長輩臥床多年的照顧問題，詢問我的看法及建議。在此將讀者提出的一些問題及情況作個整理，再提出分析及建議。

**情況一：家中有九十歲的長輩，臥床多年，直至去年才插鼻胃管，今年初又插上導尿管。連續看了法師您的文章，想請教如果已經插管該怎麼辦？**

**分析及建議：**如同我之前的文章中所討論的，九十歲老人家的生命曲線，大多數都已經下滑到瀕臨或遠超過其人生的「賞味期」了，這時候的生命功課應該是「生命換檔」以「開展未來永續的生命」，而不是苟延殘喘地「延續老朽的病體生命」，這就需要用宗教的靈性關懷來幫助老人家與全體家人做「思想建設」與「心理建設」，開導他們了解靈性生命的無限與永續。

這裡我所講的「宗教」，包含世界各大宗教，並不限於佛教，就看老人家本身的宗教信仰與需求。各大宗教都有針對未來生命的靈性關懷與實踐法門，以佛教為例，淨土法門是最貼切的。

如果老人家已經插了管子，就維持現狀，但最好不要再做進一步的醫療干預，同時以淨土法門來幫助老人家。

**建議具體的做法：**如果老人家信仰佛教，或者不排斥佛教，家人應不斷為老人家解說淨土法門的內容與意義，鼓勵及引導他放下塵世的執著與牽絆，發願求生淨土，帶領他一心念佛，同時家人應為他誦經、念佛及回向。家人在誦經、念佛、回向時，要至誠懇切地觀想西方三聖（阿彌陀佛、觀世音菩薩、大勢至菩薩）慈悲加持老人家，早日脫離苦海。

即使從外表看來，老人家很可能已經無法言語、沒有反應、陷入昏睡、嚴重失智……，只要家人「同心協力、至誠懇切」地為他開導、誦經、念佛及回向，同時祈求佛、菩薩的加持，絕對會有感應的消息。

人有誠心，佛有感應，按照我所說的方法，三至六個月就會有轉機和往生的消息。關鍵在於病人的主要照顧者和其他家人是否已經放下對老人家病體生命的執著？家人是否能夠達成共識？是否對淨土法門有信心？是否能夠依教奉行？如果答案都是肯定的「是」，老人家絕對可以脫離病體，安然捨報往生。

**情況二：阿嬤早就無法開口說話，嚴重失智，只對痛覺有反應，好像沒有自我**

**的意識，不能表達自我需求，家人無法辨別阿嬤的需求，只能盡力讓阿嬤舒適、乾淨。當初要插鼻胃管時，我的媽媽很不捨也很疑惑，是否要有此侵入性的治療？但是阿嬤看見我在吃東西，她也想吃，把食物或水放入阿嬤嘴巴會自動張嘴，也會咀嚼，可是吞嚥困難，一定會嗆到。我想阿嬤還有想活下去的欲望！所以家人決定插管，現階段直到阿嬤往生都是由我的母親二十四小時照護，我母親很不捨阿嬤受苦，靠著藥物在控制咳嗽、多痰、無法大小便等臥床問題，請法師能為家人解惑。**

**分析及建議：**如同前面所說的，阿嬤已經遠遠超過其人生的「賞味期」了，確實是需要為她作「生命換檔」的功課了。「阿嬤還有想活下去的欲望！」這是人之常情，但也是「低層次」的病體生命思維反應，如果家人也停留在「一味地延續老人家病體生命」的思維層次，而看不到開展未來靈性生命的層次，我只能說「此題無解」。

依我來看，在「阿嬤還有想活下去的欲望」的背後，其實是「家人還有想讓阿嬤活下去的欲望」，這才是問題無解的關鍵！因為家人看不到「靈性生命的未來」，或者對「靈性生命的未來」沒有堅固的信念，只好在病體生命的層次打轉。我認為對阿嬤來說，受這些苦是很冤枉的。

阿嬤已經沒有行為能力了，她的命運及所有未來發展的可能性，都操之在家人的認知與決定上面。在觀念上，家人要先放下對阿嬤病體生命的錯誤認知與執著，重新深切地理解與體認眾生靈性生命的永續與開展，阿嬤的生命困境，才有解套的可能。

**情況三：我的外婆八十九歲，臥床多年，失智、不認人、不會說話（但不是啞巴）、不哭、不笑，只對「痛」和「肚子餓」有反應，無自理能力，經身體檢查，器官正常只是老化，每天只能重複地睡覺、醒來。這二年因為吞嚥困難才插鼻胃管，插鼻胃管前我的母親掙扎了很久，不插鼻胃管無法進食，但是我把食物放到阿嬤口中，阿嬤還是很想吃，嘴巴會有咀嚼的動作，就是吞下一定會嗆到。請問法師：（一）這樣代表阿嬤還是有求生的欲望嗎？她還想活下去嗎？（二）看到阿嬤受苦真的很不捨，但是又無法得知阿嬤本人的意願，請問這樣家人要如何抉擇要不要拔鼻胃管？（三）平日如何減輕阿嬤的痛苦？（四）家人有誦經、放念佛機，教導阿嬤放下現在的身體，往生極樂，如果阿嬤真的聽得懂，這樣是否就不會害怕？我希望阿嬤是平靜、舒服的往生。**

**分析及建議：**八十九歲的阿嬤處於現在這樣的狀況，可說是嚴重地拖過了「生命的賞味期」了，我認為問題根本就已經不在於「求生」，而是在於如何「求往生」。如果家人還繼續搞錯方向，一味地要為老人家「求生」，我只能沉痛而無奈地說「此題無解」。

這當中有二個盲點，其一，如前文已經提到過的，我還是要再強調一次，在「阿嬤還有求生的欲望嗎？」這樣的思維背後，其實是「家人還有想為阿嬤求生的欲望」，這才是問題無解的關鍵！其二，阿嬤的生命曲線幾乎已經下滑到了谷底，現代醫療不論如何進步，阿嬤的生命也根本就沒有任何迴轉上升的可能性，我們必須認真地省思：在這樣的情況下，繼續「求生」的意義何在？

我站在阿嬤本身的立場為她設想，在生理層次的「求生」企圖，只不過是在表象上維持病體軀殼的「生命跡象」而已，根本就沒有任何實質、正面的意義，生命的真正出路——也是唯一的出路就是「生命換檔」——「求往生」。

這個道理其實不難懂，難在家人對「佛國淨土」、「往生」以及「佛菩薩」的信念是否堅固？尤其難在家人是否能夠形成共識、同心協力？如果家人信念堅固，且能夠達成共識、同心協力，就可以幫助阿嬤早日脫離困境，捨報往生。否則的話，只是讓阿嬤不斷地消耗她僅有的一點生命能量，最後會一直拖到「多重器官衰竭」為止。更嚴重的情況是，如果家人還想要繼續「求生」的話，阿嬤很可能在臨終前還要慘遭一次「現代急救術」的無情摧殘，身心破敗的棄世，我由衷地希望與祝福：那樣淒慘的「劫難」狀況不會發生在阿嬤身上。

了解了上述的道理，前面所問的第一個問題就不再是問題了。第二個問題中所提到的「無法得知阿嬤本人的意願」，我的立場就是「將心比心」，如果換作是您身處於阿嬤的情境，您會希望得到家人如何的對待呢？是一味地繼續「求生」

嗎？還是向前跨出一步「求往生」呢？

至於「要不要拔鼻胃管？」我認為在家人尚未完全形成「為阿嬤求往生」的共識之前，還不是問題的關鍵，暫時不拔也無妨；等到家人都達成了共識，再來考慮「要不要拔管」的問題。如果家人對於「為阿嬤求往生」的信念與共識夠堅固的話，就可以拔掉鼻胃管，而以點滴和營養液取代。

第三個問題「如何減輕阿嬤的痛苦？」既然阿嬤已經失智，她的痛苦其實不在於生理或病體的層次，而是在於靈性層次。阿嬤卡在那裡不上不下的，家人也看不到生命的希望與出路，這才是全家人最大、最深層的痛苦。只有當家人都看清楚了生命的希望與出路，放下一味「求生」的錯誤執著，至誠懇切地祈求佛菩薩慈悲加持，旁助阿嬤「求往生」，才有可能真正減輕阿嬤的痛苦。

至於實際的做法並不難，就是藉由家人同心協力地陪伴、開導，以及至誠懇切地誦經、念佛、回向，為阿嬤開啟生命的另一扇門——也就是「往生之門」，阿嬤的痛苦就能逐漸得以緩解，而且能邁向往生之路。

第四個問題中所問的「家人有誦經、放念佛機，教導阿嬤放下現在的身體，往生極樂，如果阿嬤真的聽得懂，這樣是否就不會害怕？」我認為家人的作為似乎消極了點，不夠積極，對於「往生佛國淨土」的信念似乎不夠堅定，而且對於能否幫助阿嬤放下現在的身體，往生極樂，也似乎心存懷疑。

念佛法門的成就與功效，就是奠基於淨土三要「信、願、行」上面。信者，堅信佛言不虛，深信法門殊勝，自信己力可及；願者，深心發願，求生淨土，得與如是諸上善人聚會一處；行者，歡喜信受，依教奉行。「信、願、行」三要資糧具足，必然往生。

雖然阿嬤已經失智，無法自己力行「信、願、行」三要，但是家人可以奉行「信、願、行」三要，以此回向給阿嬤，引導阿嬤念佛、發願、求生淨土。人有誠心，佛有感應，我可以很肯定地說，只要家人信心堅固，而且依教奉行，必有感應。

有關播放念佛機的問題，我要特別提出來分析說明。如果是在阿嬤意識還很清晰的時候，由她本人自主地播放念佛機而聽聞佛號，然後跟著口誦或心念，確實是有很大的熏習效果。但是對於已經臥床多年的阿嬤，心智微弱、意識不清，如果只是放念佛機給她聽，而沒有家人在身旁引導助念，效果其實微乎其微。

道理很簡單，因為念佛機是機器，只有音波，沒有腦波，沒有意念，不能激發阿嬤的潛意識引起共鳴。一定要由家人「親口」為阿嬤開導、誦經、念佛、回向，而且要透過家人的「意念」用心觀想、祈求佛菩薩的慈悲加持，藉由家人「至誠懇切」的心念，誦經、念佛所發出的聲調音韻，就能經由阿嬤的耳根進入她的深層意識中，才能旁助阿嬤與佛菩薩感應道交。念佛機充其量只能作為輔助之用，絕對不可以完全都沒有家人隨侍在側為阿嬤助念，只是播放念佛機聊表心意，那是毫無效果的。

除了以上所討論的三個實際的情況之外，讀者的來信中還提了二個問題，而這二個問題也是很多人都曾問過的，因此特別分析及建議如下：

**問題一：法師在文章中提到您不願母親插鼻胃管，是很明確地知道母親的個人意願嗎？如果親人是意識清楚且有表達能力，家人是否應該親自詢問病人，依病人意願再作決定？**

**分析及建議：**其實這個問題已經有很多人問過我，這個問題反映出大多數人心中的焦慮與不安，深怕自己作出有違病人意願的錯誤決定。大多數人都會很害怕自己在面對家人親族乃至鄰里社區的關注時，承擔不了那樣沉重的責任與壓力，而不敢也不願作出決定，就希望把問題回歸給病人，讓病人自己作決定，不論後果是好是壞，自己都不必承擔全部的責任。

這是生命中一項非常弔詭的課題，當親人尚未重病之前，意識清楚而且有表達能力的時候，家人之中有誰會預先提出─又真的膽敢提出──末期醫療抉擇的問題？就算有人膽敢提出，其餘家人是否都能不避忌諱、開誠布公地討論？答案恐怕都是否定的。

等到親人成了末期病人，陷入進退維谷的生命困境時，家人真的需要親自詢問病人的意願時，病人卻往往已經意識不清，或者喪失表達能力了，我們根本就無從得知他的意願。如此弔詭的情境，使得問題陷入僵局，似乎很難解套。在回答我如何為媽媽作決定之前，我先舉一個類似「烏鴉反哺」的比方，讓大家了解問題的關鍵，以及可能的解套方向。

回想我們小的時候，從嬰兒到孩童的時期，還沒有行為能力及判斷能力，我們生活中的一切（衣、食、住、行、育、樂……）都是由父母親照顧及作出決定，父母親當然也會顧及我們的偏好與喜怒哀樂，但是在關鍵時刻，例如：我們得了重病的時候，他們必然會義無反顧地代替我們作出對我們最有利的決定，一切風險與後果，他們也都勇敢地承擔下來，那是基於親情與愛，不計任何利弊得失。

同樣的道理，當我們的長輩親人（父、母、祖父、祖母、外公、外婆……）到了年老重病乃至末期臨終的時候，如果已經喪失了判斷能力或表達能力，我們怎麼能夠因為害怕承擔責任與風險，或者擔心親族鄉寅乃至鄰里社區的「關切」與閒言閒語，而把問題丟回給重病或臨終的親人呢？就像父母親呵護重病的幼兒時一樣的心情，在長輩親人面臨「求往生」的關鍵時刻，我們也應該設身處地、義無反顧地挺身而出，代替他們作出對他們最有利的抉擇，乃至「捍衛」他們的「死亡品質」與「死亡尊嚴」，同時積極地為他們「求往生」，這也是基於親情與愛，不計任何毀譽及利弊得失，這才是真正「孝道」的實踐與彰顯。

我在之前的文章裡已經很清楚地交代，不讓媽媽插鼻胃管的理由及前因後果，個中細節於此不再重述，僅大略交代過程。但是我要強調一點，媽媽和我母子之間一向是無話不談的，所有媽媽心底的話，不論是喜怒哀樂，還是恩怨好惡，她都會毫不避諱地跟我訴說，我有什麼話也都會跟媽媽說，彼此的互動，可用「母子連心」來形容。

從媽媽往生的十年前開始，媽媽和我們兄弟就已經開始共同面對老化及生死大事的問題，五年前她甚至經常跟我抱怨：為什麼阿彌陀佛還不來接引？三年前，經診斷確定媽媽已經輕度失智。約從二〇一二年九月開始，媽媽的身體狀況明顯地惡化，不但她自己已經有了心理準備，我們兄弟也都有了心理準備。

所以，我可以很肯定地說，雖然在最後那段時間，媽媽已經無法用言語表達，但是我們兄弟都很明確地知道媽媽的生死態度及個人意願。基於這樣的母子互動與理解，當我們兄弟明確得知媽媽的腦部已經有三分之一，因為大面積血栓造成缺血的狀態，幾近壞死，導致不可逆轉的腦部功能喪失，我就決定全心全意為媽媽「求往生」，而非愚昧地「求生」，一切責任與後果都由我承擔，也非常感謝弟弟們的支持。最後，媽媽意識清晰地在佛號聲中含笑捨報往生。如果當時我們昧於現實，執意要為媽媽「求生」而插管，是不可能有這樣圓滿的結局的。

**問題二：法師的母親是由家人分攤照護，還有看護幫忙，我的外婆是由我母親**

**二十四小時不離身照護，阿嬤好像小嬰兒，醒來一定要看到人，不然會一直叫，我的媽媽捨不得，就算晚上二、三點一定陪著阿嬤，偶爾還要半夜送急診，還有很多生活細節，我的母親嚴重睡眠不足，對體力及心理是一大考驗。因此我看了法師早些寫的照護文章，除了貼切贊同還有「差一點」的感覺，對不起！**

**分析及建議：**提問讀者會有「差一點」的感覺，我聽起來一點也不覺得意外，而且能夠深深體會與同情，但是我的情況還有另外一個層面是讀者不了解或者沒有看到的。當年開爸爸受傷住院時，幾個弟弟還小，主要由媽媽和我輪流到醫院照顧長年臥病的爸爸，前後歷時五年，所以我非常能夠體會讀者母親的辛勞，要獨力承擔照顧阿嬤的所有工作和責任，的確是非常辛苦。如果拿讀者的阿嬤和開媽媽的情況兩相對照，我認為不只是「差一點」，而是「差很大」。差別主要是在於家人能否「凝聚共識」，能否「同心協力地」陪伴照顧末期病人，集中心力且目標明確地幫助臨終親人「求往生」。

這當中存在著一種非常弔詭的矛盾情境，面對阿嬤這種年老失智的狀況，可說是已經「日薄西山」了，雖然家人在情感上都想要為阿嬤「求生」，但是在現實上大家也都心知肚明，想要再恢復到健康的生命，希望渺茫，只不過是「盡人事，聽天命」，勉強延續阿嬤的病體讓大家看得到而已。另一方面，家人也很可能會認為那些事情都要仰賴醫生或醫療科技的專業，他們根本就幫不上忙，只能旁觀等待奇蹟。

照顧末期重病或臨終的親人，本來就不應該是某一個家人的任務，而是「全家人」的責任。如果家族中只是一個人或少數幾個人負全責，而其他的人僅僅在旁觀望，或者只是憑一張嘴出主意，甚至於說三道四的，這是極不公平而且極不合理的事情。

開媽媽由我們家人分攤照護，還請特別看護幫忙，是由於我們兄弟都能夠坦誠地面對生死課題，並且經由深入的分析討論而達成了共識。而我們兄弟之所以能夠如此開誠布公地面對媽媽的生死大事，是我多年來努力對家人薰習的結果，並不是讀者所以為那麼自然而現成的。

因此，各位讀者，您得要及早為長輩親人和自己籌組成立「往生後援會」！您可以引用我的文章，以及參考我為開媽媽所做的決定與相關措施，來說服乃至動員府上全家人在關鍵時刻都能夠同心協力地分攤及參與陪伴末期親人的照顧工作與任務。

**結語：**當生命拖過了賞味期，而且超過現代醫療的極限時，生命唯一的出路就是「求往生」。為親人「求往生」，需要「全家人凝聚共識」，也需要全家人「同心協力、分工合作」地全程陪伴臨終親人，這是家人最後能夠真正「克盡孝道的唯一機會」，一旦錯過就成千古遺恨。

# 千古艱難「為」一死
## ——當代社會的善終課題

自從〈《佛說阿彌陀經》的現代解讀與釋疑〉及〈「往生」的現代理解與釋疑〉這兩篇系列文章在《人間福報》「生死自在」專欄陸續刊出之後，得到不少讀者的回響。我到各地演講，遇到有讀者跟我說，讀了這兩篇文章後，對於《佛說阿彌陀經》和「往生」的概念有了貼切的理解，不像過去有一種遙遠的距離感及不真實感。也有讀者說，他從文章得到的啟發與受益，對於照顧重病及末期的親人，有了一種明確的方向感，不再像過去有一種說不出口而又徬徨無助的焦慮感。也有讀者說，透過文章的解析，讓自己對於「死亡」的意義有了正面的理解，不再像過去那樣恐懼了。聽了讀者們的這些回響之後，我覺得有必要針對當代社會的「死亡」與「善終」課題，再深入一點跟大家好好談一談。

### 「死亡」本身並不可怕，然而……

「生、老、病、死」本來就是生命的轉變機制，如同大自然「春、夏、秋、冬」四時運行一般。其實，「死亡」本身，或者更明確地說，「自然的死亡」——就像「花開花謝、瓜熟蒂落、春去秋來、落葉歸根」般的自然——「真的」沒有大家想像的那麼可怕。然而，是我們人類，特別是現代人與現代社會，由於對「死亡」的錯誤認知，「不接受」甚至於「抗拒」自然死亡的來臨，集體將我們自己的「死亡過程」，透過現代的醫療科技，「操作得」非常殘酷可怕，恐怖的程度遠遠超過一般人的想像。

非常弔詭的是，早在先秦時代，古人就提出「善終」的理想——如《尚書‧洪範》所述的「五福」之一「考終命」。然而時至今日，我們距離「善終的理想」卻是愈來愈遙遠。現代人在生之時，「人在江湖，身不由己」，到了要告別人生舞臺之時，絕大多數人「欲求善終而不可得」。

我邀請各位讀者一同好好想一想：時至今日，「善終」不但仍舊是個大哉問，而且愈來愈困難，為什麼會這樣子？孰以致之？「不得善終」的情境能夠改善嗎？「不得善終」的問題能夠解決嗎？我們如何能夠達到「善終」的理想？

我要提醒各位讀者，以上這些問題可都不是「別人」或「他家」的事，而是我們每一個人「自己」和「自家」的事，套一句蘇東坡〈教戰守策〉一文中的話；「此其患不見於今，而將見於他日，今不為之計，其後將有所不可救者。」

## 為什麼現代人無法善終？

雖然在理性上，我們都能認知「生、老、病、死」是生命的自然旋律與週期，然而，當我們有朝一日不得不面對親人肉體生命的「極限境況」時——亦即病人已經是超高齡的末期病患，連醫療科技也都束手無策時——，絕大多數人的反應是，不斷地對抗病魔和死神，而一再地對病人進行——「毫無必要」且「毫無效果」，但是卻「極端痛苦與折磨」的——急救措施，一味地延長病人有限的肉體生命「徵象」，直到「耗盡」病人的精神及體力為止。就是因為這種錯誤的認知與作為，絕大多數現代人都「死得很辛苦」，甚至於「死得很淒慘」，距離善終的理想是非常遙遠的。

客觀而論，現代人與古代人相比，絕大多數都不得善終，為什麼？各位讀者可以好好想一想。我認為主要有以下幾個因素：

一、現代人對於「生命」與「死亡」的基本認知有嚴重的錯誤、盲點與偏執，不但身懷恐懼而且極力排斥「自然死亡」的來臨，因而毫無善終（自然死）的心理準備。

二、現代人大幅地拖過其個人「生命的賞味期」，到頭來變成「生命的延畢生」，錯過可以瀟灑自然死的寶貴時機，陷入「求生不得，求死不能」的困境。

三、現代人愈來愈高齡，因為老化的關係，普遍容易罹患重大或慢性疾病，甚至於惡疾纏身。

四、現代西方主流醫學無法面對及接受「自然死」的來臨，一律將「死亡」當成「疾病」來處理。

五、現代醫療科技被過度運用於干預及延長病人的死亡歷程，嚴重地阻礙及破壞「善終（自然死）」的客觀情境。

## 「現代人無法善終」的深層哲理分析

以上因素分析的最後一項：「現代醫療過度干預死亡的歷程及破壞善終情境」，嚴格地說，還只是「社會現象」層次的「表面」因素，並不是「意識形態」與「哲理脈絡」層次的「根本」因素。表面上看起來，「現代醫療」——因為它的過度干預死亡歷程，好像成了「不讓現代人善終」的「罪魁禍首」，然而深究其實，它只是眾生對於生命的「無明」與「偏執」——引發了現代人的集體共業——所形塑的「行為」與「現象」以及所感應的「業果」，而非真正的「業因」。

其實，現代人「不得善終」的真正關鍵原因，追根究柢，在於現代科學及主流醫學對於有情生命的基本認知，存在著嚴重的偏執、侷限與盲點。基本上，以西方思想為主導的現代科學及主流醫學，對有情生命的基本認知，是以「生物學」

以及物質科學的思維進路為主軸，就連西方的「心理學」也是如此。

從西方物質科學觀點來看，所謂「生命現象」，都可以用「物理作用、化學反應和生物機制等等，以及其間的交互作用」來解釋，換句話說，人類可以看作是一種高度精密、複雜的「生化機器人」。人類甚至可以扮演上帝或者造物主的角色，運用這些現代科技來創造高度近似於人類行為及反應模式的「智慧型機器人」。

在這樣的思維架構下，凡是「科學」所不能理解或無法解釋的生命現象或事件，就被排除在所謂的「理性邏輯思維」之外，而成了「玄學」的領域，不是被歸類為「宗教宣化」的信仰之流，就是被貶抑為「怪力亂神」的迷信之流。同樣地，在這樣的意識形態下，有情生命內在最核心的「心性」、「心靈」或「靈性」等內涵與層面，不是在某種程度被抹煞了，就是被邊緣化了。現代科學及主流醫學所認知的生命，只是我們肉體軀殼有限的一生，至於宗教所主張之無窮無盡的「心性」或「靈性」生命，基本上是被排除在現代科學及主流醫學知識體系之外的。

在這樣的知識體系內，個人的生命放在整個宇宙時空的架構裡來看，是「片段」而「孤立」的，既沒有「前世」，也沒有「來生」。當一個人走到了他生命的末期，就有如步入一種「前不搭村，後不著店」的孤寂旅程，看不到生命的未來，當然也就看不到生命的希望。也因此，當無可避免的自然或非自然死亡來臨之時，就有如萬劫不復的可怕黑洞。是故，絕大多數現代人在面對生命的「極限境況」

——也就是肉體生命的大限之時，其實已經遠超過現代醫療的極限了，卻都不由自主地抗拒、掙扎，而且不斷地作醫療急救的奮戰。很不幸的，最後的結局，病人不是耗盡所有的精神與體力，多重器官衰竭而亡，就是成為植物人，永遠無法醒來。

因此，嚴格地說，現代人「不得善終」的真正「根本」原因，並非僅是在於「醫療科技過度干預」的表面「現象」層次，而是已經根深柢固地含藏在現代科學及主流醫學「對生命的片面認知與偏執」當中。如是因，如是果，客觀而論，現代人「不得善終」，其實是在現代科學與主流醫學的整體思維脈絡下，「不得不然」的共業之果。

如此說來，「現代人不得善終」的困境，豈非完全無解？當然不是！生命困境的解套，絕對不在於仰賴生物及醫學科技的進步與否，而在於生命哲理的洞見與自覺！

在此我要引用數學概念來為生命方程式解套！從數學的「集合（set）」與「定義域（domain）」的概念來看，在低階的數系或定義域有限的集合中，「看似」無解的算式或問題，放在高階的數系或者定義域擴大的集合中，即有可能迎刃而解。當一個算式或問題「看似」無解，往往並非問題本身無解，而是所給的數系集合或定義域太小了。

生命的方程式，如果放在只有「一生一世」的有限封閉思維架構中，最後只有一個結論——就是「此題無解」。但是如果放在「十方三世」的宏觀開放思維架構中，則不但可解，而且帶來無限的希望。

從以上的哲理分析，各位讀者應該可以了解，現代人不得善終的根本原因，其實還不在於現代主流醫學的科技層面，而是在於其解讀生命的意識形態，或者更明確地說，在於現代主流醫學對於人類「生命」的根本觀點過於「物質科學化」以及「生物學化」了，而幾乎將人類「心靈、靈性、心性」的層面遺忘、忽視、排除或者邊緣化了。

因此，若是想要「解決」——或者（最起碼）能夠「改善」——現代人不得善終的困境，根本之道，在於改變我們對於「生命」的基本認知與態度，像古人一樣回復對於生命「心靈、靈性、心性」層面的終極關懷，最好能夠將「心靈、靈性、心性」回歸到生命的核心，並且能夠體認到靈性生命的無窮無盡及其永續經營。

## 現代人的生老病死 V.S. 現代社會的醫療體制

對照古今，無論中外，古代人出生在家中，養病在家中，老死也在家中。現代人出生在醫院，治病在醫院，復健在醫院，（即使不在醫院休養復健，遇有緊急狀況，還是立即送往醫院），最後老死也在醫院，連「死亡證書」都要醫師簽署才合法有效。可以說，現代人的「生、老、病、死」已經離不開醫院了，或者說得更精確一點，現代人的「身心健康」以及「養生送死」，已經離不開當今的醫療體制了。演變至今，造成現代人過度依賴醫院及醫療體制，這究竟是福？還是禍？我不得不說：既是福，也是禍！

在現代社會的整體醫療問題當中，還存在著一種極其微妙且影響深遠的弔詭情境，就是現代文明在其發展的過程中，孕育及型塑了現代主流醫學，而現代主流醫學又在其自身的發展過程中，演變成為每一個國家社會當中極其龐大而且錯綜複雜的醫療體制。此一體制因為掌控了社會資源與專業資訊，無形之中也掌控了我們每一個人的身心保健與生死大事。作為實存主體的每一個現代人——不管是達官貴人還是升斗小民，也不管是醫護人員或是病人與家屬——不論窮通禍福與貧富貴賤，落在現代醫療體制的這樣一張天羅地網當中，個人往往顯得渺小無助而且身不由己。

即使是醫護團隊——他們站在臨床第一線直接面對末期與臨終病人的生死情境，當醫療科技已經到達極限，而病人終究回生乏術之時，眼看著病人的生命現象就此停擺而消逝，絕大多數醫護專業人員的心中也是充滿了焦慮、無奈與嚴重的挫敗感。其實現代醫學教育訓練體系以及現代社會的整個醫療體制，已經預設或是蘊含了這種無可避免的無奈感與嚴重挫敗感。

然而，這種挫敗感並不是絕對不能超越克服或突破的，從「專業實務」的觀點而言，這是需要在「醫學教育及訓練課程」中注入人文關懷的素養以及現代生死學的內涵，同時也需要在「醫療政策及法規」以及醫療臨床實務中注入人文關懷的元素與靈性關懷的內涵。從「專業人員」的觀點而言，醫護專業人員在其養成教育過程中，除了醫療、藥劑、護理等專業訓練之外，還需要有足夠的人文關懷與靈性關懷的培訓，他們在臨床親身面對病人的生死情境時，才有可能實質地幫助病人及家屬處理生死大事的課題。

## 現代社會的醫療體制的層面分析——現代人的「善終課題」不只是醫療實務問題，更是醫療文化與生命靈性關懷的問題

現代醫療——包括醫療、護理、公共衛生、疾疫防治，乃至全民健保、醫療政策、法規等面向，已經不只是一種專業科技知識或專業實務而已，而是不斷演變成國家社會的一種龐大而且複雜的體系和機制，其龐大、複雜的程度，已經遠遠超過一般老百姓所能理解和想像的範圍。

經過我多年的觀察分析，現代社會的整體醫療系統與架構（包括醫藥、護理、保健、公共衛生、疾疫防治、醫療政策、臨終關懷等），包含有六大層面：一、醫學理論與醫療科技層面；二、醫院醫療行政與管理層面；三、國家公衛與防疫

系統層面；四、國家醫療政策、制度與法規層面；五、全民醫療文化與素養層面；六、生命靈性關懷與照顧層面。

接著就以上所述現代醫療體制的六個層面，一一為大家分析解說如下：

**一、醫學理論與醫療科技層面**

此一層面包括基礎醫學、生理、病理、病毒、藥理、檢驗、診斷、治療、護理、公共衛生等科學理論及臨床實務與技術之研究發展。就臺灣的醫療科技水準而言，可以說是世界一流，與歐、美、日各國相比也毫不遜色。甚至有不少這樣的例子，在其他國家，讓他們的醫療團隊束手無策的疑難雜症或罕見病例，都送到臺灣來醫治而康復。

然而，單靠醫學理論及醫療科技這個層面，還不足以完全保證我們的疾病得以治癒，身心健康得以維護，還需要有第二個層面——亦即需要醫院內部醫療行政與管理的有效配合，否則即使是華陀在世，病人的身心健康仍然難以維護，甚至於生命都有可能不保。

**二、醫院醫療行政與管理層面**

此一層面包括醫院內部醫療的作業流程、醫院的行政體系、醫護管理制度，以及全民健保之實際運作，甚至於醫院與醫院之間的院際互動、合作交流、人員技術支援、病患轉診……。

大家都有到醫院體檢、看病、住院治療或是探病、照顧親人的經驗，我們在醫院裡所接觸到的，除了醫師、護理師、藥師、檢驗人員、行政人員、社工人員、義工……，還有另外一層無形的醫院行政管理文化。譬如我們到臺大、榮總、馬偕、耕莘、慈濟、長庚等公、私立醫院，會有不同的感覺，就像是我們到不同的大學，會感受到不同的「校風」與「校園文化」。其實，每個醫院都有他自己的「企業文化」，這一層看似「無形」的企業文化，會在某種程度深深影響到他的整體行政管理效率以及醫療品質。

大家都聽聞過這樣的新聞報導，人體的器官只要是具有左右二個部分的——譬如腎臟、肺臟、手腳、耳目等，醫師在動手術的時候，就有可能會弄錯邊，例如：本來是要將左腳截肢，結果卻鋸掉右腳；本來應該摘除右邊那顆已經壞掉的腎臟，結果卻拿掉左邊那顆好的。此外，還有一些大家都聽過的烏龍事件，例如：在醫師開完刀之後，剪刀、紗布等忘了拿出來，就直接縫到內臟裡面。這些可都不是天方夜譚，而是確確實實不斷發生過的醫療事件——過去已經一再發生，現在仍然很可能發生，未來難免不再發生。

在古代，醫師和病人的互動關係幾乎都是一對一的，萬一出了問題，「冤有頭，債有主」，責任歸屬很容易查清楚。現代的醫病關係，已經不再是醫師和病人兩個人之間一對一的互動關係，而是牽涉到醫療系統錯綜複雜的「網絡關係」——

包括：醫師、病人、護士以及醫院裡各科部門，甚至於整個醫療體制。

我們到醫院掛號看病，如果是比較嚴重的問題，往往在醫師親自正式問診之前，就已經被安排先行作了一系列的檢驗項目：抽血、驗血、驗尿、照 光、超音波、斷層掃描等等，不一而足。這些檢驗部門的人員，根本就不在意也無暇顧及，受檢驗的病患究竟是「張三」還是「李四」，所有的「病人」都被「非人格化」——也就是「事件化」與「數據化」了。然後，所有檢驗的結果，都轉換為數據報表、圖表或影像，用紙本送達或者用電腦網路傳輸到醫師桌上，醫師再根據這些檢驗結果的「數據、圖表或影像」資訊，來面對病人問病、診斷，接著開處方、下藥，或者判定要用什麼樣更進一步的方法治療。

萬一在這些檢驗的流程中張冠李戴，譬如張三和李四的血液或尿液試管弄錯了，兩個病人都可能遭受無妄之災，被誤診、誤斷及誤療，嚴重的話甚至於性命不保。我在美國進修的時候，有一位住在德拉瓦州（Delaware）的舒師姐，來費城聽我的佛學講座，她是德拉瓦州榮民醫院的資深檢驗員（現已退休）。她告訴我，在她三十多年的醫療檢驗生涯中，看過太多病患因為醫療檢驗疏失導致醫治不當而喪命冤死的案例，那些往往都不是因為醫療科技不足或者醫術落伍的問題，而是在醫院內部行政和管理上出了差錯——多半是人為的疏失——而導致的後果。也因為是醫院行政「系統」的一部分或整個都出了問題，所有的「相關人等」統統都極力推卸責任，病人到底是「怎麼」死的？沒有人講得清楚，也沒有人能夠查得清楚，即使家屬打官司，也是無法查出真相，冤情就此石沉大海。

有關醫療檢驗的問題，在此舉一個值得深思的實際案例，二十多年前，我在美國念書的時候，有一次在公共電視頻道上，看到一樁醫療疏失訴訟案例的專題報導節目，印象非常深刻。有一位女士覺得她自己身體的某個部位不舒服，就到醫院做檢查，也作了切片，檢驗出來的結果是「正常」，可是她不舒服的感覺一直沒有消失。之後幾年，她又連續到醫院做了好幾次檢查，結果居然也都是「正常」。可是那種不舒服的感覺不斷地困擾著她，最後檢查的結果終於確定是得了癌症，但是已經拖過了治療的黃金時期。病人一氣之下，告上法院，因為事涉醫院內部的醫療作業流程以及行政管理，牽扯到的「人」與「事」範圍頗廣，因而纏訟多年，官司最後打到了最高法院，甚至於引起國會的重視，當事人還到國會去聽證。

該節目製作單位特別安排了一位資深的醫師針對案情作分析及評論，從檢驗檔案調出來最早的切片影像資料來看，其實已經有初期癌細胞的蹤跡了，乍看之下雖然不是很明顯，但是一位經驗老到的檢驗人員，只要用心花個三到五秒鐘，就可以從顯微鏡中看出端倪來。然而，很不幸地，也許檢驗人員經驗不足，或是根本就不用心，或者一時眼花，或者工作量太大，不願意花個三到五秒鐘，只花了一到兩秒鐘瞄一下就過去，所以沒有看出異常。但是，接下來連續幾年，每次檢查都是這種情況，就有點離奇了，害得這位女士在最後確定得了癌症之時，已經到了末期而嚴重地延誤了治療的時機。當時我看了這個節目之後，不勝感慨，唉！這位女士實在是「有夠衰」（臺語）！

因此，我由衷地提醒各位讀者，您的病痛或身心健康問題是「絕對」不能光靠醫師或醫院的，而是「千萬」要在平日就多多注意自我保健與養生之道，增強自我免疫力和抵抗力，自求多福。

我會這麼說，絕非否定醫師的貢獻與醫院的功能，也沒有任何不敬之意；而是要說明一個「硬道理」，當世間的任何事物或事務演變成一個龐大的社會「系統」或「體制」的時候，它就往往會"out of control"（超出個人能力可控制的範圍）。在現行的「醫療體制」下，就連醫師個人、醫療團隊和醫院的管理階層也有他們自己的限制、困難與無奈之處，他們本身也有一肚子苦水想要吐。

多數一般大眾可能都不了解，當醫師得知自己得了癌症之後，他們的恐懼感往往遠超過於一般老百姓，為什麼？因為有些事情知道得愈清楚，恐懼感就會愈大。醫師不但對於疾病的認知與治療的過程，比一般社會大眾更為了解，而且對於醫院內部醫療行政系統的熟悉程度，也遠超過一般社會大眾，深知「個中三昧」。各位讀者如果看過《白色巨塔》這部小說或電視劇，就會了解我想要表達的觀點。

### 三、國家公衛與防疫系統層面

此一層面與醫院醫療行政管理有密切的相關，而且超越個別醫院內部的管理系統，上達到國家級的國民健康維護策略及控管層面，這是攸關全民身心安危的醫療防疫體系問題。客觀而言，臺灣醫療防疫體系的設置與世界各先進國家差距不大，但是「徒法不足以自行，徒善不足以為政」，古有明訓。這個問題在平常太平日子裡，不太會有人關注，一旦有疫情爆發才會凸顯出來，屆時大家才猛然發覺在醫療體系中各個環結的螺絲都鬆脫了，或者是發條沒有上緊。

活生生的例子是，當二〇〇三年 SARS 疫情突然爆發之時，全世界都拉起了防疫的緊急警報，我們才發現全臺灣幾乎都沒有預先儲備防疫的相關用品與設備，譬如醫用口罩、防護衣等等，這個也缺、那個也少，醫院裡面多半沒有負壓隔離病房，感染科的人力與訓練皆不足。在如此危急的情況下，防疫管控動線形同虛設，一旦展開防疫作戰就面臨左支右絀的窘境。

面對這樣一個來源不清、身分不明、不知如何面對的新型病毒，其實醫師遠比受到感染的病人以及社會大眾還要恐慌。當時在某些醫院裡，居然還發現醫師擅離職守者有之，逾假不歸者亦有之。當然也有醫護人員不顧個人安危，勇敢地照顧病人，自己卻不幸感染病毒，甚至有人殉職身亡，令人感動與惋惜。

在 SARS 疫情造成社會恐慌之際，有醫護人員不幸感染病毒而殉職身亡，問題並非出自於醫療科技不足，而是在於醫療行政管理上以及在疫情通報上有嚴重的缺失與漏洞。諺云：「前事不忘，後事之師。」我們由衷地希望各個層級的醫療與衛生主管單位都能記取教訓，未來即使有另一波疫情來襲，也不要讓這種疏失及不幸的事故再度發生。

從以上的舉例說明及分析，大家就可以了解醫療行政與管理層面與全民健康的關聯性與重要性了。不過，在這個層面之上，還有範圍更廣、影響更大的層面，就是醫療政策、制度與法規層面，對於全民的身心健康影響深遠，值得大家省思與關注。

## 四、醫療政策、制度與法規層面

此一層面包括國家整體醫療政策、制度與法規之建立，以及健保政策與相關法規之制定與實施。乍看之下，這個層面似乎與個人健康問題的距離頗為遙遠，沒什麼直接關聯，其實不但關係重大，而且影響到後代子孫。我就以「健保」為例，來談談這個層面的問題。

先從美國談起，我在一九八七年負笈美國，隔年遇到四年一度的總統大選，在競選期間有總統、副總統候選人的電視辯論轉播，當時我根本就毫不關心，所以也沒有留意，一方面因為那時我的英文聽力還不夠好，另一方面我覺得那是美國人「他們家的事」，和我沒什麼關係。

四年之後，又遇到總統大選，這時我的英文聽力大有進步，而且也深深體會到，要向美國人介紹佛學、談論宗教，不能不了解美國社會的方方面面，而美國總統大選是了解美國國情的一個絕佳機會。因此，在大選期間，每一場總統、副總統候選人的電視辯論轉播，我都全程收看，用心聆聽，就是為了要了解他們都在辯論些什麼議題。

美國總統大選的電視辯論，不僅僅是選戰的重頭戲，其實也是反映了全美國老百姓所關注的各項國計民生議題，從國際事務、國防、外交、反恐，到內政、治安、經濟、財政、稅收政策、教育、醫療健保政策等。其中醫療政策以及健保制度，都是政見與政策辯論的重頭戲，也是正、副總統候選人的必考題。

從一九六〇年代以來，對所有歷任的美國總統而言，醫療健保都是非常傷腦筋的課題。最近歐巴馬總統力推的「病患保護與平價醫療法案」（Patient Protection and Affordable Care Act），號稱「歐巴馬健保法」（Obamacare），目的是要削減健保支出，並提供所有美國人能負擔的健保照顧，但是因為預算和財源的問題，引起眾議院共和黨人與保守派人士的反對與杯葛，可見醫療政策與健保制度的複雜性。

再回過頭來看臺灣，我們的「全民健保」有沒有問題？問題在哪裡？優劣何在？先講優點，臺灣的醫療享譽國際，物美價廉（「俗擱大碗（臺語）」），與歐、美、日各國相比，醫療費用低廉許多。根據英國《經濟學人》雜誌的評比，臺灣的全民健保堪稱全球典範，在醫療需求、醫療供給等項目上，都獲得讚賞，全世界排名第二，僅次於瑞典。

再者，臺灣醫師的專業水準很高，讀醫學院的幾乎都是全臺頂尖的學生，執業之後絕大多數都非常敬業，勤奮賣力，這是歐、美各國都很難比得上的。在歐、美各國看病，若非緊急手術或拔牙，掛號排隊往往要等好幾個月，甚至半年以上，在臺灣看醫師，方便快速多了。因此，近幾年來，很多早年移民美國或者在美國定居多年的臺灣人，上了年紀之後都紛紛「鮭魚洄流」、「落葉歸根」，回到臺灣定居，為的就是有個能夠「安心養老看病」的歸宿。

我們的「全民健保」既然這麼好，那還會有什麼問題呢？問題就出在：「天下沒有白吃的午餐！」就算有「白吃的午餐」，也總得要有人出面「買單」吧！臺灣有句俗諺：「有一好，冇二好。」換句話說：如果「又要馬兒好，又要馬兒不吃草」，到頭來就會變成「古道、西風、瘦馬，斷腸人在天涯」，基本上，這是相互矛盾的，這也就是臺灣「全民健保」的根本問題之所在。

「全民健保」究竟是「保險」？還是「福利」？這就是問題的關鍵。就文字上來看，「全民健保」這個語詞本身就隱藏著一個難解的問題，就是在「名」、「實」之間，存有重大矛盾，我來為大家分析一下。

從字面上來看，「全民健保」應該是健康「保險」，是不？如果是「保險」，就「保險產業」而言，要能夠「永續經營」，是不可能賠錢或虧損的，而是要有盈餘，最起碼要能夠「收支平衡」，否則撐不了多久就倒閉了，所以保費就不可能非常「平價」版的這般便宜。

然而，從另一方面來看，「全民健保」的對象是「全民」，而且是「強制性」保險，只要有中華民國國籍而且在臺灣設有戶籍者，無論何人都「必須」參加健保，除此之外，還包括外國留學生、移民，甚至外勞等都要納入。它的主要精神就是「大病看大醫院，小病看診所」，任何人看病，除了支付掛號費外，病人只須分攤部分的醫療費用。

再者，「健保」不只是「被保險者」付費而已，「企業」和「政府」也都要分攤，各公司行號有替員工加「勞保」者就一定要替員工加「健保」，因為兩者的加保金額都是以「勞保」加保金額為依據，所以「健保」是跟著「勞保」走。現行法令規定：僱主每個月為員工負擔之健保費為六成，員工與眷屬自付三成，政府負擔一成。這樣看來，它幾乎就是一種「福利」了。

說來頗弔詭的是，中國大陸的經濟是走「社會主義路線」（或者說是「國家社會主義路線」），他們的醫療卻是走「資本主義路線」；而臺灣的經濟是走「資本主義路線」，我們的醫療卻是走「社會主義路線」（或者說是「社會福利國家路線」）。當初在李登輝主政時期，就為了「全民健保」到底要走「保險」還是「福利」的路線，左右為難，後來因為「選票」的考量，就不斷地往「福利」的方向傾斜，而走到今天這個地步。

這樣子不好嗎？當然也不能說不好，不然為什麼世界各國——甚至包括一些先進國家——都紛紛來臺灣觀摩、取經？但是他們都是霧裡看花，根本就不知道、也很難理解這是一種「臺灣奇蹟」——是在臺灣這種特殊且獨有的時空背景下才可能開花結果，這種制度堪稱舉世無雙，而且只有在臺灣才會「成功」，如果移植到其他任何國家都一定會「破功」（失敗）。

臺灣健保的根本問題在於沒有「量入為出」，我們走的是「福利」的路線，但是我們的「稅收制度」卻完全不是像瑞典那樣福利國家的高稅率制度，所以「入不敷出」。而且健保號稱「吃到飽」，民眾看病取藥沒有節制，造成嚴重的浪費，這就是臺灣健保最大的隱憂。不少有識之士都在憂慮健保究竟還可以「撐多久」？就算是政府買單（政府哪來的錢？還不是轉嫁給全民），勉強撐住，也是寅吃卯糧，「債留子孫」啊！

大家只看到臺灣健保的優點，卻沒有看到——或者有意、無意地迴避——其內在的危機，長此以往如果一直不改革的話，崩盤的可能性就會愈來愈大。再者，目前醫學院的學習風氣也不斷在改變，學生競相朝向負擔較輕、風險較低、收入較豐的「醫美」方向發展，造成所謂的「內、外、婦、兒」等核心科別「四大皆空」，支撐臺灣健保的醫療專業支柱能夠再持續撐多久？這也是值得憂慮的。

醫界和學界對於如何解決健保問題，一直有不同的聲音與爭議。公衛學者認為：「小病不保，對窮人不利；小病不治，會變成大病」，這個觀點非常符合絕大多數民眾的看法。但是，早年臺大醫學院畢業、長期關注健保發展的前立委沈富雄醫師則持相反的意見。在他看來，每十個病人當中，有七個不用看醫師、自行買藥吃都會好；有二個半非看不可，而且要看好醫師、在好醫院治療；剩下那半個是怎麼治都不可能會好。沈富雄一語道破：「講白了，大部分醫療提供者都在賺那七個人的錢，而其實醫界要力拚的是努力救治那二個半人的命，但公衛學者在意的卻是那七個可看可不看的人。」我非常支持他的看法。

根據前衛生署長楊志良的分析：健保如果只是為了個人財務風險的保障，那麼就應該保大病而不保小病；但是如果是為了追求個人健康，那麼就應該從平衡日常飲食等預防保健著手，更不應該保大病，因為保大病的成本效益最差，就像治療癌症的標靶藥物，其實效果不大，卻要花很多錢。但是他也特別指出其中的矛盾與兩難：我們的健保經費有將近三分之一的支出（一千五百億元）是在病人死亡前三到五個月花掉的。如果你知道病人短期內終究會死，為什麼要救？但是如果你不救，又怎麼知道救不活？

這就觸及到了生命更深層的問題：到了一期生命的最後階段，我們每一個人的

「生命尊嚴」與「死亡尊嚴」究竟是擺在醫院的手術檯上由醫師操刀掌控，還是讓自己可以優雅地自主掌握？我個人一直長期關注生死的問題，雖然不是健保的專家，但是我觀察到有些國人喜歡「逛醫院」，除了浪費醫療資源、消耗自身的福報外，其實也容易在醫院裡遭遇到不必要的感染風險。

其實我們每個人的身心健康，主要是建立在自我養成的日常健康生活習慣上，包括正常的起居作息、飲食、運動、睡眠等等，而不是完全仰賴外在的醫療和健保。如果大家能以「惜福」的觀點，幫後世子孫多留一點資源，健保可以走得更久。並且如果能早一點對自我生命的永續經營，積極規畫，後半輩子的生活品質，可以更自在、更優雅，更有把握「瀟灑走一回」。

## 五、全民醫療文化與素養層面

此一層面包括全民的醫療文化之建設，醫護教育之普及，全民衛生習慣之養成，民眾飲食及用藥觀念之導正等等。

其實，全民的健康問題，不只是醫療實務、健保政策及制度問題，更是醫療文化與公民素養問題。我舉一個實際的例子，讓大家了解問題之所在：臺灣民眾的洗腎率，在全世界排名第一，為什麼？

南華大學生死學系規定大四的同學必須要作「畢業專題」，通過才能畢業，前幾年有一組同學的畢業專題，是針對民眾「冬令進補」的飲食文化而作的田野調查研究，而以嘉義大林地區的「薑母鴨」、「羊肉爐」等餐廳作為田野場域。同學們除了到餐廳訪談一些消費「進補」的民眾，也訪談那些餐廳的老闆。

有趣的是，那些餐廳老闆他們自己都說：像「薑母鴨」、「羊肉爐」這麼「補」的料理，其實「不宜」經常吃，一個月「補」個一兩次就夠了，如果每個星期都來「補」一次，就有點多了。但是有不少客人三天兩頭就來「進補」一次，還有一些客人在冬令期間「天天」都來報到，「大補特補」一番，長此以往身體怎麼受得了？到時候不洗腎都算是奇蹟！但是為了做生意，餐廳老闆也不會勸那些客人不要上門。

還有一個大家都很熟悉的社會現象，同時也是很嚴重的醫療文化問題，就是臺灣民眾很喜歡買藥、吃藥。臺灣的旅遊業有句順口溜，描述一般民眾外出旅遊時，不管在國內還是出國，都是「上車睡覺，下車尿尿，逢店買藥」，很生動地反映了臺灣老百姓的藥品文化。

此外，臺灣的地下電臺充斥，特別是在南部，一打開收音機所聽到的，幾乎都是賣藥的廣告。我曾經有一段時間很認真地去聽這些賣藥廣播到底在講些什麼內容，聽了之後，哇！不得了！電臺賣藥節目的主持人，個個口若懸河，說得天花亂墜，以民眾身心健康為己任，所推銷的藥品項目內容應有盡有，從頭頂到腳底，從內科到外科，從皮膚到血管，從筋骨到關節，眼、耳、鼻、舌、身、心、肝、脾、肺、腎、五臟六腑無所不包，而且藥效神奇，藥到病除，宛如扁鵲重生、華陀在世」。其實，那些藥大都來路不明，有很多摻有類固醇，吃多了不洗腎才怪。

臺南市政府曾經因為多起民眾檢舉，控訴地下電臺的藥品廣告混淆視聽，危害民眾健康甚鉅，市政府衛生局就招募了一批大學生來「監聽」那些地下電臺的「藥品」廣播內容，結果這些大學生聽了之後，居然說他們都好想去買那些藥來吃吃看，可見那些「地下電臺黑心藥商」的「魔力」有多強！

提升及保障全民健康的根本之計，絕對不能只是仰賴醫療科技的進步與健保制度的普及，而是必須透過推廣教育提升全民的健康生活認知、態度與習慣，以及全民的醫藥文化素養與水平，同時在政策及法規上有配套措施，才能有效防範或遏止像地下電臺那種殘害全民健康的黑心廣告手法，否則無論醫療再怎麼先進、健保再怎麼全面普及，都只是在「補破網」而已，而且補不勝補！

臺灣的高齡（六十五歲以上）人口在一九九三年底就已經超過總人口的百分之七，預估在二〇一八年將超過百分之十四，進入高齡化社會，老人的健康照顧就成了嚴重的社會問題。鑒於人口結構持續老化將增加長期照顧的需求，因此政府近年來積極推動「長期照護」相關方案，希望能建構完善的「長期照顧制度」，以滿足高齡化社會的需求。

自二〇〇八年十二月起，行政院經建會、衛生署（現已改制為「衛生福利部」，簡稱「衛福部」）會同內政部開始著手進行「長期照護保險」（簡稱「長照保險」）之規畫，衛生署並於二〇〇九年七月成立「長期照護保險籌備小組」。在廣納社會各界的意見後，決定採用「社會保險」方式，並且朝向「全民納保、分攤保險費」的方向規畫，發揮全民自助互助的精神，以分散風險，即使是失能者在長期照護保險給付下，也能夠獲得適當的長期照護服務，以減輕其本人及家庭之財務負擔。

立法院已經初審通過了「長期照護服務法」草案，眼看著長照保險上路即在，社會大眾已經開始擔心保費要如何計算？荷包還要失血多少？衛福部長邱文達在接受媒體採訪時指出，目前健保的規模每年大約新臺幣五千億元，而長照服務估算大約一千億元，「長照保險費」將與「健保費」連動，衛生福利部初步精算，同樣採取「全民強制納保」的「長照保險費」約為「健保費」的四分之一到五分之一，換句話說，未來每個人每個月需要多繳二百到三百元。

邱文達頗為無奈地說道：要跟民眾收錢，一定會被「罵到亂七八糟」，但這是任務使命。其實，社會大眾都只是看到問題的表面，因而在保費上面斤斤計較，卻沒有看到花在「進補」、花在地下電臺「黑心藥品」的金額，卻是保費的百千萬倍以上，而且還要賠上自己的健康甚至於生命。

政府決心要推動長期照顧，其實是反映未來社會的迫切需求，立意甚佳，值得肯定。但是如果只是停留在「社會保險」的政策和制度層面，我非常擔心十之八九會重蹈「全民健保」的覆轍。我認為，政府希望維護全民的健康以及照顧老人的安養問題，絕對不能只是著眼在「社會保險」的政策和制度層面，而是要從全民身心健康教育以及醫藥認知文化素養層面紮根，才是根本之計。

## 六、生命靈性關懷與照顧層面

高齡族群的長期照顧，其實還有另一個更為深刻的生命層面，就是「生命靈性關懷照顧」的層面。長期照顧的目標，如果只是著眼於身體健康層面，必然會遭遇到終極的障礙與瓶頸，因為我們的肉體生命是有極限的，高齡族群的身心狀況是處在生命曲線不斷下滑的狀態，年長的族群遲早都會罹患退化性疾病，諸如：癌症、中風、心血管疾病、失智等，現代醫學無論再怎麼進步，也無法徹底解決老化與老年疾病的問題。這些疾病的特點，就是病況緩慢，卻不斷地惡化，症狀愈來愈多，令病人與醫療團隊窮於應付。因此，我們不能只是停留在「身體照顧」的面，而必須提升到「靈性照顧」的層面，才能真正有助於老年長期照顧的品質。

從我所提倡的「生命的永續經營」觀點來看，高齡族群的長期照顧目標，不是一味地「求長壽」而已，而是要「求善終」，甚至於最高目標是要「求往生」。然而，要能夠實質地「如願往生」，就不能一味地延長有限的肉體生命現象，而致大幅地拖過了「人生的賞味期」，到頭來變成了「生命的延畢生」，甚至於還要一再地「加碼」進行急救，直到耗盡病人的精神及體力，最後衰竭而亡。反而是要保留足夠的精神及體力，預知時至，然後安然「往生」到個人信仰上或者心目中的歸宿。

高齡族群的長期照顧問題，要從「整體」及「個體」兩方面來看待，從國家「整體」的觀點來看，這是涉及全民身心健康、社會福祉、經濟、政治乃至國安的重大課題；從每一個人「個體」的觀點來看，這還不只是身心健康的醫療照顧問題，更是「安身立命」與「生死安頓」的生命哲思問題。借用傅偉勳教授的說法，這是我們每一個人都必須面對的「主體性生命自覺」課題，所謂「主體性」，用白話的說法，就是「任何旁人都無法代勞，而必須自我承擔的」，套用禪門的說法，就是「個人吃飯個人飽，個人生死個人了」。每一個人的生死大事，只有自我承擔、自我覺悟、自我了脫，任何他人都無法代勞，就算是諸佛、菩薩、上師也只能從旁開示、啟發、引導、護念、接引，主體功課必須自我親身完成。

面對高齡族群的長期照顧問題，國家不能沒有政策，不然會演變成國安問題，但是徒有政策也不一定能解決問題。如果政策研擬制訂得好，又推動、執行得順暢，也只是部分解決或緩和這個問題；如果政策研擬制訂得不好，上有政策、下有對策，恐怕還會惡化這個問題。大家要知道，大凡政府的公共政策，都必然會涉及資源與利益分配的問題，都無法避免選票考量、利益交換等等政治協商運作，到頭來都是經過各方一連串「妥協」的結果，距離「理想」的政策往往是非常遙遠的。

因此，大家千萬不要以為國家透過政策的制訂、推動、執行，就可以解決這個問題。高齡族群面對自己的安養問題，究竟是要靠國家、靠政府呢？還是要靠子女、靠兒孫呢？我想大家心裡有數，恐怕統統都靠不住。其實，個人的安身立命與生死大事等等，是靈性層次的課題，根本就不可能靠政府的政策、制度徹底解決，唯一能夠自我掌控的，就是靠自己提升自我靈性的層次，但是要及早「自覺」、及早準備，同時也要靠精進念佛（或祈禱），感應佛、菩薩（或上帝、真主）的護念、加持，以及在個人臨終時，親蒙佛、菩薩（或上帝、真主）的接引。（有關銀髮族的老年安養課題，我會另外專文討論。）

## 孝道的再省思

絕大多數現代人之所以不得善終，除了上述那些客觀的社會環境與醫療體制等因素外，還有二項直接關係到病人本身的重大因素：其一、是病人本身沒有「求善終」與「求往生」的心理準備，因而無法面對自我肉體一期生命「自然凋謝」的必然歷程與結局；其二、是家人不當的親情羈絆與錯誤的孝道觀念，以為現代的醫療科技可以奇蹟地避免或扭轉病人的死亡命運。絕大多數人或是出於無知，不了解肉體生命的極限以及醫療的限制，或是擔心受到親朋好友乃至左鄰右舍、街頭巷尾的輿論壓力，認為沒有為親人進行急救措施，就是「不孝」，因而多半會要求醫師盡一切可能救治到底。

我在課餘及公餘從事末期及臨終關懷二十多年來，可以說是看盡了「生老病死」和「生離死別」，讓我覺得最難過的事，莫過於我明明看到末期或臨終病人其實是有機會能夠善終，卻因為病人自己，以及家人的不當作為與決定，讓能夠善終的契機就這樣平白地點點滴滴流逝，最後病人受盡折磨、耗盡精神體力，有的痛苦地衰竭而亡，有的成為植物人掛在病床上，求生不得，求死不能。那些極少數人能夠逃過「現代醫療大刑伺候」這一劫而善終的，可以說「不是福報，就是奇蹟」。

沒有做CPR（心肺復甦術）就讓末期疾病的親人死亡，就是不孝、不愛嗎？不是的！蓮花基金會董事長陳榮基教授說得好：大孝與大愛並非不計末期病人的痛苦，一味地搶救到底，而是親切的陪伴末期親人，協助他／她坦然接受疾病與死亡，減少他／她在「身、心、靈」上的痛苦，協助他／她放下萬緣，安詳往生！

同理，沒有做CPR急救就讓末期病人死亡，就是醫師的失職及醫療的失敗嗎？不是的！陳榮基教授說：人生終究必有一死，絕症末期病人的死亡，是「大自然的生命機制」，並非醫療的失敗。未能協助病人安詳往生，才是醫療真正的失敗。我要再補充一句：未能協助親人長輩安詳往生，才是真正的孝道有虧。

為人子女或晚輩者想要克盡孝道，在父母雙親或長輩還很健康的時候，就該多加關心，即使因為實際工作及生活上的限制而無法承歡膝下、晨昏定省，也要不時地噓寒問暖，尤其現代社會的通訊、網購、宅配那麼方便，隨時隨地都可打個電話問候，逢年過節時團聚，以及在節慶、父母生日時送個禮物什麼的。千萬不要在平時就疏於關懷、罕於問候，到了親人末期臨終的時候，才想到要「把握機會克盡孝道」，卻因為快要沒有時間了，就不顧親人的痛苦而想盡辦法要求醫師急救。

在一九六〇年代以前，當疾病已經到了末期，而且藥石罔效的時候，醫師能做的就是跟家屬一齊「陪伴」臨終病人，讓他安然往生。但是自從一九六〇年代以來，醫療急救術——心肺復甦術（Cardiopulmonary Resuscitation，簡稱 CPR）以及相關急救方法與機器設備的發明問世，而且逐漸流行，反而讓醫師對末期和臨終的病人施予很多相當痛苦的急救措施，包括：CPR、插管、電擊等等，表面上看起來是在「盡力挽救生命」，其實是「嚴重地阻礙及破壞」末期病人的「善終權利與機會」。

絕大多數社會大眾可能都不知道，對臨終或沒有生命徵象之病人，所施予的 CPR 等急救措施，可是「全套」上陣而沒有「單點」的，其項目內容包括：氣管內插管、體外心臟按壓、急救藥物注射、心臟電擊、心臟人工調頻、人工呼吸或其他救治行為（例如：葉克膜 ECMO 等等），其實是非常痛苦、難忍的。

其實，CPR 等急救術有其運用的條件與限制，所可能救回來的情況是：突然心臟病發作、遭受電擊、溺水、嚴重外傷或可逆性呼吸衰竭等的病人，例如：二〇〇二年在英國火車出軌事故中重傷昏迷兩個月的香港鳳凰衛視主播劉海若；二〇〇六年在高速公路上車禍重傷的臺中市長胡志強的夫人邵曉鈴女士，她們都是從死亡的邊緣被救回來的。然而，絕大多數社會大眾都不知道，CPR無法救回慢性而且逐漸衰竭的年老末期病人，只是延長病人的痛苦與折磨，最後終歸一死。

還有一點絕大多數家屬不知道的是，在CPR的施作過程中，對於年老的病人，多半會壓斷肋骨、敲斷牙齒、引起大量出血，增加末期病人的痛苦。為了具體說明急救過程的恐怖實況以及我所言的可信度，在此特別引述國立陽明大學附設醫院內科加護病房主任陳秀丹醫師所著《向殘酷的仁慈說再見》一書中，陽明醫院前任院長唐高駿醫師推薦序中的一段現身說法，唐院長寫道：

我在接受住院醫師訓練的時候，自認熟悉所有急救技能，天下沒有C（心肺復甦術CPR的簡稱）不回的病人，每一次急救，感受到病人肋骨在我進行心臟按摩時折斷，空氣中充滿了因多次電擊的烤肉香氣，最後看到監視器上病人的心跳回穩，滿意地出去抽根菸，紓解興奮緊張的情緒，偶爾有的病患真的醒來而且出院，然而大部分病患在使用維生設備後幾天就過世，有些成為植物人永遠沒有醒來。

但是往往因為家屬的無知與堅持，或者醫師本身主觀上也不接受病人的死亡，而一心一意想要與病魔和死神對抗，而一再地對末期病人進行急救，甚至還「加碼」急救，再以機器與管線維持「生命跡象」，最後的結局是讓病人耗盡體力精神，「多重器官衰竭而死亡」。這就是在醫院裡不斷重演的生命落幕真實戲碼，毫無現代人應該享有的「死亡品質與尊嚴」可言。請問各位讀者：在這樣的死亡情境中，親情的關懷究竟何在？「孝道」究竟何在？

唐院長接著寫道：

過度無謂的急救，不但耗用了寶貴的醫療資源，更重要的是，當我們見到病人全身插滿管路，接著維生設備時，是否遵循著醫學倫理中「不傷害」原則？若病患表示她在臨終時不願意接受如此折磨，我們是否遵循了尊重病患自主原則？或許對病患而言，一個注定要走的人能平靜離開是一個最圓滿的結局。

俗諺云：「千金難買早知道，萬金難買後悔藥。」真正想要克盡孝道，除了父母及長輩在生時好好地奉養，到了他們生命末期、臨終時，千萬不要做出會讓自己後悔一輩子的錯誤判斷與決定。

二〇一三年五月，我在嘉義博愛社區大學講說〈安寧照顧與臨終關懷的核心功課與關鍵作為〉，有一位學員在課堂上分享了她的親身經驗與切身之痛。這位師姐的母親活到九十歲，因為跌倒送到嘉義聖馬爾定醫院。這位師姐是獨生女，沒有兄弟姊妹，母親的醫療與生死大事不會有任何人來干預，同修也完全尊重她的決定。她的兒子做過臺北某私立大醫院內科副主任，知道了奶奶的情況，就跟她說：「媽媽！不要給奶奶做任何的急救，奶奶身體那麼脆弱，急救的話，肋骨一定會斷掉，除了用藥物維繫生命，等我們回來，除此之外，一切都不要做。」

可是醫師已經幫老奶奶插了鼻胃管了，師姐說道：「插了鼻胃管，媽媽就不能說話了，我不知道她不能說話了，我每天去加護病房，一天只有三次可以看她，我看她的時候，她經常流著眼淚，可見她有很多話要跟我說，可是她無法跟我說。」

後來在母親往生之後，師姐回憶起那一段往事：「當時我在一種悲傷的心情下，只想到『我不能沒有媽媽』，就要求醫師想辦法留住媽媽，即使好不起來也沒關係，我只要求『媽媽臥病在床』，醫師為了達成我的願望，讓媽媽在加護病房待了七十多天。其實在媽媽住院後二十幾天，她就可以平安地走了，但是我要求醫師讓媽媽『臥病在床』，醫師就不斷地幫她插這裡、插那裡，結果眼看著母親的身體一天天在變化，不對……是身體慢慢腫起來了……。我一直很懊惱在十五年前做了一個最最錯誤的決定，我不應該那麼自私、貪心而讓母親『臥病在床』。後來我跟兒女說：『將來我有一天像奶奶那樣老的時候，千萬不要讓我像奶奶那樣臥病在床，那會很痛苦的！我只要等你們回來就好！』我後來又再想一想，兒女他們回不回來，其實都沒有關係。」

孝道也好，親情也好，到頭來卻由於眾生的無明而變質為一種將病人與家屬的生命統統都套牢在一起的痛苦桎梏與羈絆。就像這位師姐寧可要媽媽「臥病在床」，也不能「失去媽媽，讓媽媽就這樣走了」，結果卻讓媽媽在加護病房多承受了近兩個月的痛苦，留下的是心中無盡的悔恨。不過她很勇敢地站出來現身說法，希望其他的學員記取教訓，不要重蹈覆轍，也是功德一件。

針對絕大多數末期病患不幸遭遇到的急救困境，蓮花基金會董事長陳榮基教授提出幾點省思：「我們一定要不計任何代價地對抗生命本有的旋律與節奏嗎？我們一定要不計末期病人痛苦的代價而奮戰急救到底嗎？我們一定要以心肺復甦術（CPR）為病人送終嗎？」終歸一句，對於末期病人，CPR其實是無效的醫療，只是更增加及延長末期病人的痛苦而已，根本救不回病人的生命。

陳榮基教授和我不約而同地主張「拒絕心肺復甦術」、「拒絕插管」、「拒絕無效且增加痛苦的臨終急救術」。請大家特別注意，是「拒絕」急救，而不是「放棄」急救！這是讓親人能夠安詳往生的關鍵要素，我們從來就不曾見過末期病人經一再急救而能存活然後安詳往生的，全部都是在極端痛苦中「多重器官衰竭而死亡」！因此，我不得不說：「堅持要給臨終的親人急救的決定，其實是非常錯誤的『不孝之舉』！」

在親人生命的最後階段，想要「圓滿孝道」，關鍵功課其實是在於家人的「陪伴」，而且是「全程的陪伴」（可以由家人輪流排班），這也是讓臨終病人經驗他生命中最後而且是最重要的成長階段。各位讀者切記：能夠讓末期病人「享受全家人陪伴」的前提要件，就是「不施行心肺復甦術、不接受無謂的治療、讓病人能決定自己的事、讓病人免於現代醫療的折磨與摧殘、讓病人如同正常人般地受到尊重」。

## 安寧緩和醫療照顧的認知與善終的準備

接著向各位讀者介紹「安寧緩和醫療照顧」（亦即「安寧照顧」），希望大家對安寧照顧有基本的認識，然後可以和家人分享，讓全家人都有安寧善終的認知、共識與準備。安寧照顧（Hospice Care）的概念，最早起源於古羅馬時代，女神學家聖法比奧拉（Saint Fabiola，？—399）在羅馬首創開設照顧旅客、病人及臨終者的地方，稱之為："hospice"。當時的"hospice"並不等於現代的醫院（hospital），但可視為現代醫院的先河，因為當時"hospice"的主要功能是收容及照顧，而沒有提供治療。從"hospice"演變為"hospital"，也就是由「收容及照顧」轉變為「治療」，是在歐洲中世紀以後才發生的事情。

現代的安寧緩和醫療起源於英國，桑德絲女士（Dame Cicely Saunders）於一九六七年在倫敦創辦了聖克里斯多福安寧醫院（St. Christopher's Hospice），致力於絕症與末期病人的臨終照顧，而使安寧照顧逐漸在世界各地推廣，並且產生了專門研究以及從事臨終關懷的一門新的醫學分科，稱為「緩和醫學」（Palliative

Medicine）。透過他們的努力，運用現代科技加上人性化的照顧，讓大部分接受安寧照顧與緩和醫療（Palliative Care）的病人都能安詳往生、含笑而終。

臺灣的安寧緩和醫療是從一九八〇年代開始萌芽，一九八二年，康泰醫療教育基金會開始做「居家照護」的教育訓練；一九九〇年，馬偕醫院率先設立安寧病房，安寧照顧基金會成立；一九九一年，孫逸仙醫院將末期病患的照顧納入居家護理；一九九三年，康泰醫療教育基金會成立癌末照顧中心，這是一個專為癌末病患提供服務之居家照護單位；一九九四年，耕莘醫院設立聖若瑟病房，佛教蓮花臨終關懷基金會成立。

從一九九五年開始進入發展期，臺大醫院緩和醫療病房、北市忠孝醫院祥禾病房、嘉基戴德森紀念病房先後設立，臺灣安寧照顧協會成立；一九九六年，虎尾若瑟醫院安寧病房、花蓮慈濟醫院心蓮病房、聖功醫院聖方濟之家先後設立；一九九七年，大里菩提醫院安寧病房、臺北榮總大德病房、省立桃園醫院安寧病房先後設立、運動神經元疾病病友協會（漸凍人協會）成立；一九九八年新樓醫院馬雅各病房、成大醫院緣恩病房、嘉義聖馬爾定醫院安寧病房、高市民生醫院安寧病房、高雄榮總崇德病房先後設立；一九九九年，花蓮門諾醫院安寧病房、署立新竹醫院安寧病房先後設立，臺灣安寧緩和醫學學會成立。

到了二〇〇〇年進入蓬勃期，五月二十三日立法院三讀通過「安寧緩和醫療條例」，而且納入健保，六月七日公布施行，同年三軍總醫院寧境病房、臺中仁愛醫院、沙鹿光田醫院、中山醫學大學附設醫院、屏東基督教醫院等安寧病房、慈濟大林醫院心蓮病房先後設立；二〇〇一年，彰化基督教醫院、署立臺南醫院先後設立安寧病房；二〇〇二年，屏東民眾醫院、中國醫藥大學附設醫院先後設立安寧病房；二〇〇三年，臺中榮總設立緩和療護病房。

如今全臺灣各大公、私立醫院幾乎都有設立安寧病房，提供末期及臨終病人的安寧照顧。我之所以不厭其詳地列出上述這些資訊，主要是讓讀者們具體了解安寧照顧在臺灣的發展實況，同時也讓大家了解我們有這麼多安寧照顧的醫療資源可以充分運用。

安寧照顧從一九六七年發展到今日，已經成為全球性的醫療課題，連「世界衛生組織」（WHO）都非常重視。世界衛生組織對安寧緩和照顧的定義是，對「沒有治癒希望」的病患所進行的積極而「全面性的照顧」；除了控制疼痛及其他症狀之外，同時也解決心理的、社會的、及靈性的問題。照顧的目標，是為了盡可能提升病人和家屬的生活品質，達到最好的程度。換言之，雖然「疾病」已經確定是治不好了，但是「病人」需要照顧，而且是「身、心、靈」全面的照顧。這樣的原則其實不限於末期病人，在疾病診斷之初、治療開始時，就可以適用。

至於「什麼樣的病人需要安寧及緩和照顧？」大家一定非常關心這個問題，當然是指「沒有治癒希望」的病患。而所謂「沒有治癒希望的病患」，除了癌症末期病患以外，還包括愛滋病患、運動元神經病變（Motor Neuron Disease，或稱「漸凍人」）、慢性阻塞性肺疾（COPD）、肝硬化等等的病人，以及許多先天性代謝異常的病童等。

這些疾病有一個共同的特點，就是「病況緩慢」，但是「不斷惡化」，而且「症狀愈來愈多」，令醫療人員與病人窮於應付。既然疾病已經確定治不好了，或者肉體生命已經到了末期，就應該及早設置「停損點」，力求「善終」及「如願往生」，不然愈拖延的話，病人不但愈加痛苦，而且「善終」及「如願往生」的可能性也愈來愈低。

然而，十分弔詭的是，隨著現代醫療科技愈來愈進步，這種拖延的問題反而愈來愈嚴重，讓大多數末期病人求生不得，求死不能，拖到最後就是讓病人淪落到「多重器官衰竭而死」的地步。所以，我說：對現代人而言，「死亡」本身其實還不是最可怕的事，反而是病人一直掛在那裡、拖在那裡、耗在那裡，經年累月，好也好不了，死也死不了，一直要拖到「生命機能完全消耗殆盡」為止，那種情境才是最最最可怕的事情！

世界衛生組織針對安寧緩和照顧提出一些主張及期許：一、肯定生命的價值，而且將死亡視為一個自然的歷程；二、不刻意加速、也不延緩死亡的到來，末期與臨終病人的生活品質遠比生命的長短來得重要；三、有效地控制疼痛以及身體上的其他症狀，同時對病患的心理及靈性層面提供整體的照顧；四、提供來自周遭的支持系統，包括醫療、護理、社工、心理諮商、宗教靈性等等，以支持病患積極地活著，直到辭世，這個支持系統也協助家屬在親人患病期間以及喪親之後的心理反應都能有所調適。

以上這幾點，對於照顧末期或臨終病人，可說是非常重要的準則，請各位讀者認真地思考，最好能夠與家人分享，並且能夠形成共識。

安寧照顧的精神，就是"from cure to care"（從「治療」轉換到「照顧」）。大家必須認識清楚，「疾病」的「治療」是有其客觀條件的極限，「藥醫不死病」古有明訓，而「病人」的身心靈「照顧」是可以超越醫療的極限的。

另外我要特別指出的是，安寧照顧有別於一般常規醫療之處，其實並不在於其照顧的「場所」（亦即「安寧病房」），而是在於其照顧的「理念」與「哲學」，也就是以上所述的那些安寧主張。換言之，要對病人施行安寧照顧，不一定非得在安寧病房，也可以在家中進行。當然能夠在安寧病房進行照顧最好，因為有專業的醫療團隊和設備，可以隨時處理及因應任何突發狀況。

但是如果末期病人的狀況穩定，且已經決定不再做任何「治療」或「急救」的干預措施，而病人及家屬都希望能回到家中，讓病人能在自己熟悉的環境中安然往生，其實可以不必再繼續住院。

不過要將病人帶回家之前，家人必須共同討論、仔細評估：能否同心協力地全程照顧病人，一直到病人安然往生為止。如果家人能夠坦誠地溝通討論，並且達成具體的共識，包括：面對病人往生（實際死亡）的心理準備，實地照顧工作的分配，照顧相關開銷及費用的分攤，後事的處理等等，就可以準備將病人接回家中。

此外，在將病人接回家之前，還需事先完成幾項準備工作：一、準備（可租用或購置）一張電動醫療床，可以調整床墊的角度；二、準備一臺電動氧氣機（不是氧氣筒），可以到醫療器材行洽詢租用；三、因為病人仍然需要打點滴或營養液，可能需要動個小手術，在病人的手臂埋一根點滴針管；四、家中可能需要派人到醫院接受更換點滴袋的訓練；五、可能需要請一位有護理經驗的臨時看護，在白天時間到家中照顧病人。

安寧緩和醫療照顧是現代高齡化社會一項非常重要的醫療照顧資源，大家必須要懂得如何運用。我們每個人都有上了年紀的長輩親人需要特別的關懷照顧：父親、母親、祖父、祖母、外公、外婆……，他們遲早也都有需要用到安寧緩和醫療照顧的時候，因此，各位讀者不能不知道「預立安寧緩和醫療暨維生醫療抉擇」的相關訊息。

為了關心自己以及親人的生死大事，而且要能未雨綢繆，各位亟需了解下述各項有關「安寧緩和醫療」的重要資訊。

大家可以到離自家最近的地方政府衛生單位索取「安寧緩和醫療」的相關資訊及表格，或者直接上網用 Google 搜尋，只要在搜尋欄位上輸入「預立」二字，搜尋引擎就會自動出現「預立安寧緩和醫療暨維生醫療抉擇意願書」等的網頁連結項目，接著點選即可進入相關網頁。

二〇一三年五月十五日「行政院衛生署」（按：已於二〇一三年七月二十三日，正式改組升格為「衛生福利部」）公告，原四款意願書自二〇一三年五月十五日起停止適用，公告修正後有「預立安寧緩和醫療暨維生醫療抉擇意願書」、「不施行心肺復甦術同意書」、「不施行維生醫療同意書」、「醫療委任代理人委任書」、「撤回預立安寧緩和醫療暨維生醫療抉擇意願聲明書」等五種表單，可供民眾直接下載。

以「預立安寧緩和醫療暨維生醫療抉擇意願書」為例，有下列記載文字（節錄）：

本人＿＿＿＿＿＿（簽名）若罹患嚴重傷病，經醫師診斷認為不可治癒，且有醫學上之證據，近期內病程進行至死亡已屬不可避免時，特依安寧緩和醫療條例第四條、第五條及第七條第一項第二款所賦予之權利，作以下之抉擇：（請勾選☐）

□接受　安寧緩和醫療（定義說明請詳背面）

□接受　不施行心肺復甦術（定義說明請詳背面）

□接受　不施行維生醫療（定義說明請詳背面）

□同意　將上述意願加註於本人之全民健保憑證（健保IC卡）內

（簽署人為成年人或未年滿二十歲之末期病人，得依安寧緩和醫療條例第四條第一項、第五條第一項及第七條第一項第二款之規定，立意願書選擇安寧緩和醫療或作維生醫療。）

上列文字中之「**末期病人**」：指罹患嚴重傷病，經醫師診斷認為不可治癒，且有醫學上之證據，近期內病程進行至死亡已不可避免者。「**安寧緩和醫療**」：指為減輕或免除末期病人之生理、心理及靈性痛苦，施予緩解性、支持性之醫療照顧，以增進其生活品質。「**維生醫療**」：指用以維持末期病人生命徵象，但無治癒效果，而只能延長其瀕死過程的醫療措施。「**不施行心肺復甦術**」：指對臨終、瀕死或無生命徵象之病人，不施予氣管內插管、體外心臟按壓、急救藥物注射、心臟電擊、心臟人工調頻、人工呼吸等標準急救程序或其他緊急救治行為。「**不施行維生醫療**」：指末期病人不施行用以維持生命徵象及延長其瀕死過程的醫療措施。

簽署人可以就個人的意願，在以上四項意願的開頭空格內勾選，然後簽名，並填寫身分證統一編號、地址、電話、出生年月日。此外，須邀請兩位見證人，最好是自己的配偶及子女，也必須簽名，並填寫身分證統一編號、地址、電話、出生年月日。

簽署完成後，請自行保留意願書副本，並將正本郵寄到「臺灣安寧照顧協會」（新北市淡水區民生路45號），協會將彙整後送「中央健康保險署」登錄於健保IC卡（並將意願書掃描存檔），在健保IC卡內加入簽署人之意願，如：「接受不施行心肺復甦術（DNR）」（醫院應在病歷明顯呈現，二〇一一年醫院評鑑要求）。當病人（簽署人）緊急送到醫院急診室時，醫師如認定已無CPR的意義，可據此尊重病人意願，予以DNR，協助病人安詳往生。

我要鄭重地提醒各位讀者，末期及臨終病人「最最最」需要的就是「陪伴」，而且是「全程的陪伴」（家人可以排班輪流），絕對不是「治療」與「急救」。末期病人只要一急救，極有可能會救到「器官衰竭」而送入加護病房或呼吸照顧中心，屆時家人即使想要陪伴，甚至於想跟病人說上一句話，也都永遠不再有機會了！

因此，當親人長輩未來面臨一期生命的最後階段，為了要能夠全程陪伴他們，讓他們安然善終及如願往生，一定要及早為他們安排簽署「預立安寧緩和醫療暨維生醫療抉擇意願書」，而且要在他們意識清楚的時候就先行簽署，千萬不可拖到老人家意識不清、無法表達的時候；因為將來如果要住進安寧病房，醫院一定會問：病人事先有沒有簽署安寧意願書，萬一沒有，到了那個時候就麻煩了。

以我自己的父母親為例，早在二〇〇九年，我就安排兩位老人家親自簽署了「預立安寧抉擇意願書」，後來當我們決定安排媽媽從耕莘醫院轉入臺大安寧病房時，雖然她已經無法用言語表達，但因為已經簽署了安寧意願書而沒有健保法規和醫療行政程序上的問題，所以進住的過程非常順利，如果當初沒有簽署意願書的話，要住進安寧病房就會有困難。因此，我要再一次強調，請大家務必及早為自己的親人長輩簽署預立安寧抉擇意願書。

## 捍衛親人與自我的死亡品質與尊嚴——成立「往生後援會」以及組織「往生互助會」

雖然我一再強調要及早為親人長輩簽署預立安寧抉擇意願書，但是話又說回來，即使已經簽署了意願書，可能還是不夠的，因為那只是符合醫院的行政程序以及與健保法規所需而已。「徒法不足以自行」，古有明訓，實質上，一紙文書「並不足以完全保障」個人的死亡尊嚴與死亡品質，還必需要得到全家人的認同，形成共識與全力護持。

以我母親為例，儘管已經簽署了安寧意願書，但是從她住進耕莘醫院到轉入臺大安寧病房，兩家醫院病房的醫師們都一直要求為她插鼻胃管，再加上好幾位南華大學生死學研究所畢業的校友（同時也是資深護理師）都質疑我為什麼不讓媽媽插鼻胃管，就是因為我堅持拒絕以及三個弟弟的共識護持，媽媽才得以「避過一劫」，免除了插管的無謂折磨與痛苦，換作是其他人的話，哪裡擋得住各方質疑的壓力，鼻胃管早就插上去了啦！

此外，還有一個非常嚴重的現實情況，大家必須特別留心預防的是，就在病人能否真正善終的關鍵時刻，往往會有自家人出來攪局甚至於破壞，特別是那些遠從國外趕回來的家人。因為他們長年居住在國外，沒有機會好好地「克盡孝道」，所以就一心想要把握這「最後」僅有的機會「一盡孝道」，而他們往往會主張（甚至於堅持）對病人進行「一切必要的」——而其實是完全沒有必要的——急救措施。遺憾的是，其他的家人也往往不敢或不願出言反對或出面制止，而任由這一類「海歸派」暨「急救派」主導，最後的結局——也是唯一的結局，就是病人因不斷地急救而導致「多重器官衰竭而亡」，全家人陷入無盡的悔恨，但是已經來不及了。

因此，我鄭重地告訴各位讀者：屆時當自己的親人長輩到了面臨能否善終及如願往生的緊要關頭，家中一定要有人（最好就是讀者您本人）勇敢地站出來「捍衛」親人長輩的死亡尊嚴與死亡品質，病人的安寧善終意願與往生心願才能獲得實質的保障。

最後，我鼓勵各位讀者要設法成立個人的「往生後援會」，甚至於和親朋好友一同組織「往生互助會」，大家形成共識、凝聚力量、互助合作，將來在您個人面臨善終及往生的緊要關頭，可以相互支援護持，以確保您的善終與往生權益。希望大家將來都能夠瀟灑走一回，安然善終，如願往生。（如果讀者有需要協助的話，我發願義務擔任顧問，提供必要的理論諮詢與實務指導。）

# 生命
# 是一種連續函數

國家圖書館出版品預行編目（CIP）資料
生命是一種連續函數 / 釋慧開 著；- - 初版 .
-- 臺北市：香海文化 ,2014.6
ISBN 978-986-6458-80-4( 平裝 ). --
220.113　　103005189

作　　者　釋慧開
總 編 輯　周慧珠
主　　編　賴瀅如
編　　輯　釋有融 吳曉惠
美術編輯　王愷蘿
封面設計　郭正雄

出版・發行　香海文化事業有限公司
發 行 人　慈容法師（吳素真）
執 行 長　釋妙蘊

地　　址　241 新北市三重區三和路三段 117 號 6 樓
110 臺北市信義區松隆路 327 號 9 樓
電　　話　(02)2971-6868
傳　　真　(02)2971-6577
香海悅讀網　www.gandha.com.tw
電子信箱　gandha@gandha.com.tw
劃撥帳號　19110467
戶　　名　香海文化事業有限公司

總 經 銷　時報文化出版企業股份有限公司
地　　址　333 桃園縣龜山鄉萬壽路二段 351 號
電　　話　(02)2306-6842
法律顧問　舒建中、毛英富
登 記 證　局版北市業字第 1107 號

定　　價　新臺幣 420 元
出　　版　2015 年 10 月改版一刷
2019 年 12 月改版九刷
I S B N　978-986-6458-80-4
建議分類　生死觀｜生命科學